KB233665

35년 현장 기자의 눈으로 본 패션의 인간학

패션은 이렇게 재미있다

35년 현장 기자의 눈으로 본 패션의 인간학

패션은 이렇게 재미있다

35년 현장 기자의 눈으로 본 패션의 인간학

패션은 이렇게 재미있다

이영희 지음

Fashion is about people, not clothes.

예술과마을

패션 현장에서 만난 삶과 열정의 초상들

나는 화려하거나 독특한 개성을 가진 사람이 아니다. 패션을 전공하지도 않았으니 그다지 전문적인 사람도 아니다. 나의 인상을 두고 사람들은 호불호의 커트라인에 걸리지 않는 얼굴이라고 하는데, 무난함이 결코 장점이 되지 않은, 패션을 취재하는 기자로서는 칭찬으로 들리지는 않는다.

어릴 때부터 어디서나 돋보이는 특별한 사람이 되고 싶었다. 그러나 나이가 들어가면서 비범한 사람은 결코 될 수가 없고, 또한 평범하다는 것이 얼마나 어려운 것인지를 깨닫게 되었다. 어찌 되었든 나는 패션산업계의 전문 기자가 되었고, 무난한 외모와는 달리 감성적이고 열정 들끓는 패션인들과 35년의 만남을 이어오며 DNA가 점차 변형되어 온 것 같다.

내가 나고 자란 대구는 섬유 도시의 명성이 드높았다. 특히 1970년대에는 각종 면을 중심으로 한 방직과 모직, 실크, 처음으로 나일론 공장이 세워졌고 활기차고 더 나은 미래에 대한 기대와 에너지가 가득했다. 1970년대 초 대구의 섬유산업은 우리나라 수출의 30% 가까이를 차지하고 있었다. 변두리 골목마다 섬유 관련 공장들의 기계 작동음이 들렸고, 도심에는 크고 작은 의상실들이 분주하게 손님들을 맞이했다. 현금을 가진 알부자들이 많은 도시였다. 1980년대에는 대구백화점의 매출이 전국 5위권에 손꼽힐 정도여서 패션 브랜드들이 앞다투어 입점하고자 했다. 대구 동성로는 전국 유명 패션 브랜드들의 대리점이 진입했고, 지금의 서울 명동이나 성수동 못지않은 호황을 누렸다.

대구가 고향인 나는 어릴 때부터 섬유와 패션에 자연스럽게 관심을 가지게 되었다. 어머니께서는 대구의 섬유공장에서 개발한 신소재를 누구보다 발빠르게 구입하셔서 나에게 동네 의상실에서 옷을 맞춰 입히셨다. 잔잔한 장미꽃 무늬가 있는 핑크빛 원단을 끊어 나풀거리는 A라인의 원피스를 맞춰 입히셨는데, 폭이 넓은 하얀 칼라와 하얀 벨트로 유난히 시선을 끌었던 기억이 있다. 어릴 적 대구에서 제일 유명했던 ○○실업은 중동에 폴리에스터 원단을 대량 수출했는데, 현지에서는 cy9000과 같은 기업의 수출 품번을 브랜드로 오인해서 그 품번만 새겨져 있으면 소비자들의 신뢰가 높았다고 한다.

가끔 대학 시절을 돌아보게 된다. 무역학을 전공했지만 학보를 만드는 일이 재미있어 강의실보다는 편집실에 더 자주 갔던 기억이 난다. 졸업 후 언론사에 취업하고 싶었지만 전공에 따라 섬유 수출기업의 수출입 업무 부서에 취직을 하게 되었다. 꿈을 이루지 못할 것 같은 답답함과 상실감이 엄습해 왔던 어느 때, 직장으로 배송되어 오던 《한국섬유신문》(당시 제호는 《주간섬유신문》)을 보게 되었다. 대한민국 최초의 섬유 관련 전문지일 뿐만 아니라 학보를 만들면서 언론에 관심이 있던 나에게는 상당히 매력적인 직장이었다.

어느 날 학보사 여선배의 권유로 《한국섬유신문》의 문을 두드리고 몇 차례 면접 이후 기자의 길에 들어서게 되었다. 그때가 1990년이니 섬유패션 분야에 35년을 몸담아 오게 된 것이다. 섬유산업과 패션산업이 함께 융성하던 시기였고, 눈만 감았다 뜨면 새로운 브랜드들이 생겨나 취재 현장은 숨 쉴 틈 없이 바빴다. 매년 두 자릿수의 성장이 당연했던 시절이었다. 변화와 침체, 위기의 순간들이 수없이 반복되면서 섬유와 패션산업의 패러다임도 급변화의 물살을 타고 있다.

사람은 혼자 성장할 수 없다. 나의 기자 시절은 현장에서 한결같이 힘이 되어준 많은 사람과의 인연으로 엮어져 있다. 취재 요청에 기꺼이 시간을 내어 주고, 어려운 현실을 토로하면서도 힘을 내어 미래의 희망을 이야기했다. 기자의 직업이 매력적인 것은 매일매일 자신의 분야에서 최선을 다하고 성공한 사람들을 만날 수 있다는 것이었다. 그들의 삶을 들여다보며 나는 부러워도 하고 많은 것들을 배웠다. 취재 현장에서 기자는 주인공이 될 수 없지만, 성공했거나 삶의 뚜렷한 목표를 향해 달려가는 많은 주인공들이 스포트라이트를 받을 수 있도록 충실한 조연 역할을 했다고 자부한다. 아마 앞으로도 나는 훌륭한 조력자로 남을 것 같다. 역사를 바꿀 만한 훌륭한 사명은 아니더라도, 패션 전문 기자로서의 삶 또한 나에겐 자부심 가득한 축복이었다고 생각한다.

"우리나라에 디자이너들이 이렇게 많아요?" 글을 써 내려가자 주변에서는 이런 질문을 한다. 사람들은 패션의 '화려함'에만 주목하고, 또 해외 유명 럭셔리 브랜드만을 '명품'이라 단정하며 호의를 갖는다. 또 디자이너는 화려한 삶을 살며 사치를 조장하는 사람들쯤으로 왜곡된 시선을 갖기도 한다.

나는 대한민국 패션산업의 격을 높이고 방향등을 비춰 온 디자이너들의 삶
과 열정을 조명하고 싶었다.

이 책은 내가 만났던 디자이너들의 열정을 담기 위해 노력한 결과물이다.
아무리 봐도 부족하고 미완성일 것만 같아 글을 쓰는 내내 망설여지기도
했다. 하나의 옷이 탄생하기까지의 과정은 수많은 사람의 손길과 노력, 열
정이 담긴다. 우리의 삶이 혼자일 수 없듯 옷 한 벌의 과정 또한 그렇다.

이 책은 누가 뭐라든 '패션'에 미쳐 기꺼이 열정의 삶을 사는, 내가 아닌 '내
옷을 입는 사람'을 사랑하는 대한민국 디자이너에 대한 이야기이다. 나아가
패션스토리텔러 기자 이영희와 패션하는 사람에 대한 오롯한 이야기를 담
고자 했다. 이 책을 패션을 사랑하는 모든 분들과 원피스를 만들어 주시던
어머니 영전에 바친다.

그대… 사랑합니다.

2025년 11월
이영희

── 차례 ──

CHAPTER 06 — 패션 피플이 되고 싶다면

01

패션 기자로 산다는 것

"Clothing is the outer form of thought."
(옷은 생각의 외형이다)

— Ralph Waldo Emerson
(미국의 시인)

우아함이란 눈에 띄는 것이 아니라, 기억되는 것이다 © wikipedia

부티크와 엘레강스

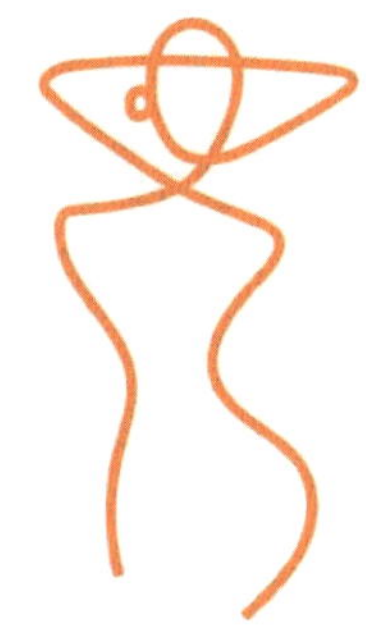

프랑스의 거리에는 옷이 아니라 '문화'가 걸려 있다.
그들은 옷을 입는 것이 아니라, 자신을 이야기하고,
우아함으로 삶을 해석한다.

출장으로 프랑스에 몇 번 간 적이 있다. 그때마다 프랑스는 왜 패션(fashion)의 중심 국가로 발달했는가 하는 의문을 가졌다. 서양 패션사를 보면 근대 패션의 등장은 17세기 유럽 상류층에서 시작된 것으로 보고 있다. 당시 유럽의 강대국이었던 프랑스는 왕실을 중심으로 옷차림, 미용, 헤어스타일, 메이크업 등과 관련된 장신구도 발달하기 시작했다. 현대적인 종합 패션의 출발을 알리는 계기였다.

20세기 이전까지도 패션은 프랑스를 중심으로 발달했다. 특히 여성은 여성성을 강조하기 위한 코르셋 등 다양한 도구가 발달하면서 귀족 여성들은 상당한 고통을 감내해야만 했다. 긴 치마가 마차에 끼여 낙상을 하거나 불이 붙어 화상을 입는 사고도 빈번했다. 하지만 여성스러움이 최고의 미덕이었던 시대여서 여성들은 큰 고통을 참고 살아야 했다.

마침내 20세기가 되면서 코르셋이 필요하지 않은 드레스가 발표되고, 새로운 소재 개발, 의류 외에도 향수 및 의류 액세서리와 같은 분야로 확장하고 공격적인 판촉 활동을 통해 시장이 크게 확장되었다. 특히 여성의 사회 참여가 본격화되면서 오트 쿠튀르 중심의 파리는 큰 타격을 입었고, 패션산업은 이탈리아, 미국, 영국 등으로 확산되었다. 패션의 핵심은 오랫동안 오트 쿠튀르였지만, 1960년대에는 럭셔리 기성복이 등장했다. 오늘날 파리는 패션 중심지로서의 위상은 많이 하락했지만 여전히 패션 중심 국가이다. 어떤 점에서 프랑스는 이런 지위를 가질 수 있는가.

먼저 사람들은 자신을 객관화하는 자신감을 가졌다. 패션은 끊임없이 변하는 유행으로 이루어진다. 논리적이거나 추상적인 이유보다는 사소한 취향에 따라서 변한다. 패션은 주로 의복의 유행을 가리켜 쓰이지만, 장신구, 공예, 인테리어, 건축 등 다양한 분야의 예술과 결합되어 나타난다. 프랑스는 최고의 문화 강국이라 불릴 만큼 일찍부터 문화에 대한 자긍심을 가지도록 교육을 받고 자랐다. 그 덕분에 옷차림은 단순히 의복이 아니라 자신을 나타내는 개성을 담고 있다는 생각을 가지게 되었다.

파리의 미술관이나 박물관에 가보면 어린이들이 명화들 앞에 모여 앉아 데생을 하는 모습을 볼 수 있다. 선생님들은 그림 속 인물들의 옷차림을 설명해 주고 많은 질문을 학생들에게 던진다. 이때부터 의상과 관련된 편리성과 효율성, 미의식을 배우고 문화를 익히는 교육 현장을 만들고 있다. 최신

루브르 박물관에서 사크레쾨르 대성당까지, 다양한 브랜드들이 참여하는 패션 위크가 열리고 있다.

패션을 맹목적으로 따르는 사람들이 아니라 자신이 주체가 되는 자신감을 가지고 패션에 접근하는 사고를 배우게 된다. 자라면서 자연스럽게 자신이 입는 옷은 다른 사람들의 첫인상을 결정하며, 흐름을 따르는 것과 개성을 살리는 것의 중요성을 알게 된다.

언론의 영향도 대단히 크다. 20세기 후반 패션은 상류층이 지배하는 작은 시장에서 대중이 참여하는 거대한 시장으로 변모했다. 이에 따라 기성복을 생산하는 의류 산업이 패션 산업에 진출하게 되었고, 가치관의 다양화로 개성 있는 패션이 공존하게 되었다. 프랑스에서는 《르 피가로》지에서 1960년대부터 주말판에 패션 관련 기사를 4면이나 할애하고 있고, 패션 중심의 전문 잡지 《마담 피가로》를 선보이고 있다.

프랑스 사람들에게 패션은 자신을 말하는 방법처럼 보인다.

특히 파리에서 기성복 패션쇼가 시작되면서 언론들은 대서특필을 통해 프랑스 패션 상업의 경쟁력을 유지하기 위해 노력하고 있다. 한편 패션쇼 장소도 세계 최초로 루브르 박물관 등 역사적인 장소를 적극 활용해서 패션이 단순히 의상에 관한 예술이 아니라 문화를 총망라한 종합예술이라는 관점에서 접근하고 있다. 그런데 많은 국민들은 이에 호응하고, 패션 잡지는 물론 패션 관련 기사를 꼼꼼히 읽으며 자신이 문화인이라는 것에 자긍심을 느끼게 된다. 평일 저녁이나 일요일 오후 유명한 패션 부티크에는 중년 부인들이 쇼윈도를 세세히 살펴보는 것도 인상적이었다. 참고로 부티크는 단순히 고급 패션 의류나 액세서리를 판매하는 소매점이 아니라, 장인이 만드는 패션 관련 전문점이라는 자부심이 담긴 표현이다.

끝으로 프랑스 사람들에게 패션은 많은 삶의 이야기를 담은 소중한 존재이기도 하다. 아침 일찍 동네 빵집에 서 있는 긴 줄 속에서 정장을 한 할머니들을 볼 수 있다. 바게트 하나 사러 나온 복장으로는 쉽게 이해가 되지 않는 모습이지만, 그녀가 입은 옷에는 그녀만의 이야기가 담겨 있는 것이 많다고 한다. 특히 동네 공원에서도 정장 차림의 할머니들을 쉽게 보게 되는데, 그들에게 해주는 최고의 덕담은 엘레강스(elegance)하다는 것이다. 사전적으로 엘레강스는 '우아함, 고상함' 정도의 의미이지만, '교양' 있는 부인으로 보인다는 뜻을 담고 있다.

패션은 행위(doing)나 행동(making)을 뜻하는 라틴어 '팩티오(factio)'에서 유래했다. 좁은 의미로는 양식, 유행, 습관 등을 뜻하지만, 생활양식이라고 할 수 있다. 프랑스의 현대 철학자 롤랑 바르트(Roland Barthes)는 명저 『패션의 구조』(Système de la mode, 1967)에서 "패션은 패션 문법을 사용해 자신과 다양하게 결합된 언어"라고 할 수 있다고 했다. 철학자는 패션이 자신의 인격이 담긴 종합예술이라는 점을 일찍부터 일깨워 주고 있다.

파리와 밀라노, 옷 잘 입는 한국인

파리의 세련됨과 밀라노의 색채를 지나, 이제 세계의 시선은 서울로
향한다. 옷을 잘 입는 한국인—그들의 감각은 유행을 좇지 않고,
자신만의 이야기를 입는다.

최근 한국을 방문한 외국인들로부터 "한국 사람들은 옷을 잘 입는다"는 칭찬이 이어지고 있다. 젊은 층들은 자연스럽고 트렌디하게, 나이 든 사람들은 옷차림이 세련됐다는 말을 자주 듣는다. 패션은 마음의 여유와 사고의 자유로움에서 시작한다. 그런 만큼 꾸미지 않은 듯 자연스럽게 멋을 낸 한국인들의 패션 스타일이 외국인들의 시선에서는 '옷을 잘 입는 사람들'로 보이는 것 같다. 언제부턴가 서울이 K-컬처의 발신지로서 세계 젊은이들이 선망하는 도시가 되었고, 패션 감각에 있어서도 해외 유명 도시와 어깨를 나란히 하고 있다. 어떤 이는 "단군 이래 최고의 주목을 받고 있다"는 표현을 하기도 한다.

오랫동안 나에게 패션 선진국은 프랑스와 이탈리아였다. '명품'의 나라이자 패션 종주국이라는 사고는 오랫동안 뇌리에 각인되어 고정관념이 되기도 했다. 한국의 패션기업들이 80년대부터 해외의 브랜드들과 라이선스 계약을 맺어 유명 백화점을 통해 의류와 가방 등을 유통했는데, 국내 상표 제품들에 비해 불티나게 팔렸던 시기가 있었다. 국내에서 생산하더라도 해외 브랜드로부터 디자인을 의뢰하거나 컨펌을 받아 기획, 생산한 라이선스 브랜드 제품들은 비싼 가격이어도 소비자로부터 진정한 고급 제품으로 인정을 받았었다. 지금은 해외 럭셔리 하우스의 브랜드 제품들이 수입되어 높은 가격대로 백화점 명품숍이나 청담 플래그십 스토어에서 판매되고 있다. 한국의 모 백화점 명품숍의 매출이 아시아 1위를 기록할 만큼 한국인의 '명품 사랑'은 아직도 지극한 편이다.

취재차 처음 방문했던 파리는 내게 신선한 문화적 충격을 안겨주었다. 당시 서울이 '알록달록' 했다면 파리는 모노톤이었고 시크했다. 늦가을의 파리는 짧은 가죽 재킷에 블루 혹은 블랙진을 입고 굽 있는 부츠를 신은 멋진 여성들이 활보하고 있었다. 파스텔톤의 머플러나 숄을 둘러 건조함을 날려버렸는데, 도시 자체가 역사적 미학으로 가득한 파리에서 세련되고 시크한 파리지엔의 모습은 나의 눈에는 너무나 매력적으로 비쳤다.

호텔에서 늦은 밤까지 자료와 사진을 정리하고, 아침이면 취재 일정이 시작되기 전에 가까운 뤽상부르 공원으로 산책을 나갔다. 그러면 어김없이 오래된 듯 보이는 옷이지만 기품 있고 세련되게 차려입은 여성들이 벤치에 앉아 있는 모습을 보게 되었다. 좋은 옷을 잘 차려입고 구두를 신고 지팡이를 짚은 노년의 여성들은 동네 공원을 찾더라도 아름다움과 품위를 잃지 않은 듯했다. 사실 파리지엔느에게는 패션을 통한 자기 표현과 품위 유지가 몸에 밴 일상인 듯 보이기도 했다. 신사들은 단정한 셔츠에 스웨터를 어깨에 두르고 산책을 하다가도 필자와 눈이 마주치면 웃으며 인사를 하곤했다. 패션 산업을 취재하는 기자에게 있어 파리 출장은 늘 패션에 대해 새롭게 생각하게 하고 시각적 갈증을 해소하는 기회가 되었다.

파리가 시크하거나 혹은 로맨틱한 파스텔톤이었다면, 이탈리아는 강렬하면서도 매혹적인 색채의 공간이었다. 밀라노 패션 위크 기간 동안 도시 곳곳에서 나이와 성별을 막론하고 화려한 컬러의 의상들을 멋지게 스타일링한 사람들을 보게 되었다. 특히 남성의 경우, 옐로나 퍼플 같은 한국인에게는 다소 소화하기 어려운 색상들을 과감하게 연출하고 있는데, 어쩌면 어머니 뱃속에서부터 색깔에 대한 본능을 타고난 것이 아닌가 하는 생각이들었다. 체크 재킷에 브라운색 구두, 옐로 양말, 퍼플 끼가 도는 머플러를두르고 자전거를 타며 출근하는 남성들을 스쳐 바라만 보아도 왠지 밀라노에서 그들의 라이프 스타일은 남다를 것 같다는 생각이 든다. 파리 남성들이 로맨틱한 파스텔톤이라면, 밀라노의 남성들은 화려하고 노골적이라며패션에 비추어 잠깐 비교도 해 본다.

이렇게 패션에 대한 약간의 사대주의에 빠져 있던 나에게 한국 패션에 대한 자긍심을 일깨워 준 계기가 있었다. 바로 2018년과 2019년 밀라노 패션위크에 진출한 휠라코리아의 패션쇼를 취재하면서부터다.

'휠라(FILA)'는 이탈리아의 스포츠웨어 브랜드였지만, 한국의 휠라코리아가 브랜드를 사들여 글로벌 시장을 공략하고 있었다. 2018년 9월 23일, 휠

2018년 이탈리아 밀라노 패션 위크 런웨이. 글로벌 스포츠 브랜드가 이 패션쇼에 참가한 것은 이례적인 일이었다.

라그룹은 107년 역사의 '휠라'를 탄생지인 이탈리아에서 패션쇼와 대규모의 아카이브 전시회를 열었다. 1911년 이탈리아 비엘라에서 시작된 107년 역사의 '휠라'를 한국이 흡수함으로써 세계 시장의 석권을 다짐하는 역사적인 순간이었다. 휠라코리아는 100년 역사의 DNA를 고수하면서 미래지향적 감각을 더해 새로운 영역을 제시한다는 의도였는데, 과거로부터 미래까지의 비전을 밝힘으로써 이탈리아 현지의 호응과 지지를 얻었다.

밀라노 패션 위크의 런웨이에서 글로벌 스포츠 브랜드가 패션쇼에 참가하는 것은 최초이자 이례적인 사건이어서, 나는 당시 기사에 '휠라의 밀라노

2018년 미스코리아 7명이 각국을 대표하는 셀러브리티와 함께 참가해서 성황을 이루었다.

대첩'이라는 제목으로 100년의 역사를 바탕으로 한국의 휠라코리아가 새로운 백년대계를 꿈꾼다는 의미를 강조했다. 이날 패션쇼에는 윤윤수 회장과 2세 경영인 윤근창 대표, 휠라USA와 중국 안타그룹 회장을 비롯해 유럽과 아시아, 미주 등 휠라에 관한 글로벌 관계자들이 한자리에 집결했다.

600명 입장 예정이었던 매머드급 패션쇼장은 인원 초과로 스탠딩 관람객들까지 들어차 열기가 후끈할 정도였다. 이날 진행된 2019 S/S 글로벌 컬렉션은 휠라 고유의 정통적인 스포츠 헤리티지를 기반으로 미래지향적이고 패셔너블한 감각의 스포츠웨어들이 선보였는데, 젊은 층들은 환호했다. 다양한 컬러와 체크 패턴, 스트라이프 등을 입힌 의류들과 크리스털이 박힌 슈즈 등은 독특하고 매력적으로 비쳤다.

이날은 2018년 미스코리아 7명이 각국을 대표하는 셀러브리티와 함께 참가했고, 한국의 대표 미인들이 나란히 앉은 모습은 현지인들을 설레게 하기에 충분했다. 나는 그 가운데서 영광스럽게도 기념촬영을 했는데, 살짝 후회가 되기도 했다. 미인들 틈에 서서 절대 사진을 찍으면 안 된다는 것을 새삼 깨닫게 되었다. 패션쇼가 끝나고 미스코리아들은 휠라 의상을 입고 자연스럽게 도시를 누비며 화보 촬영을 하기도 했다.

귀국하는 비행기에 내 옆자리에 미스코리아 진이 앉았는데, 사랑스럽고 예의 바른 그녀는 내게 진지하게 많은 질문들을 해서 자연스럽게 많은 대화를 나누었다. 아름다운데다 지적이고 예의까지 바른 그녀를 보며 미스코리아에 대한 대견함과 자긍심을 갖게 되었다.

패션쇼가 끝나고 파티가 진행되었다. 한국에서 일정표를 미리 받은 나는 '하우앤왓' 브랜드의 박병규 디자이너 숍을 찾았다. 시크하고 섹시한 독특한 의상으로 마니아층이 확고한 디자이너였다. 박병규 디자이너는 어색하게 화려한 드레스를 입는 것보다 길고 통이 넓은 블랙 팬츠와 살짝 비치는 망토 스타일의 상의를 권했다. 목 부분과 가장자리는 과하지 않게 밍크로 처리되어 있었다. 이 의상 착장으로 나는 많은 사람들로부터 '감각 있는 옷차림'이라는 칭찬을 수도 없이 들었다. 옷이 돋보이는 것보다 입은 사람, 즉 '기자'로서 돋보이게 스타일링을 해 준 디자이너 덕분이었다.

그다음 해에도 나는 '휠라'의 두 번째 초청으로 밀라노 패션 위크를 다녀왔고, 특히 휠라의 탄생지인 비엘라를 직접 찾아 100년의 역사를 고스란히 담은 전시실을 관람하게 되었다. 두 번째 디너 파티에서 나는 등을 노출한

한국이 아시아 패션 트렌드 발신지가 되면서
나의 유럽에 대한 패션 사대주의도 말끔하게 극복되었다.

검정 원피스와 과다한 헐벗음(?) 방지용 숄을 둘렀으며, 단청이 새겨진 이진화 디자이너의 미니백을 들었다. 믿거나 말거나 나름 밀라노 파티에서 '옷 잘 입는 한국 기자'로 불렸다고 자부한다.

요즘은 한국이 아시아 패션 트렌드 발신지가 되면서 유명 럭셔리 하우스 브랜드들이 서울에서 우선 전시회를 열기도 하고, 플래그십 스토어를 개점해 운영하기도 한다. 한국의 어느 백화점이 아시아에서 명품 매출 1위로 손꼽히면서 테스트 마켓이 되고 있다. 수년 전부터 해외 브랜드들이 한국의 명소를 찾아 패션쇼를 열어 세계로 영상을 송출하는 사례도 늘어나고 있다. 이러다 보니 기자의 패션 유럽에 대한 사대주의도 깨어지고 자긍심에 고취되기도 한다. 그렇지만 어떠한 찬사보다 아직까지 한류의 수혜를 패션산업만 누리지 못하고 있는 것 같아 안타까운 것은 사실이다. 옷을 잘 입는 한국인에서 세계적인 명품을 만드는 한국인으로 도약하는 날이 다가오고 있다.

패션 저널리스트상을 받다

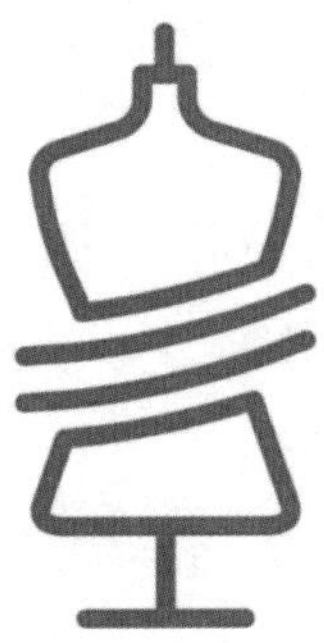

패션 현장의 그림자 속을 오래 걸어온 기자가 마침내 스포트라이트를
받았다. 언제나 조연으로 살아온 기자의 길 위에, 진심과 열정이 빚은
빛나는 순간이 찾아왔다.

"올해의 패션저널리스트상 수상자는 이영희 기자입니다." 사회자가 나를
호명하자 일제히 "와!" 하는 탄성과 모두 기립해 큰 박수를 쳐 주었다. 나는
단상으로 올라가며 취재원과 기자라는 관계를 떠나 진심으로 기뻐하고 있
는 낯익은 얼굴들을 바라보았다. 그 표정들은 그 후로도 오랫동안 머릿속
을 맴돌며 잊지 못할 감사의 여운으로 남아 있다.

2017년 12월 7일은 나에게 잊지 못할 날이었다. 그날 저녁에 세계패션그룹
(FGI, Fashion Group International) 한국협회가 개최한 '2017 Night of FGI'
에서 나는 '올해의 패션저널리스트상'을 받는 영광을 안았다. 전문지 기자
로 현장 취재를 해 온 지 27년 만에 내게 안겨진 명예롭고도 큰 선물이었다.

'2017 Night of FGI'에서 패션 저널리스트상을 수상했다. 나는 수상 소감으로
"27년 동안 패션계 현장을 뛰어 온 기자로서의 보람과 자부심을 느끼게 해주어서
감사하며, 앞으로도 패션계 발전을 위해 주인공이기보다 조력자로서 최선을
다하겠다"라고 말했다.

신입 기자 시절, 선배와 동행해 취재를 한 적이 있는 세계패션그룹의 송년 행사에서 기자 생활 27년 만에 수상자로 자리하게 된 것이었다. 종전의 언론 부문 수상자들은 해외 라이선스 패션 잡지 편집장이거나 일간지의 기자, 혹은 국장들이어서 나는 대상이 되지 않을 거라고 생각했었다.

행사가 치러지기 열흘 전 즈음이었다. 취재 현장에서 만난 세계패션그룹 한국협회의 임지윤 회장이 미소를 지으며 말을 건넸다. "12월 7일 저녁은 비워 두세요. FGI는 이영희 기자님을 올해의 패션저널리스트로 선정했답니다. 세상에! 선정위원 전원 만장일치로요. 처음 있는 일이죠"라며 아울러 미리 진심으로 축하한다는 말을 잊지 않았다. 나중에 들은 이야기지만, 내 이름이 후보자 명단에 올랐을 때 많은 분들이 한결같이 "이영희 국장은 받아서 마땅하다, 너무 늦은 감이 있다"고 말씀을 하셨다고 한다. 오랫동안 패션 현장을 뛰어다니면서도 항상 변방에 있는 느낌을 간직하며 외로웠던 마음이 눈 녹듯 풀렸다. 그리고 늦었지만 내 식구 챙기듯 패션 전문 기자로서의 이영희에 대한 진정성을 알아준 것에 감사의 마음을 갖게 되었다.

2017년 12월 7일 저녁은 몹시 추웠지만 내게는 너무나 따뜻하고 행복했던 날로 기억된다. 그날 행사가 열리는 한강시민공원의 프라디아에는 패션계를 비롯해 각계각층의 주요 인사들이 대거 참석했는데 놀랍게도 90% 이상이 오랜 기간 나의 취재원이자 일면식이 있는 사람들이었다. 나는 순간 놀랐지만 30년 가까이 취재 현장을 누볐으니 그럴 만도 하다는 생각이 들었고 이렇게 많은 분들과의 만남과 응원이 있었기에 오늘의 내가 있다고 깨닫게 되었다.

'올해의 패션저널리스트상'을 받은 나는 이렇게 수상 소감을 말했던 것으로 기억한다. "역대 존경스러운 선배들께서 받은 이 상을 제가 받게 되어 진심으로 영광스럽게 생각합니다. 저는 어떤 상보다 패션인들께서 주시는 이 상이 더 자랑스럽습니다. 저는 패션 기자로서 항상 여기에 계신 분들의 활동과 업적을 조명해 왔습니다. 저는 늘 주연인 여러분들을 위한 조연이었고 앞으로도 그럴 것입니다.” 오랫동안 많은 인터뷰를 해 오면서 한 번도 취재원이 아닌 내가 주연이라는 생각은 없었지만, 그날은 내가 주인공이었다.

단상을 내려오니 디자이너들이 한번 안아 볼 수 없겠느냐며 다정하게 포옹을 해 주었고 축하 인사가 끊이질 않았다. 최고의 자긍심은 나를 바라보는 아들이었다. 어릴 때부터 늘 바빴던 엄마를 참 많이도 기다려 주었고 외로웠을 아들이었다. 원고 마감, 출장 등으로 소풍이나 학교 운동회 등에는 늘 외할머니와 함께할 수밖에 없었던 아들에게 나는 사랑보다는 항상 미안함이 앞섰던 것 같다. 그런 아들이 사랑을 가득 담은 눈으로 내내 엄마를 바라보고 있었고 안아 주었다. 존경하고 사랑한다는 말과 함께.

‘2017 Night of FGI’에서는 언론을 비롯해 5개 부문으로 나눠 시상식이 진행되었는데 나와 함께 김태은 사진작가가 저널리스트상을 받았다. 또한 평생 교육에 헌신해 온 신혜순 국제패션디자인직업전문학교 학장, 기부를 실천하며 사회적 귀감이 되고 있는 가수 션이 공로상을 받았다. 지금은 고인이 되신 박항치 디자이너와 이재연 모델라인 회장은 그날 특별공로상을 수상했다. 박항치 디자이너와 이재연 회장은 패션계의 거목이었으며 나와도 친분이 깊어 유가족들이 대리 수상을 하는 순간, 나는 몹시 마음이 아팠다.

이날 세계패션그룹 한국협회의 임지윤 회장은 바자로 모은 후원금을 직접 전달했다. 무지개 공동체 엠마하우스와 동방사회복지회, 서울애화학교와 모니카의 집 등을 통해 지적 장애우와 혈액암 환우, 시각·청각 장애우, 미혼 양육모 등 취약계층을 돕는 데 쓰인다고 했다. FGI는 매년 현대백화점과 디자이너들이 바자회를 통해 발생한 수익 1억여 원을 전달함으로써 ‘패

션’으로 불우한 이웃을 돕고
사회에 공헌할 수 있음을 직
접 실천하고 보여주었다.

세계패션그룹은 전 세계 1만
여 명의 회원으로 구성된 국
제적 패션인들의 단체이다.
1930년 뉴욕에서 설립된 이
후 패션을 통해 선한 영향력
을 전파한다는 사명 아래 매
년 자선행사를 통해 사회에

나의 수상을 많은 디자이너들이 포옹하며 축하해주었다.
그중에서도 아들의 축하는 최고의 선물이었다.

기여하고 있다. 그날 나에게 패션저널리스트상을 수여한 세계패션그룹 한
국협회는 외무부 소속의 사단법인으로 1978년 출범하여 현재는 한국을 대
표하는 유명 디자이너들이 소속되어 활약하고 있다. 1985년부터 현대백화
점과 ‘FGI 사랑의 대바자’를 75차례 이상 진행해 매년 온정의 손길이 필요
한 다양한 곳에 후원해 오고 있다.

누군가 나에게 물었다. ‘기자로서 누릴 수 있는 가장 좋은 점이 무엇인가?’
내게 있어 그것은 매일 한 가지씩 삶의 교훈을 얻는 것이었다. 내가 인터뷰
를 하는 취재원들은 대부분 자신들의 분야에서 독보적이거나, 새롭게 나아
가거나 성공한 업적을 가진 사람들이었다. 내가 사회부 기자가 아니고 섬
유, 패션 부문 기자여서 좋은 점은, 사건 사고나 법을 어긴 사람들이 아니라
이처럼 패션이라는 분야에서 성공한 취재원들을 만나는 기회가 많았다는
것이었다. 나는 부정적인 시각보다는 자신의 입지에서 성공한 사람들의 장

'2019 한국 디자이너 패션 어워즈'에서도 '올해의 미디어상'을 수상하는 영광을 안았다.

점들을 파악하고 알리고 또한 스스로의 자양분으로 축적하고자 했다. 30여 년 전 만났던 젊은 취재원들이 이제는 어엿한 중견기업, 혹은 더 나아가 종합 패션 기업의 대표가 되었다. 나는 패션저널리스트상 수상자로서 앞으로도 주연의 행보를 응원하는 조연의 역할에 충실하겠다고, 그것이 나의 소명이라고 스스로 다짐했다.

참, 나의 상복은 여기에 그치지 않고 2019년, 대한민국의 디자이너들로 구성된 사단법인 한국패션디자이너연합회로부터 '올해의 미디어상'을 수상했음을 알리고 조금은 뻐기고 싶다. 내가 속한 분야에서 나의 수고로움에 기꺼이 박수와 격려를 해 주는 패션인들에게 진심으로 고마움을 전한다.

02

디자이너 이야기

"I design dreams, not clothes."
(나는 옷이 아니라 꿈을 디자인한다)

— Coco Chanel
(프랑스의 패션 디자이너)

평생 단골이었던 영화배우 엄앵란 선생과 디자이너 노라노 ⓒ 노라노

노라노 선생님과 장밋빛 인생

노라노

그녀는 가난과 전쟁의 잿더미 위에서 실과 바늘로 한 시대의 빛을 짜 올렸다. 노라노―그 이름은 도전의 상징이자, 평생을 장밋빛 열정으로 물들인 한국 패션의 신화다.

격동의 한 세기를 온몸으로 부대끼며 한국의 패션 역사를 써 내려온 디자이너가 있다. 노라노 선생님이다. 1928년에 서울에서 태어나 일제강점기와 6·25전쟁, 그리고 전후의 폐허 속에서 생명의 숨을 불어넣고 오롯이 패션 디자이너로서 외길을 정진해 온 분이다. 놀랍게도 그녀는 98세의 현역 디자이너다.

한 세기를 살아왔으니 그 발자국마다 '모든 것이 최초'라는 수식어가 따라 붙는다. 디자이너 노라노는 대한민국 패션의 역사이자 살아 있는 레전드로 존경받고 있다. 역사책을 통해서가 아니라 100년의 역사를 이야기할 현역 디자이너가 있다는 것만으로도 패션계는 큰 축복을 받았다고 자부할 수 있다. 세계 어디에도 이런 분은 없기 때문이다.

2012년 5월, 장미가 만개하고 곳곳에 짙은 향기를 내뿜고 있던 날, 전설로만 여겼던 디자이너 노라노와 처음 대면하고 인터뷰를 하게 되었다. 노라노 디자이너는 패션계 입문 60주년을 기념해 호암아트홀에서 기념 전시회를 열었고, 때마침 자서전을 출간해 화제가 되었다. 전시회는 '장밋빛 인생(La vie en rose)'을 테마로 열렸다. 대한민국에서 '최초'로 미국 유학을 다녀와 '최초'의 패션쇼를 열었던 노라노가, 역사상 '최초'로 미국 메이시를 비롯한 유명 백화점의 쇼윈도를 도배하다시피 하고 세계 패션시장에서 인정받았던 과정부터 오늘날에 이르기까지 시대적 상황에 따른 업적을 조명하는 자리였다.

전쟁 후의 가난한 나라로 여겨졌던 한국, 먹고살기 힘들어 입을 거리에 대한 걱정은 사치로 여겨졌던 시절, '노라노'는 미국 커리어 우먼들이 사랑하는 브랜드가 되어 날개 돋친 듯 팔리는 기적을 연출했다. 가발이 우리나라 주요 수출품이었던 시절, 그녀의 놀라운 활약으로 대한민국의 실크 산업이 덩달아 크게 발전하게 되었음은 물론이다. 미국 시장에서는 '노라노'가 자국 브랜드인 줄 알았고, 홍콩을 비롯한 아시아 각국은 앞다투어 카피를 할 정도였다.

심지어 역수입된 '노라노' 상표를 한국 사람조차 외국 브랜드인 줄 알았고, 지금도 그렇게 생각하는 경우도 있다. 놀라운 점은 노라노는 당시 자신의 디자인을 뽐내기 위해 외국산 소재를 쓰지 않았다는 것이다. 어려움이 있더라도 한국산 실크와 양모를 사용했고, 생산공장이나 기업과 공동 연구를 통해 패션쇼에 맞는 소재를 개발해 품질을 높이고 수출에 기여하도록 힘을 썼다. 우리나라 수출의 최첨단에 계셨던 위대한 업적이다.

호암아트홀의 전시장에는 노라노 디자이너가 대한민국 최초로 윤복희에게 만들어준 미니스커트, 엄앵란, 문희, 최은희 등 당대 유명 스타들과 연극 배우들이 입었던 의상들과 사진, 종이 패턴, 날이 닳은 가위와 핀 봉, 디자인 스케치와 메모 등 역사적 사료들이 가득했다.

노라노의 패션계 입문 60주년 기념으로 2012년 호암아트홀에서 열린 'La Vie en Rose (장밋빛 인생) 展' 포스터.

1967년 노라노의 미니스커트를 입고 나와 세간을 발칵 뒤집어 놓았던 윤복희 씨는 설 연휴 모 방송사의 특집 방송에 출연해 "미국에서 노라노 의상을 보았을 때, 처음에는 미국 브랜드인 줄 알았지만, 유명 백화점 매장에 태극기가 있는 것을 보고 자부심에 가슴이 뭉클했다"고 당시를 떠올렸다. 노라노가 디자인한 최초의 미니스커트를 착용한 이 사진은 광고용으로 촬영되었는데, 당시에는 매스미디어가 오늘날처럼 발달되지 않은 탓에 윤복희 씨가 외국에서 공연하고 귀국하면서 비행기에서 내릴 때 찍은 사진이며, 해외에서 입고 온 것으로 알려졌다.

그러나 천만의 말씀, 노라노 선생님의 작품이었다.

전시 기간 중 나는 잊지 못할 에피소드를 목격했다. 초로의 기품 있는 여인이 전시 소식을 듣고 평생 간직했던 웨딩드레스를 직접 가져와 기증한 것이다. 여자로서 가장 아름다웠던 순간을 함께한 웨딩드레스를 평생 보물처럼 간직했는데, 전시에 도움이 된다면 기증하고 싶다고 했다. 이 드레스는 노라노 측에서 직접 다림질을 하여 마네킹에 입혔는데, 얼마나 우아하고 기품이 넘쳤는지 놀라울 정도였다. 노라노는 "가난한 시절이었지만 평생을 간직하고 자녀에게도 물려주고 싶다는 생각으로 힘을 들여 드레스를 맞추는 문화가 있었다"며, 기증된 드레스는 보관 상태도 좋고 당시 여성의 체형을 가늠하게 해 주는 귀한 자료라며 몹시 기뻐했다. 전시된 모든 의상들은 주인공들이 기증한 것이 대부분이었고, 흑백 영화 시절이었지만 로맨틱하고 여성스럽고 과감한 디자인이 적용되었음을 알 수 있었다.

2007년 발간한 자서전 『노라노, 열정을 디자인하다』는 당시 엄청난 인기를 누렸지만 지금은 절판이 되었다. 당시 그 귀중한 책에 황송하게도 '이영희 여사님께'라고 시작되는 친필 사인의 책을 지금도 고이 간직하고 있다. 자서전 집필 전에 7년간을 준비했다고 한다. 역동적인 세월마다 그때의 시대상과 고민, 열정과 성취를 떠올려 포스트잇에 써 두고 큰 보드판에 붙여 가며 기록하는 과정을 반복했다고 한다. 글은 담백하고 힘이 있었다. 미사여구 일절 없이 팩트에 충실해 쉽게 읽히도록 했는데, 디자이너 이전에 여성으로서 격동기를 헤쳐 온 과정만으로도 큰 감동을 주었다. 가끔 노라노 선생을 만나 뵐 때마다 다시 발간할 것을 권유해 보지만 잔잔한 미소만 머금으신다.

노라노는 디자이너의 이름이자 브랜드명이다. 본명은 노명자였지만 언젠가 개명했고, 지금은 노라노가 본명이 되었다. 처음 디자이너와 인터뷰를 하고 이듬해인 2013년 10월, 선생님에 대한 다큐멘터리 영화가 만들어졌다. 대한민국 1세대 패션디자이너이며 '한국의 코코 샤넬'로 불리는 노라노의 생을 담은 이 다큐멘터리는 배우 조민수의 재능 기부로 이뤄졌으며, 그해 서울 패션 위크 기간 중 여의도 IFC몰에서 패션인들을 대상으로 시사회가 개최되어 화제가 되었다. 이뿐만 아니라 제26회 암스테르담 국제다큐멘터리 영화제 공식 경쟁 부문에도 진출하게 되었다. 배급사인 '시네마 달'은 배우 조민수의 강렬함과 섹시함이 돋보이는 메인 포스터를 공개해 화제가 되었고, 연기파 배우인 그녀가 블랙 드레스를 입고 챙이 넓은 모자를 쓴 채 카리스마 넘치는 표정을 연출해 '노라노'의 일대기에 대한 대중적 관심도 뜨겁게 달구었다.

노라노는 1956년 한국 최초의 패션쇼를 개최했고, 윤복희의 미니스커트와 펄시스터즈의 판탈롱을 직접 디자인하고 스타일링했다. 1963년에는 최초로 의상을 기성복화하는 작업을 시도했고, 미국과 아시아 시장에서 위상을 떨친 패션 역사상 독보적 인물로 기록되고 있다. 나는 당시에 '격동기 전 생애를 걸고 열정을 디자인한 반세기 외길의 노라노, 후회 없는 장밋빛 인생'이라는 주제로, 한국에서 패션디자이너라는 직업을 창조한 여인에 대해 다음과 같은 기사를 실었다.

"패션을 사치산업이라고 치부하던 80년대 초반, 노라노는 연간 5만 벌의 실크 여성복을 수출해 1,000만 불 실적을 달성했으며, 실크 소재와 디자인의 우수성을 널리 알렸다. 뉴욕 7번가에서 '노라노'의

1956년 서울 반도호텔(현 소공동 롯데호텔)에서 국내 1호 패션 디자이너인 노라노의 국내 첫 패션쇼가 열렸다. 이 패션쇼에서는 국내 생산된 모직 원단을 이용해 100% 우리 기술로 만든 옷이 무대에 선보였다. ⓒ 노라노

고급 의상이 대히트를 쳤으며, 메이시 백화점 15개 쇼윈도 전면이 한국산 실크 드레스로 도배되는 전무후무한 기적을 일으켰다.”

'노라노'는 이탈리아가 섬유 산업으로 중흥하는 것을 보았으며, 섬유 산업이 국가 산업 중흥의 중추적 역할을 할 것이라는 것을 알았다. 몸소 섬유 개발에 참여했으며, 제품 차별화를 위해 직접 실크 프린트 공장을 설립해 가동하기도 했다. 노라노의 소재 개발은 1950년대부터 시작되었다.

그 과정에서 재미있는 에피소드가 있다. 제주도에서 양을 키운 양털로 한림수직이 만든 국산 모직을 의상 제작에 쉽도록 가공하는 방법을 함께 연구했는데, 그렇게 만들어진 원피스와 코트를 육영수 여사가 박정희 대통령과 함

젊은 날의 노라노 선생 ⓒ 노라노

께 독일로 차관을 받으러 갈 때 입었다고 회고했다. 그때는 염색이 쉽지 않아 양털 그대로의 내추럴한 색상으로 만들 수밖에 없었는데, 오히려 세련되어 보였다고 기억했다. 차관을 요청하러 갔으니 요란해서도 안 되었는데, 영부인으로서 검소하면서도 세련되고 기품 있어 보이는 의외의 효과를 가져다준 것이었다. 노라노는 또 1960년대에는 면직물을 공동 개발했고, 1970년대부터는 실크 의상을 수출해 소재 산업 발전을 견인하였다.

1956년 반도호텔에서 최초의 패션쇼를 펼친 이후 1973년부터는 4년 연속으로 파리 컬렉션 무대에 섰던 노라노는 미국 시장에 이어 일본 시장을 개

노라노 선생은 최초의 해외 유학파 패션 디자이너로서 국내 최초로 패션쇼를 개최하고 또 최초의 디자이너 기성복을 생산했다. 여성들의 사회적 진출을 돕기 위해서 활동성 좋은 옷을 만들어 '한국의 코코샤넬'로도 불렸다.

척했고, 최근까지도 미국의 부유층을 겨냥한 드레스와 여성복을 제작해 수출을 이어가고 있다. 벨벳 블라우스에 넓은 벨트, 롱 부츠를 신은 매력적인 동양 여성이 유창한 영어를 구사하며 미국의 유명 백화점과 상담을 하고, 가격을 낮추려는 바이어를 설득시켜 오히려 열렬한 지지자를 만들어 버린 노라노. 그 후일담을 듣다 보면 한국 여성의 인내심과 개척 정신의 DNA가 자랑스럽다.

10여 년 전 기자가 중년이 되면서 누구나 겪는 갱년기 우울증이 심했었다. 감정 컨트롤도 어렵고 미래에 대해서도 암울한 심경이었다. 나는 노라노 선생님을 찾아가 하소연을 했다. "저 이제 중년이 되었어요. 여성으로서도 커리어 우먼으로서도 생명력을 잃은 것 같아요."라며 살짝 응석을 부리며 따뜻

지금도 작업 중인 노라노 선생의 손(2022년) ⓒ 이영희

한 격려를 기대하고 있었다. 그 순간 디자이너는 내가 보지 못했던 엄청 노여운 표정으로 단호하게 꾸짖으시는 것이 아닌가! "나는 50세에 미국 시장에 도전했어! 단 한 번도 여성이어서 유약한 모습을 보인 적이 없지! 이 기자는 무얼 해도 다시 시작할 수 있는 나이이니 엄살을 부려선 안 돼!"라면서 혼을 내셨다.

위로를 기대했던 나는 잔뜩 몸을 낮추고 "잘못했습니다"를 연발했다. 정신이 번쩍 들었다. 나는 이날 선생님의 큰 가르침으로 신진 디자이너들에게 당부한다. "도전하라! 노라노는 30년을 준비해 50대에 세계 시장으로 나갔다. 이제 시작도 하지 않은 것을, 무한한 세계가 기다리고 있고 도전만으로도 인생은 아름답다!"라고 충고한다. 이 모두가 선생님에게 배운 것이다.

2년 전, 90대 후반에 접어든 노라노 디자이너와 100세를 넘은 철학자 김형석 교수가 만난 일화가 떠오른다. 노라노 선생께서 "90대를 처음 살아보니

디자인 작업을 하는 노라노 선생 ⓒ 노라노

많은 것이 두렵습니다."라며 인사를 드렸다고 한다. 이에 김형석 교수는 "저도 100세를 처음 넘겨봅니다. 그러니 처음인 것에 대해 당연히 두려운 마음이 있습니다."라고 화답했다고 한다. 이 시대의 스승인 두 현자는 이렇게 공통분모를 찾아내고 의기투합하셨다고 한다. 삶은 곧 일과 사랑이라는 것. 사랑하는 사람들을 위해 열심히 일한 삶은 행복하다는 것. 디자이너 노라노는 "굽이굽이 역경의 세월이었지만, 내가 좋아하는 일을 평생 할 수 있었고, 사랑하는 이들과 함께했으니 내 인생은 장밋빛이었다."고 말씀하신다.

그리고 나를 향해 한마디 덧붙이신다. 대구 출신인 기자에게 "시골 사람이 서울 와서 패션 전문기자까지 했으면 출세했지 뭐야. 그러니 자네의 삶도 장밋빛 인생이야."라고.

아! 아직 나는 멀었구나!

"선생님은 항상 퐌따~스틱 했어요"

앙드레 김

순백의 전설은 떠난 뒤에도 무대에 돌아와, 느릿하고 또렷한 음성으로
사랑과 예의를 다시 불 밝혀 주었다. 앙드레 김—그의 백의의 미학과
휴머니즘은 오늘 젊은 무대와 포개져, 영원한 '퐌따스틱'을 갱신한다.

"정말 오랜만입니다. 앙드레 김입니다." 15년 만에 디자이너 앙드레 김 (Andre Kim, 1935~2010)의 목소리를 들었다. 울컥하면서 눈시울이 뜨거워졌다. 2025년 2월 9일, 2025 F/W 서울 패션 위크에서 디자이너 브랜드 '얼 킨'이 한국 패션의 거장, 작고하신 앙드레 김과 특별한 콜라보레이션 컬렉션을 선보였다. 이날 앙드레 김은 AI 기술로 부활되었고, 특유의 느릿하고 또렷한 음성으로 패션쇼장을 가득 메운 관객들을 향해 반갑게 인사를 했다. 목소리와 영상은 1분 정도 구현되었는데 반갑기도 하고 아쉽기도 했다.

콜라보레이션을 시도한 디자이너는 '얼킨'이라는 브랜드의 이성동 대표로, 패션쇼에서 선보인 30여 벌의 의상 중 5벌을 앙드레 김의 클래식한 요소를 부각시킨 디자인으로 내놓았다. 이성동 디자이너는 "앙드레 김과 같이 대한민국을 빛낸 디자이너가 재조명될 수 있는 환경적 요소가 중요함을 강조하고 싶었다"며 콜라보레이션 패션쇼의 의미를 밝힌 바 있다. 젊은 디자이너가 1세대 디자이너이자 선배를 기억하고 그 정신을 되새긴다는 것 자체만으로도 대단하게 느껴졌다.

이날 앙드레 김의 아들인 김중도 '앙드레 김 아뜰리에' 대표는 "이번 콜라보레이션을 시작으로 아버지의 헤리티지를 현대적으로 재해석한 세컨드 브랜드인 '앙드레김 서울'을 준비하고 있다"면서 앞으로 젊은 세대와 소통하는 새로운 앙드레 김의 모습을 보여주겠다는 각오를 밝혔다. 내심 몹시 반가웠다. 오래된 것은 고루한 것이 아니라 또 다른 생명으로 이어지는 무궁한 자산임을 느끼는 순간이었다.

국민 디자이너 '앙드레 김'은 2010년 8월 12일 별이 되었다. 대장암을 앓았던 디자이너는 말기가 될 때까지 주변에 알리지 않고 작업에만 충실했다고 한다. 말기에 이르러 합병증인 폐렴으로 서울대병원에 입원한 앙드레 김은 한 달 뒤인 12일 오후 7시 25분, 75세를 일기로 세상과 작별을 고했다. 평소 순백의 순수를 좋아했던 디자이너답게 조용하고 아름다운 마무리를 원했던 것 같다.

앙드레 김은 세간에서 오도된 화려함과 희화화된 모습과는 정반대로 세계적인 디자이너이자 애국자, 순수와 사랑의 결정체였다. 그는 가슴 벅차게, 때로는 아프게, 온 힘을 다해 패션과 사람을 사랑하는 일생을 고되게 살아온 주인공이었다. 무엇보다 자신에 대해서는 엄격한 잣대를, 타인을 향해서

젊은 날의 앙드레 김

는 최선의 예의를 다하는 바른 패션디자이너였다. 우리는 앙드레 김을 '앙 선생님'이라고 불렀다. 본인은 정작 몰랐겠지만 기자들끼리는 나름 친숙함의 표현이었다.

앙드레 김은 매일 아침 일간지와 전문지, 5개의 방송사 뉴스까지 총 19개의 매체를 모두 본다는 말이 있었다. 시간이 없을 경우에는 제목이라도 꼭 읽는다고 했는데 필자는 그 말을 믿는다. 작은 기사라도 앙드레 김에 대해 언급되면 꼭 편집국으로 전화를 해서 기자를 찾았다. "기자님, 기사 잘 읽었어요. 관심 가져주셔서 감사해요. 수고하셨습니다."라며 꼭 인사를 건네곤 했다. 휴대전화가 없던 시절, 편집국으로 전화가 오면 먼저 받은 이가

로맨틱하고 절제된 남성미를 보여주는 앙드레 김 남성복 ⓒ 김철성

수화기를 손으로 막고 "이영희 기자, 앙 선생님 전화!" 하고 소리쳤던 기억이 난다.

앙드레 김은 사람에 대한 예의와 애정 또한 각별했다. 패션계 외부 행사장에서 기자는 꼭 앙드레 김에게 다가가 인사를 했다. 그때마다 많은 사람들이 쏟아내는 소음 때문이었는지 큰 키를 낮추어 귀를 기울이고 눈을 맞추며 인사를 나눠 주었다. 지금도 "안녕하세요~~ 반가워요. 잘 지내시죠~"라는 특유의 음성이 들리는 듯하다.

앙드레 김이 사람을 대하는 매너는 주한 외국 대사관에서도 유명했다. 국가를 막론하고 주한 대사와 대사 부인으로 부임해 오면 디자이너는 계절에 맞춰 한국의 향기가 그윽한 꽃을 선물로 보냈다고 한다. 실제로 기자의 친구가 근무했던 어느 대사관저로 봄이면 봉오리가 탐스러운 목련꽃 가지를 가득 담은 대형 수반을 보냈다고 한다. 대사 부부는 이처럼 우아하고 아름다운 꽃은 처음 본다, 한국의 봄은 품격이 있다고 감탄했음은 물론이다. 이러한 품격과 선의의 민간 외교가 빛을 발해 대사들이 자국으로 귀환 후 앙드레 김을 초청해 패션쇼를 여는 것은 물론, 대한민국의 패션에 대해 호의를 갖게 되었다. 외국 디자이너에게 개방하지 않았던 이집트 피라미드 앞, 캄보디아 앙코르와트 유적지에서의 패션쇼도 앙드레 김에게는 유일하게 허용했다. 앙코르와트는 그 후 17년 만에 2025년 3월 이상봉 디자이너에게도 문을 열어 주었다.

언젠가 앙드레 김의 아들 김중도 대표를 만날 기회가 있었다. SNS 메신저로 정중하게 인사를 건넨 김 대표가 "언제 시간이 되신다면 아뜰리에에 초대하고 싶다"고 했다. 기자는 너무나 기쁜 마음으로 앙드레 김을 만나는 것처럼 기분이 좋았다. 며칠 뒤 앙드레 김 아뜰리에가 있는 사옥을 방문했다. 앙드레 김 사후에 새롭게 이전한 건물 1층에는 생전의 쇼룸과 같이 꾸며져 있었고 전혀 낯설지 않았다. 시그니처 의상들과 디자인 룩북, 예술 작품과 추억을 소환하는 사진들로 눈이 바빠졌다. 한쪽에는 생전 앙드레 김이 업무를 했던 앤티크 책상과 사진이 그대로 재현되어 있었다. 기자는 휴대전화를 꺼내어 동영상으로 그 모습들을 촬영했다. 그런데 순간 휴대전화가 뜨거워지면서 배터리가 방전되어 버리는 것이 아닌가? 멀쩡했던 휴대전화가 일시 정지되어 버린 것이었다. 물론 영상 촬영물도 날아가 버렸다. 평소 앙드레 김이 사전 동의 없이 준비 안 된 인터뷰나 촬영을 극도로 싫어했던 기억이 났다. 나는 조용히 읊조렸다. "선생님, 제가 실례했습니다. 죄송해요. 여전하십니다.”

김중도 대표는 사옥에 수많은 앙드레 김 컬렉션을 그대로 보관하고 있었다. 습도 유지 및 햇빛 차단 등 의상을 보관하는 것이 얼마나 힘이 드는지를 잘 아는 기자로서는 정말 김 대표의 정성이 대단해 보였다. 사실 사무실로 임대하면 임대료도 받을 수 있고 재정적 도움도 될 터인데, 아버지의 컬렉션 의상을 보관하는 수장고로 쓰는 그 마음이 감동으로 와닿았다.

그가 떠난 후 8년이 지난 2018년 5월 30일 용산 아이파크몰에서 ‘앙드레 김 추모 리마인드 패션쇼’가 열렸다. 패션쇼는 생전 그와 함께 패션쇼와 도네이션을 했던 패션 피플들, 유니세프 한국위원회 관계자, 아티스트, 지인들이 참여하고 지켜보는 가운데 진행되었는데, 특히 생전 그의 무대에서 활약했던 모델과 연출자, 스태프들의 재능 기부로 이뤄져 고인에 대한 회고와 존경을 담았다.

기자는 2018년 6월 1일 “패션으로 지구촌에 사랑을 전파한 휴머니스트, 리마인드 앙드레 김 추모 패션쇼!”라는 제목의 기사에서, 앙드레 김을 사랑했던 많은 이들이 한자리에 모여 그를 추억하고 추모하는 한바탕 축제였음을 알렸다. 특히 모델들이 주축이 돼 행사를 기획하고 발로 뛰며 준비를 해 온, 패션 역사상 유일한 사례를 남긴 리마인드 앙드레 김 추모 패션쇼는 박영선, 이종희, 정재경, 김효진, 율라, 김태연, 김재범, 송은지, 정다은, 양은영, 이평 등 쟁쟁한 모델들이 다시금 런웨이에 모습을 드러내 시공을 초월한 감회에 젖게 했다. 또한 앙드레 김의 패션쇼 역사를 함께 이뤄 온 모델센터 도신우 회장이 연출을 자처해 의미를 더했다.

앙드레 김 7겹 드레스 ⓒ 김철성

앙드레 김 생전의 피날레 ⓒ 앙드레 김 아뜰리에

앙드레 김 추모 패션쇼의 마지막은 당대 최고 모델이자 패션쇼의 엔딩 무대를 장식해 왔던 모델 박영선이 등장했다. 앙드레 김 패션쇼에는 항상 7겹 드레스가 등장했는데, 한국의 전통적인 복식의 선과 아름다움을 서양 드레스 형식으로 투영한 일곱 벌을 겹쳐 입은 것이었다. 이 7겹 드레스는 최고의 모델만이 입을 수가 있는데, 무게도 무게지만 장중한 음악의 선율에 맞춰 아름답게 춤을 추며 한 겹씩을 벗는 장면은 최고가 아니면 소화할 수 없었기 때문이었다. 이날 박영선은 당대 최고의 모델이었음을 런웨이를 누비면서 여실히 보여주었다. 7겹 드레스는 한 벌 한 벌 무대 위를 꽃잎처럼 수놓았다. 그리고 이날 놀라운 광경이 벌어졌다. 하얀 나비 한 마리가 무대 위에 계속 머물며 모델의 머리 위 혹은 어깨를 오가는 것이 아닌가! 그 순간 앙드레 김이 천국에서 8년 만에 외출을 허락받은 것이 아닌가라는 생각을 하며 큰 위안을 받았다.

앙드레 김은 자선을 많이 했던 것으로도 널리 알려져 있다. 순수한 아이들과 사회 소외계층을 사랑했으며, 유니세프 한국위원회 친선대사로도 활약했다. 1994년부터 2010년 세상을 떠나기 전까지 15회의 자선 패션쇼를 비롯, 자선 바자를 위한 의상 기증, 광고 모델료와 디자인료 기부 등으로 10억 원 이상의 기금을 유니세프 한국위원회에 전달하였다.

매년 유니세프 자선 패션쇼 무대를 열었고, 패션쇼 의상들을 경매할 수 있도록 기증을 했는데 사후에 차마 판매할 수 없었던 의상들은 국립민속박물관에서 일부는 기증을 받고 일부는 구입해 보관하고 있다. 다행히 민속박물관의 보관 기술과 분류로 앙드레 김의 의상을 오랫동안 볼 수 있게 되었다. "패션으로 지구촌에 사랑을 전파한 휴머니스트" 앙드레 김이 사후에 남긴 작품들을 통해 오래 기억되기를 소망한다.

앙드레 김은 항상 흰옷만 입었다. 사람들은 그가 결벽증이 있는 것이 아니냐는 등의 억측을 하기도 했다. 하지만 그것은 순수였고 어머니에 대한 사랑이었다고 한다. 모친이 디자이너가 어릴 적 가족들에게 정갈하게 손질한 흰옷을 입혔던 기억과 함께, 어머니의 사랑은 곧 흰색의 순수라고 믿었던 것 같다. 패션쇼에 꼭 순백의 웨딩드레스가 등장하는 것도 이와 일맥상통한다. 또한 전통을 사랑한 디자이너가 '백의민족' 정신을 강조하기 위해서였다는 말도 있다. 그 무엇보다 앙드레 김은 일본의 소설 『설국』에서 깊은 감명을 받았다. 1968년 노벨문학상을 탄 가와바타 야스나리가 쓴 이 소설은 무엇보다 탐미주의적 색채감이 특징인 작품인데, 앙 선생님은 평소 이 소설을 자주 언급했다. 그 이후 순수와 사랑의 색상인 흰색 옷을 즐겨 입었다. 면으로 지은 다양한 두께의 흰옷 30여 벌이 옷장에 있었고 수시로 갈아입었다.

앙드레 김의 패션쇼는 늘 로맨틱했다. 국내는 물론 해외까지 연간 10여 차례나 패션쇼를 했었던 앙드레 김은 노출로 시선을 끄는 의상이나 과도한 스타일로 무대를 장식하는 것을 질색했다. 대신 순수와 사랑, 그리고 진정한 자신만의 패션 세계를 보여주기 위해 전통적인 모티브나 디테일이 적용된 우아한 실루엣을 고집했다. 한국의 전통적인 모티브나 디테일을 자수와 패치 등 공예적 기법을 다양하게 적용해 품격 있는 화려함을 극대화했었다. 또한 수입보다는 한국의 원단을 고집했다.

패션 종주국인 유럽의 유명 디자이너들과 비교해 전혀 손색없이, 아니 그 이상으로 앙드레 김은 패션을 통해 세계적으로 대한민국의 품격을 제고하는 데 혁혁한 공을 세운 최고의 외교관이었다. 1962년 서울 소공동에 '살롱 앙드레'를 개점하며 패션디자이너로서 첫발을 내디딘 앙드레 김은 1966년에 프랑스 파리에서 패션쇼를 열었다. 한국 디자이너로서는 최초였다. 또한 세계 최초로 이집트 피라미드를 배경으로 패션쇼를 열어 세계 패션계의 주

앙드레 김이 디자인한 의상들 ⓒ 김철성

목을 받기도 했다. 해외 유명 배우와 스타들이 그의 무대에 모델이 되기도
했고 고객이 되었다. 세계적인 팝의 황제 '마이클 잭슨'이 오랫동안 고객이
었으며, 전속 디자이너가 되어 달라고 직접 부탁했던 일화는 유명하다. 마
이클 잭슨이 맞춰 간 의상만 200여 벌이며, 마지막 공연 발표장에서도 앙
드레 김의 재킷을 입었던 것으로 기록되어 있다. 안타깝게도 앙드레 김이
떠나고 1년 뒤 마이클 잭슨도 세상을 떠났다.

한국을 대표하는 세계적인 성악가 조수미는 20여 년 가까이 앙드레 김의
드레스를 입고 공연을 한 것으로 알려졌다. 문화 예술에 조예가 깊었던 앙
드레 김이 조수미의 팬이기도 했지만, 한국 대표 주자가 초라한 드레스를
입어서는 안 된다는 디자이너의 지론 덕분이었다. 조수미는 20여 년간

순백의 순수함을 사랑해 흰옷만 입었던 앙드레 김 © 앙드레 김 아뜰리에

200여 벌의 드레스를 입었다고 한다.

이처럼 대한민국 패션 역사에 찬란한 획을 그은 앙드레 김에 대해 색안경을 끼고 바라보는 희화화된 사례도 있어 기자는 몹시 안타까웠다. 다시 언급하고 싶지는 않지만, 한국의 어두운 정치사의 일면에서 그는 피해자가 되기도 했었다. 1999년 '옷로비 사건' 청문회에서 앙드레 김은 증인으로 출석했다.

그때 그의 본명이 '김봉남'으로 밝혀졌는데, 앙드레 김에 대한 신비감과 동경심이 한순간에 무너져 이미지에 큰 타격을 입게 되었다. 특히 권위주의와 패션에 대한 무지한 정치인들이 무례하고도 공격적인 질문 공세가 이어져, 패션디자이너로서 예술가로서 자존감 강한 그에게 큰 상처가 되었을 것이다. 이후 '김봉남'을 활용한 각종 패러디가 수준 낮은 개그로 성행했다.

앙드레 김은 그동안 쌓은 이미지와 공로가 한순간 실추되는 아픔을 겪었지만, 청문회 말미에 정치인들과 언론에게 오히려 "제 패션쇼에 한번 오세요"라는 말로 대인배적인 모습을 보여주었다. 이후 대중들 사이에선 "청문회를 통해 고작 알아낸 것이라고는 앙드레 김의 본명뿐이었다"는 우스갯소리가 나돌았다. 그 이후 앙드레 김의 이미지가 친근하게 다가왔고 대중에게 확산되는 효과도 있었다고 한다.

앙드레 김은 이후 언론 인터뷰에서 "사람은 진실하고 정직하면 좋은 끝이 있어요. 아무리 억울해도 진실한 마음으로 견뎌내면 전화위복이 되고 좋은 결과가 따른다고 생각합니다."라고 말했는데, 고통을 극복한 결과를 대중에게 사랑으로 돌려준 거장이 남긴 교훈이었다.

앙드레 김의 사후에 그는 정부로부터 금관 문화훈장을 받았다. 패션디자이너이자 예술가로서 대한민국 패션의 품격을 높이고 민간 외교의 선봉장이었던 공로를 인정받은 것이었다. 많이 외로웠을 앙드레 김, 순수와 사랑, 열정으로 채워 간 거장의 삶에 진심으로 존경을 표한다. "선생님은 항상 판따~~스틱했어요. 고맙습니다."

구르는 빵과 열정의 젠틀맨

박윤수

초짜 기자의 빵 하나가 굴러가던 그 순간처럼, 유쾌한 해프닝 속에서도 진심
과 예의를 잃지 않았던 사람이 있었다. 패션을 종합예술로 승화시킨 열정의
젠틀맨, 박윤수—그의 삶은 유머와 품격이 공존하는 한 편의 드라마다.

아주 오래전이었다. 나는 신입 기자였고 모든 게 서툴렀지만 열의만 가득
했던 시절이었다. 아직도 얼굴을 화끈거리게 하는, 어쩌다 떠올리기만 해도
웃음보가 터지는 에피소드가 있다. 때로 이런 일들은 나만 기억해야 하고
상대방은 잊었으면 한다. 아주 간절히.

그때 취재부장이셨던 K선배를 따라다니면서 우리가 필드 트레이닝이라 불
렀던 현장 취재 실습을 하러 다녔었다. 어느 날, 선배와 함께 모 호텔에서 개
최되는 유명 디자이너의 기자회견장을 가게 되었다. 주인공은 박윤수 패션
디자이너였다.

박윤수 디자이너는 현재 패션계 1세대 디자이너로서 국내는 물론 해외 시장에서 '빅팍(BIG PARK)'이라는 브랜드를 운영하고 있다. 매년 2회의 패션쇼를 열어 '빅팍'의 새롭고 독창적인 컬렉션을 제시하는데 패션계는 물론 젊은 디자이너들에게 영감의 원천이 되고 있다. 나는 박윤수 디자이너와 동시대의 같은 공간에서 호흡하는 것만으로도 행운이라는 생각을 하곤 한다.

박윤수 디자이너는 오트 쿠튀르로 시작해, 당시 유명 백화점에서 '박윤수 올스타일'이라는 고급 여성복을 선보이고 있었고 우아하고 활동적인 여성 고객들로부터 인기가 높았던 걸로 기억한다. 당시에 디자이너로서는 의례적으로 패션 관련 매체의 기자들을 초대해 점심 식사를 제공하고 현황과 앞으로의 발전 방향을 발표하는 자리를 마련했다.

이제 막 사회생활을 시작하는 박봉의 신입 기자는 모든 게 서툴렀고 부족했으며 항상 배가 고팠던 터라 취재보다는 '호텔 식사'를 더 기대했던 것 같다. 점심에도 코스 요리가 제공되었는데 식전 빵으로 풍미 가득한 갓 구운 빵이 나왔다. 바구니에 담겨진 빵 중에서는 그때 기자들이 좋아했던 '하드롤'이 있었다. 겉은 딱딱한데 속은 바삭한 둥근 빵은 손으로 뜯어 가며 버터나 잼을 발라 먹기에 좋았다. 식사 중에도 모두 사전에 배포된 보도자료를 보느라 빵은 거의 손을 대지 않았고, 나는 편집국으로 돌아가 다른 기자들과 나눠 먹고 싶은 욕심에 종이백에 몇 개를 담아 두었다. 그때 종이백에 담은 몇 개의 빵이 평생 나의 얼굴을 뜨겁게 하고 또 박윤수 디자이너와의 첫 대면을 잊지 못하게 하는 원인이 되었다.

항상 어떤 취재 장소이든 취재원과 제일 가깝게 앉으라는 선배 기자들의 말을 잊지 않고 있었던 터라 그날도 식사 후 자리를 옮긴 기자 회견장에서 맨 앞줄 중앙에 앉았다. 박윤수 디자이너와 부부로서 회사를 창립한 김은희 디자이너가 함께 자리해 브랜드의 철학과 디자인 특성, 향후 유통 방향 등을 설명하고 질문을 받기 시작했다.

상황에 몰입하고 있었는데 순간, 뒷줄의 누군가가 실수로 나의 보물창고인 종이백을 툭 하고 차 버렸다. 그러자 넘어진 종이백에서 튀어나온 하드롤이 또르르 하고 박 디자이너의 발치까지 굴러가는 것이 아닌가! 그 순간 나의 시선은 그 행사가 끝날 때까지 그 원수 같은 하드롤에 머물러 있었고 새빨개진 얼굴로 고개를 들지 못했다. 취재 현장이 마무리될 때까지 그 원수 같은 빵은 그 자리에 머물러 있었다.

기자회견의 말미에 디자이너는 나를 향해, "혹시 질문 있으신가요?" 하고 묻는 것이 아닌가? 사실 그전의 내용은 거의 기억이 나지 않았고 나는 뜬금없이 "저처럼 통통한 사람은 어떻게 옷을 입어야 할까요?"라고 물었다. 순간 여기저기서 웃음소리가 들렸지만, 디자이너가 너무나 진지하게 대답해 주었기 때문에 아주 중요한 질문을 한 것처럼 어색한 분위기가 무마되었다.

디자이너는 날씬하지 않다고 옷을 너무 펑퍼짐하게 입거나 짙은 색으로 축소되어 보이려고 하면 도리어 역효과가 날 수 있으니 몸을 자연스럽게 감싸는 스타일을 선택할 것과 서로 다른 아이템을 겹쳐 입는 레이어드 룩(Layered Look)을 권한다고 말했다. 당황한 기색이 역력한 초짜 기자에게 "아주 중요한 질문을 해 주어 고맙다"며 정성스레 답변을 해 주었고 자신의 브랜드의 디자인도 맥락이 같다고까지 말해 주었다. 이 대목에서 느낄

패션쇼를 앞두고 리허설에 집중하고 있는 패션계 젠틀맨 박윤수 디자이너 ⓒ 김철성

수 있겠지만, 상대의 세심한 부분까지 배려하는, 그래서 지금도 박윤수 디자이너의 별명은 '패션계 젠틀맨'이다.

박윤수 디자이너의 패션쇼는 '종합 예술'이다. 15분 남짓한 패션쇼를 위해 계절을 잊고 몰입을 한다. 박윤수 디자이너의 '빅팍' 패션쇼의 감상평에서 "한 편의 드라마를 본 것 같다"는 소감을 종종 볼 수 있다. 컬렉션을 준비하는 과정을 보며 '디자이너의 삶은 저래야 하나 보다'는 생각을 하게 되지만 누구나 그렇게 하진 못할 것이다.

지금도 잊지 못하는 패션쇼 무대가 있다. 2016년 늦가을에 서울 패션 위크에서 열린 2017 S/S '빅팍(BIG PARK)' 패션쇼였다. 기자가 기억하기로는

2025년 가을, 흥천사에서 열린 2026 S/S '빅팍' 패션쇼.

박윤수 컬렉션의 정수를 가감 없이 보여 준 절정의 패션쇼였다. 디자이너는 다양한 장르의 예술을 존경하고 탐구하며 매 시즌마다 자신의 의상에 투영한다. 음악과 그림, 건축 미학, 자연에서 영감을 얻은 모티브 등이 의상에 나타나고 디자인 의도를 전달하기 위해 패션쇼에서는 그 무대를 절정으로 끌어올릴 수 있는 연출을 시도하기도 한다. 2017 S/S 패션쇼는 박윤수가 대한민국 컬렉션 디자이너로서 대표성을 가질 수밖에 없는 당위성을 여실히 입증하였다.

깊고 끈끈한 탱고의 라이브 연주 속에 이국적 카펫 위를 걷는 모델들의 모

흥천사를 런웨이로 패션쇼를 연 박윤수 디자이너는 외신기자들로부터 호평을 받았다.

습은 로맨틱한 삶을 염원하는 여성들의 욕망을 충족시키기에 충분했다. 이 날, 국내 패션쇼에서는 최초로 독보적인 반도네온 아티스트인 고상지 씨가 연주를 했고 탱고의 음율은 모델들이 무대를 걷는 내내 관람객들을 매료시켰다. 오리엔탈 무드를 연출하기 위해 70여 장의 카펫을 날라와 런웨이를 만드는 수고로움을 기꺼이 감수했다. 그때 나는 박윤수 디자이너의 패션쇼를 이렇게 기사화했다.

"2017 S/S '빅팍'의 컬렉션은 박윤수 디자이너와 아트 그룹 '줄라이 칼럼'과의 콜라보레이션, 국내 최초의 반도네온 아티스트 라이브

'빅팍' 미술관 런웨이 ⓒ 김철성

디자이너와 콜라보레이션한 '줄라이칼럼(JULY COLUMN)'은 박윤수 디자
이너의 두 딸이 론칭한 아트 스튜디오이다. 영국에서 패션 디자인과 R&D
로 실력을 쌓은 언니와 순수미술과 패션 디자인을 전공한 동생, 이 두 자매
가 아트 스튜디오를 운영하고 있었다. 2015년 아트 스튜디오를 설립하고
다양한 예술 작업을 펼치고 있는 가운데 자매의 여행, 오랜 세월 소중히 간
직해 온 부모님의 아카이브 등에서 영감을 얻어 작품을 만들었다. 그렇게
탄생한 작품을 원단에 프린트하여 스토리를 만들고 아버지의 패션 디자인

'빅팩' 미술관 패션쇼의 백스테이지 ⓒ 김철성

에 녹여 예술성이 풍부한 컬렉션 의상이 완성된 것이었다. 지금도 열정적인 탱고 음악, 딸들의 아트워크로 탄생한 의상을 입은 모델들의 몽환적인 워킹이 뇌리에 남는다. 15분의 패션쇼가 끝나고 패션 피플들은 마치 먼 여행지에서 한 편의 공연을 본 듯한 감명을 받았다며 한동안 아쉬움에 자리를 뜨지 못했다.

디자이너는 때로는 러시아의 어느 자작나무 숲을 연상케도 하고 열대의 우림도 가져다 놓았는데, 그 어떤 시도였다 하더라도 사실 그가 디자인한 패션 의상보다 더한 감동일 수는 없었다. 패션쇼를 끝내면 디자이너는 여행을 떠났다. 그냥 유희가 아니라 다음 시즌 영감을 위한 열정의 순례였다고 본다. 유독 전시와 공연을 많이 찾아다녔는데 이러한 이유로 기자와의 접점이 자연스레 이어지기도 했다.

국립중앙박물관에서 '옷에 들어간 단추만을 모은' 프랑스 단추전을 함께 관람한 적이 있었다. 박물관 이현주 홍보관의 초대로 아트리더스클럽 회원들과 박윤수 디자이너가 함께 전문적이고 친절한 학예사의 도슨트를 받으며 오래 전시장에 머물렀다. 진지한 학구열을 보이며 좀체 자리를 뜨지 못하던 디자이너는 그 후 선배와 동료 디자이너들을 모시고 여러 차례 박물관을 다녀갔다는 이야기를 나중에 듣게 되었다.

한번은 영화 '파리로 가는 길'을 감명 깊게 본 디자이너가 나와 지인들에게 간곡히 봐야 한다며 권유한 적이 있다. 2017년 상영한 이 영화는 우연한 계기로 파리까지 자동차로 동행하게 된 남녀의 여정을 담은 로맨스 무비였다. 프랑스 곳곳의 아름다운 풍경, 음식, 자아를 찾아가는 단순하지만 의미 있는 대사들로 잔잔한 감동을 주었다. 사실 개봉관도 몇 개 없었고 상영 시간도 드문드문해서 디자이너의 적극적인 권유가 없었다면 이처럼 좋은 영화를 감상할 기회도 없었을 것이다. 디자이너는 영화의 한 장면을 재연했다고 한다. 선배 디자이너를 모시고 '평창으로 가는 길'에 음식과 과일을 담은 바구니를 내려놓고 길에 앉아 영화를 이야기했다니, 이 시대에 진정한 로맨티스트임을 인정하고 싶다.

박윤수 디자이너는 한 사람, 한 사람에게 최선의 배려를 격조 높게 한다. 본사에 방문하는 기자나 관계자들을 위해 입구에 환영한다는 안내문을 꼭 세워 두기도 하고 차 한 잔을 내어와도 찻주전자나 찻잔, 접시 등을 그날의 의미에 맞춰 세심하게 신경을 썼는데 이것은 누구든 자신이 디자이너에게 중요한 사람이라는 자부심을 갖게 한다. 박윤수 디자이너를 취재할 때마다 느낀 것은 타인을 대하기에 앞서 자기 관리에도 철저하다는 것이었다.

흥천사에서의 2026 S/S '빅팍' 패션쇼의 피날레

박윤수 디자이너는 남성으로서 여성복을 디자인할 때 약점은 직접 입어 보고 그 느낌을 알 수가 없다는 것이라고 한다. 매번 컬렉션을 준비할 때마다 그 점을 너무나 아쉬워했지만, 한편으로는 디자이너가 남성이기에 영감을 주는 내면의 뮤즈는 영원히 나이 들어 가지 않는다며 안도하였다. 대부분 디자이너가 여성일 때는 결혼과 출산, 육아를 하면서 고객과 함께 나이 들어 가며 디자인 성향도 변할 수가 있지만 1세대 디자이너로서 내면의 뮤즈가 나이 들어 가지 않음을 다행스러워한 것이다. 그러나 그것은 궤변일 수도 있는 것이 기자가 본 바로는 피나는 자신의 노력이 뮤즈를 지키고 있었기 때문이다.

나이를 굳이 언급할 필요 없이 디자이너는 청년 같은 사고와 외모를 유지하고 있다. 몇 해 전까지 산악 바이크와 아이스하키를 했는데 주변의 만류로 그만두게 되었다. 그 이후 수영과 필라테스, 헬스는 물론이고 최근에는 단축 마라톤을 완주할 정도로 건강과 체력을 유지하는 것을 게을리하지 않는다. 하루에 한 번 꼭 얼굴에 팩을 하라며 '1일 1팩'을 강조하는데 게으른 내겐 참 어려운 일이다.

몇 년 전, 나는 '그 빵 사건'에 대해 이실직고했다. 한참을 웃던 디자이너는 그러나 사실 기억이 전혀 나지 않는다고 했다. 디자이너를 만날 때마다, 웃을 때마다 그때의 일이 오버랩되어 민망했는데 기억도 나지 않는다니… 안도와 함께 은근히 지난 세월이 억울하기도 했다. 내가 훌륭해서가 아니라 오랜 세월 패션 현장에서 취재를 해 온 전문 기자로서, 인간 이영희로서 언제나 예우를 해 주는 박윤수 디자이너는 패션계의 진정한 젠틀맨이다.

박윤수 디자이너의 '빅팍' 브랜드는 몸을 자연스럽게 감싸주는 패턴 개발과 독창적인 아트워크로 주목받고 있으며 열정의 행진은 여전히 현재진행형이다.

"박윤수 선생님, 그때 제가 질문을 잘한 거지요?"

청평의 노랑다리 미술관

손일광

비 오는 명동의 골목, 젊은 예술혼이 맨발로 거리를 걸었다.
손일광—그는 패션을 무대 밖으로 끌어내 예술로 숨 쉬게 한 남자, 지금은
청평의 노랑다리 아래에서 여전히 빛을 그린다.

디자이너 노라노가 한국에서 최초로 패션쇼를 열었다면 손일광은 최초로 거리에서 패션쇼를 개최한 인물이다. 우리가 대한민국 패션의 태동지인 명동과 근대사를 되짚을 때 손일광 선생의 행적은 영화의 한 장면처럼 생동감 있게 다가온다. 1970년대 패션과 젊음의 거리 명동, 뜨거운 한낮의 더위를 식혀 줄 소나기가 내리면 훤칠한 장발머리의 청년 손일광이 청바지 차림에 맨발로 터벅터벅 걸었다고 한다.

당시 파격적인 차림에 이색적인 모습을 한 청년은 패션디자이너이자 전위예술가로 알려졌고, 기이한 행동에 당시 그의 일거수일투족은 신문과 잡지를 도배하다시피 했다고 한다. 청년 손일광의 젊은 날은 모든 게 뜨겁고 새

롭고 획기적이었던 명동의 역사와 함께 기록되었다. 손일광은 1세대 패션 디자이너이자 예술가이며, 지금은 청평에 있는 노랑다리 미술관의 관장을 맡고 있다.

손일광 선생을 처음 만난 때는 2012년이었다. 1960년대부터 1990년까지 명동 양장점에서 시작된 패션의 시작과 부흥기, 기성화 단계까지의 산증인을 만나는 것은 큰 영광이었다. 지인의 소개로 만났을 때 그의 첫인상은 강렬했고 대화는 쉽지 않았던 것으로 기억한다. 베토벤 스타일의 곱슬머리에 눈빛은 상대의 의지를 읽고 있는 듯 맑고 강했다. 손일광 선생과의 대화는 과거와 현재와 미래를 순식간에 왔다 갔다 했고, 직접화법보다는 구도자의 선문답 같아서 그의 생각과 말하고자 하는 바를 이해하기까지 꽤 오랜 시간이 걸렸지만, 그 어디에서도 들을 수 없었던 이야기에 반해 인터뷰를 계속했다. 그날 긴 시간의 인터뷰는 2012년 《한국섬유신문》에 '손일광의 거꾸로 가는 시계'라는 시리즈로 14회에 걸쳐 이어졌다. 머릿기사는 이렇게 시작했다.

"패션은 보기 위한 귀족예술이 아니라 입기 위한 대중예술이다"라며 국내 최초로 길거리 패션쇼를 열었다. "패션이 예술이라면 무대에 한정시킬 수 없다"는 논리로 당시 고정관념을 과감하게 깨뜨린 선생의 철학을 담고자 했다. 파격과 일탈의 디자이너, 아니 '예술가' 손일광(一光) 선생. 대한민국 남성 1세대 디자이너이자 전위예술가로 현대미술사에 한 획을 긋는 '제4집단'의 창립 핵심 멤버였던 손일광 선생은 척박한 '패션'을 '예술'의 장르로 승화시켰다.

"1960년대부터 '명동'은 패션과 예술의 태동지였고 순수와 낭만, 피 끓는 도전과 창작 열기로 가득 찬 곳이었다. 손일광 디자이너의 명동 의상실에는 낮에는 옷을 좋아하는 고객들이, 밤에는 각계각층의 예술가들이 모여 문전성시를 이뤘다. 이곳에서 '관념'과 '규격'에 도전하는 새로운 것에 대한 '모의'가 시작되고 '열망'이 실현됐다. 손일광 선생의 기억 속을 더듬어 '패션문화의 원류'를 거슬러 재조명하고자 한다. '패션의 거대 산업화' 이전 태동기의 순수함, 디자이너 개인의 역사를 격의 없는 논조로 싣고자 한다."

1970년대 그는 이미 패션계의 유명인사였다. 당시 주요 일간지에 실린 '길거리로 나온 패션쇼'라는 제목의 글은 다음과 같다.

"한국 최초의 가두 패션쇼가 지난 30일 서울 명동의 국립극장, 광화문 지하도, 이화여대 입구 등 세 곳에서 열렸다. 전위예술의 연출로 화제를 일으킨 바 있는 의상디자이너 손일광 씨의 제1회 의상발표회에 패션모델 그룹인 '스루회'가 협찬함으로써 열린 가두 패션쇼는 날씨가 추워져 가면서 화려한 장소를 빌어 곳곳에서 열리고 있는 각종 패션쇼에 반기를 들고 한국 최초로 타운웨어를 환경에 맞는 거리로 끌고 나왔다고 해서 주목을 끌었다."

먹고살기도 힘겨웠던 시절에 '패션'은 마치 부유층의 전유물처럼 느꼈던 패션쇼를 길거리에서 시도한 것은 큰 이슈였다. 손일광 디자이너는 "거리 패션쇼는 패션쇼에 있어서 무대 배격"이라고 했고 "서울 시민과 가두가 모두 엑스트라로 참가한 쇼"라고 의미를 설명했다. 그 시절 디자이너는 "내가

손일광 선생의 젊은 시절은 패션디자이너이자 전위예술가로서 언제나 논란과 관심의 대상이 되었다.

1970년대 행위예술

가장 절실했던 것은 남이 하지 않는 것을 하는 것이었다"고 말했다. 패션은 새로운 것을 창출해 내는 예술이기 때문에 규격화된 것에서 찾으려 하면 안 된다는 것이었다. 이렇게 거리로 끌고 나온 패션쇼는 오늘날 '서울패션 로드'라는 대형 이벤트로 거리 곳곳에서 개최되고 있다. 패션쇼의 새로운 형식과 장르를 디자이너가 개척한 것이다.

원래 화공학도였던 손일광은 국제복장학원을 졸업하고 양복점 '룩(LOOK)' 에 취직했는데 1966년도 당시 8,000원의 첫 월급을 받았다. 명동 일대에 서 '서마담'으로 불렸던 룩의 사장은 일본에서 교육을 받은 엘리트로 근검 절약 정신이 투철하고 자존심이 강했다고 회고했다. 손일광의 솜씨가 명동 에 알려지자 당시 유명했던 '뉴스타일'에서 여섯 배가 넘는 보수를 제안하 며 스카우트 제의가 들어왔고, 그로 인해 '가위 전쟁'으로 불렸던 스카우트 경쟁은 명동 일대의 큰 뒷이야기를 남기게 되었다.

밤마다 룩의 재단사부터 미싱사까지 가위를 들고 '뉴스타일' 앞에서 진을 치자 마침내 명동 파출소에서 출동해 중재를 하고자 했지만 양쪽의 재단사 끼리 밤이면 대치하는 상황은 한동안 이어졌다고 한다. 손일광 디자이너는 명동에서 활약하는 남자 디자이너 중 제일 몸값이 비싼 인물이 되었고, 1968년 대한민국 제1회 무역박람회에서 개최한 의상 콘테스트에서 최우수 상을 받으면서 또 한번 화제의 중심에 섰다. 한국 최초의 무역박람회인데 다 의상 콘테스트가 열려 주요 언론의 관심이 집중되었기 때문이다. 당시 에는 이와 같은 일들이 모두 처음이라 언론에서는 이를 비로 기사화했다. 시골에서 신문을 본 청년의 어머니는 물론, 친척들에 이르기까지 "성공해 줘서 고맙다"라고 축하를 아끼지 않았다고 회고했다.

충무로에서 처음으로 길거리 패션쇼를 열어 수많은 인파로 들끓게 했던 손일광 디자이너는 대한민국 최초로 패션 교육의 장을 열었던 패션교육계의 대모로, 국제패션복장학원을 설립한 고 최경자 선생으로부터 큰 관심과 사랑을 한몸에 받았다. 손일광의 결혼식 주례는 스승인 최경자 선생이 맡았다. 아직도 가부장적인 문화가 팽배하던 시절, 이것은 한국 최초로 여성이 결혼식 주례를 한 것으로 역사에 남게 되었다. 신랑인 손일광은 스승인 최경자 주례 앞에서 자신이 디자인한 노타이 차림의 파격적인 예복을 입고 결혼식을 올렸다.

패션쇼를 해프닝으로 만들어 전위작가로 불리게 된 손일광은 삶 자체가 시대를 앞서는 '아방가르드(avant-garde)'였고 주변의 모든 것을 예술로 승화시키는 능력의 소유자였다. 최경자 선생은 제자들을 회고하는 책에서 "샘물처럼 솟구치는 재기와 재치로 예술가답게 자기 생을 사는 손일광의 눈부신 감각들이 다시금 멋지게 정련돼 큰 빛을 발하기를 기대한다"고 격려했다. 손일광은 '뉴스타일'을 나와 1968년 자신의 '의상실 A.G'를 열었다. 이곳은 새로운 패션에 대한 도전뿐만 아니라 한국미술사에 기록될 '제4집단'의 산실이 되었다.

손일광 디자이너는 당시에 큰 화제의 주인공이었던 가수 패티김과 작곡가 길옥윤의 결혼식을 위한 웨딩드레스를 만들었다. 당대 최고의 인기가수를 위한 웨딩드레스와 네 벌의 화동 드레스까지 만들었지만 대외적인 홍보는 커녕 사진조차 남기지 않았다. 그러나 입소문은 빨라서 멋을 아는 여성들의 발걸음이 '의상실 A.G'로 몰려들었다.

디자이너의 기억에 따르면 당시 서울에서 잘 산다는 사람들이 명동에 와서 옷을 맞춰 입었는데, 요즘과 달리 결혼식 때 제일 부러움을 사는 대상이 옷을 많이 해 가는 사람이고 그다음이 아파트 열쇠였다는 것이다. 외국 잡지를 보고 그대로 맞춰 달라는 사람도 많았고, 대학교 입학과 졸업 때 부모와 함께 옷을 맞춰 입으러 오는 사람들이 많았다고 한다. 저렴한 기성복 캐주얼이 없었을 때여서 맞춤복 중심의 명동 패션은 최고의 전성기를 누리던 시절이었다.

그때에 손일광은 홍대에서 제일 유명한 전위예술가로서 독보적 명성을 지녔던 정찬승, 그의 대학 동기였던 정강자, 김구림, 방태수 등으로 '제4집단'을 결성하고 거리에서 전위예술을 펼쳐 매스컴을 장식했었다. 김구림은 서울대 미대생이었고 방태수는 한국 최초로 판토마임 극단을 창단한 인물이다. 디자이너, 화가, 전위예술가, 무대 연출, 연기자 등 장르를 넘나드는 예술인들이 매일 밤 자리를 함께했다.

그 당시 제4집단의 멤버들을 비롯해 암울하고 답답했던 시대 상황에서 숨통을 조여 오던 규범에서 벗어나고자 했던 예술가들과 학생들은 의상실로 모여 토론의 장을 열었다. 낮에는 고객들이 찾아오고 밤이면 스무 명이 넘는 예술가들로 북적이곤 했다. 패션디자이너로서 낮에 번 돈은 저녁에 가난한 예술가들과 학생들의 밥값과 술값으로 다 나갔다. 지금 손일광 선생의 소울 메이트인 부인 이성희 선생도 당시 홍대 1학년 학생으로 그 자리에 함께 있었다.

손일광과 백남준과의 교감은 유명한 일화로 남아 있다. 가수 한대수가 민주

화를 대변하는 입장으로 추앙
받던 시절, 이때 음악을 공부하
러 베를린에 유학을 간 아티스
트 백남준과의 편지 왕래가 시
작되었다. 어느 날 백남준이 보
내 온 한 장의 편지는 손일광의
일생을 바꾸어 놓았다.

백남준의 "내 감정은 오선지
안에 가둬둘 수 없습니다…"로
시작된 편지는 자신의 감정을
오선지 위에 악보가 아닌 그래
프로 그려 둠으로써 사람의 사
고는 틀에 넣을 수 없다는 강
력한 메시지를 전달했다. 이 편
지는 손일광이 추구하던 정신

손일광은 삶 자체가 시대를 앞서는 아방가르드였고,
주변의 모든 것을 예술로 승화시키는 능력의 소유자였다.

세계에 대한 의구심을 단숨에 날려 버리고 또 다른 확증과 자신감을 불어
넣어 줬다. 이에 영감을 받은 명동 한복판에서의 피아노 연주는 '파격 행위
예술'로 기록되고 있다. 이 세상에서 가장 아름다운 연주는 남녀가 피아노
위에서 성행위를 하면서 울려지는 것이란 테마 아래, 명동거리에서 커튼을
치고 노출을 한 여성 예술가가 피아노 위에서 몸으로 연주를 했으니 당시
윤리의식으로서는 풍속을 해치는 대단한 사건이 되었다. 이외에도 정치적,
이념적인 퍼포먼스가 지속되면서 안기부에서 조사가 시작되었다고 한다.

88 올림픽 개막식에 선보인 로봇 의상

손일광과 '제4집단'이 벌인 해프닝은 잠깐으로 끝나지 않고 새로운 관념과 예술 장르를 만들었다. 손일광은 늘 영감을 실천에 옮겨 예술로 승화시켰다. 종이, 장어 가죽, 볏집 등으로 비옷이나 수영복을 만드는가 하면, 해운대 모래를 퍼와 천 위에 접착한 드레스를 만들기도 했다. 그는 주변의 모든 것들이 패션 예술의 소재가 된다고 강조한다. 88 올림픽 개막식 날 디자이너 손일광이 선보인 로봇 의상은 언론의 관심을 또 한번 집중시켰다. 우레탄폼에 플라스틱 판을 붙이고 금속 코팅을 했으며, 가슴에는 작은 TV 모니터를 붙여 개막식 생방송을 볼 수 있게 하는 기발함을 보여주었다.

그는 한국 최초의 남성 디자이너 모임인 '코패드(KOFAD)'를 만들었다. 디자이너 손일광을 중심으로 김태산, 김동준, 방동규, 이원재, 이동수 등 10여 명의 멤버들이 모였다. 그중에서도 방동규는 파리 소르본 대학을 나와 귀국한 후 충무로 3가에 패션살롱 '방동규의상실'을 냈고 디자이너로 활약했다. 막내로 들어왔던 이동수는 나중에 '동마산업'을 설립해서 고급 골프 캐주얼의 대중화에 한몫을 했다. '코패드'는 매년 그룹전을 개최하면서 대중들에게 남성 디자이너 그룹의 명성을 이어갔다. 디자이너 이원재는 나중에 합류하게 되었는데, 그는 '이원재패션'을 설립해서 한국의 고급 부인복 시장을 선도했다. 이동수와 이원재는 초기 기성복 시장을 만드는 데 크게 기여했다.

'코패드'의 활동 기간 5년은 새로운 패션 이벤트의 틀을 형성하는 표본이 되었는데 이때 연출을 맡은 사람이 바로 하용수이다. 배우로 활동하다가 국제복장학원에 입학해서 1969년에 졸업을 한 하용수는 영화, 의상, 미술, 음악 등에서 탁월한 감각이 있었고, 그 후 엔터테인먼트로 활약을 하면서 배우 이정재 등 유명 연예인 사단을 이끌면서 스타로 부상했다.

손일광은 지인들에게 평생 간직할 만한 독특한 의상을 지어 주곤 했는데, 언밸런스하거나 아방가르드한 스타일, 혹은 다른 디자이너들이 흉내 낼 수 없을 정도의 패턴 변형, 이색 소재를 사용했다. 1970년대 후반에 맥그리거, 반도패션, 뱅뱅 등 기성복 브랜드가 시장을 주도하기 시작하면서 손일광은 의상실을 접고 그 무렵 촉망받던 기업인 율산그룹이 론칭한 '밤빔' 브랜드의 수석 디자이너로 입사했고, 최초의 머천다이저로 활약하기 시작한다. 그 이후 1978년 모라도 상임 자문으로, 호서양행 이사로 80년대까지 현역 생활을 계속했다. 업계의 실력자로서 이미 입소문을 들은 올림픽 준비위원회에서 88년 서울올림픽 의상 디자인을 의뢰해 로봇 의상을 제작하게 되었고, 자신의 회사인 '이원상사'를 설립해 경영하는 등 활발한 활동을 벌여 왔다.

1990년대 후반부터 손일광에 대한 소문은 뜸했다. 기자와 처음 대면했던 2012년에는 그동안 앓아 온 대장암을 극복해 가는 시점이었다. 홍대 여학생이었던 부인 이성희 선생과 청평의 전원주택에 살며 자연을 소재로 또 다른 예술작품을 만들어 가고 있던 터였다. 당시 청평의 자택을 찾았을 때

자연 속에 자리 잡은 이색 미술관으로 청평의 명소가 된 노랑다리 미술관

기자는 몹시 놀랐다. 경기도 가평군 청평면에 직접 설치미술 형식으로 박물관을 조성해 가고 있었다. 직접 터를 다지고 건물 자체를 설치미술로 완성해 가고 있었다. 기자를 만나기 수년 전부터 병마와 싸우며 혼신의 힘을 불어넣어 만들고 있는 미술관은 지금도 진행형이다. 그 이름은 '노랑다리 미술관'이다.

입구에 들어서면 대형 철제로 제작된 노란색 다리가 방문객을 맞는다. 노랑다리 미술관은 손일광 디자이너가 고흐의 '아를의 랑글루아 다리'에서 영감을 받은 것이라고 한다. 봄이 오면서 다리를 통해 훈훈한 정감이 느껴지는 느낌을 상징하는 듯했다. 미술관 내부에는 100여 점이 넘는 작품을 전시하고 있다. 본인이 소장한 작품과 직접 그린 미술품과 앤티크한 소품

손일광 선생은 자신이 좋아하는 일을 하며 행복하게 사는 것이야말로 성공한 인생이라고 말한다.

들을 보려면 하루가 부족할 지경이다. 일반인에게 카페와 미술관과 소공원을 개방하고 있다. 지난 2019년 4월 25일에 개관 4주년을 맞은 기념 행사에는 손일광 관장 내외와 문화, 예술, 패션계 인사들, 1세대 남성 패션디자이너 모임인 이목회 회원들과 패션 원로들이 대거 참석해 손일광의 제2의 인생을 축복해 주었다. 손일광 관장의 작품 활동은 80대인 지금도 노랑다리 미술관에서 여전히 이어지고 있다.

손일광, 이성희 부부는 현재 '인견사랑'이라는 브랜드를 통해 인견 소재로 다양한 연령대의 여성들이 입을 수 있는 패셔너블하고 모던한 의상을 선보이고 있다. 기후 환경에 적응해야 하는 요즘 같은 시대에 무더위도 이기고 멋스럽게 입을 수 있는 최상의 의류를 만들자는 것이 이 브랜드가 추구하는 것이다. 가끔 사람이 그리울 때는 노랑다리 미술관으로 달려간다. "선생님~ 저 왔어요"라고 소리치면 두 분께서 거의 맨발로 달려 나오신다. 노랑다리 미술관에는 사람 사는 맛이 빼곡하다. 이성희 선생이 직접 만드신 집 된장과 김치, 절임 채소, 부각 등을 한 가방 싸 들고 나오면서 기자는 이렇게 당부하곤 한다. "선생님, 이젠 비 올 때 맨발로 걷지 마세요. 감기 걸리시면 안 됩니다."

선생님, 짜장면 시킬까요?

이상봉

짜장면 한 그릇 앞에서 거장은 더 낮아지고, 한글과 돌, 바람과 물로 옷의
문장을 짓는다. 이상봉—세계의 무대에서 꿈을 꿰매고 돌아와,
청소년들의 내일에까지 우주의 빛을 덧대는 사람.

"배가 고픈데, 우리 짜장면 시켜 먹으면서 이야기할까요?"
기자가 이상봉 디자이너와 첫 단독 인터뷰를 한 것은 2010년 1월 초순이었
던 걸로 기억한다. 신년 특별대담을 위해 당시 한글 패션으로 수년간 러시
아와 프랑스 등 해외에서 패션쇼를 열어 한글 전도사로 활약하고 있던 대
한민국 대표 디자이너 이상봉 선생을 만났다.

새해에는 "물과 바람같이 살자"며 "패션계가 서로 인정하며 사랑하면 좋겠
다"고 말문을 열었다. 디자이너의 한글 패션과 디자인 철학에 대한 대화가
이어지면서 오전 11시에 시작된 인터뷰가 오후 1시를 넘기고 있었다. 특집
대담 기사의 원고 분량은 이미 충분했지만, 디자이너는 아직 전하고 싶은

이상봉은 패션 디자이너로서 뿐만 아니라 아티스트로서의 역량도 인정받아 한국, 미국, 유럽, 영국 등지의 유서 깊은 박물관이나 갤러리들과 다양한 전시나 패션쇼를 진행하기도 한다.

이야기가 남았고 기자는 공식 인터뷰를 떠나서 더 듣고 싶었다.

인터뷰 공간은 이상봉 디자이너가 세계 각국을 다니면서 수집한 특별한 소품들과 기념품, 예술작품, 골동품 등으로 가득했다. 대화 중간에 시선을 돌려 눈호강을 하기도 했다. 디자이너는 시계를 보더니 "우리 배도 고픈데 짜장면이라도 시켜 먹으면서 이야기할까요?"라고 물었다.

대한민국 최고의 디자이너와 단독 대담도 멋진 일인데, 격의 없이 너무나 소탈하게 "짜장면이라도 먹으면서…"라니. 배가 고파 속으론 쾌재를 부르짖었지만, 마감이 임박해 시간적 여유가 없었다. 또 식사를 하고 나면 더 늘어질 것도 같았다. 인터뷰를 마무리하고 다음을 기약했지만 정말 아쉬웠다. 단독 대담 이전에도 패션 취재 현장에서 마주쳐 왔지만 이날 이후 나는 대한민국을 빛내는 대표 디자이너이기 이전에 사람과 꿈과 열정을 사랑하는 소탈한 아티스트인 이상봉을 알아가는 기회를 자주 갖게 되었다. 그날 이후 짜장면과 김밥, 전집에서 막걸리, 갈비탕과 백반도 종종 함께한다.

그날의 신년 특별대담은 "패션은 시대를 초월하는 인류의 영원한 동반자"라는 기사 제목 아래 첫 문장은 이렇게 시작되었다.

> "디자이너는 물과 바람 같아야 합니다. 물은 거슬러 올라가는 법이 없어요. 자연스럽게 흐르면서 정화됩니다. 또 흘러흘러서 융화되고 강을 이루고 바다를 이룹니다. 또한 디자이너는 바람처럼 자유로운 영혼으로 변신할 수 있어야 합니다. 무게를 두고 고집에 얽매이면 새로운 문화를 받아들일 수도, 변화할 수도 없어요."

이상봉 디자이너는 2006년 한·불 수교 120주년 때 한글 패션쇼를 개최한 이후 수년째 한글과 예술이 융합된 의상을 디자인하고 세계 무대에 알리는 데 전력하고 있었다. 종전에는 일본, 중국 고대 문자에 신비감을 부여하던 외국인들이 난생처음 보는 한글이 새겨진 원단으로 지은 패션 의상에 열광했다. 디자이너는 한글의 우수성과 미적인 매력을 최대한 표현하기 위해 김소월의 시를 접목하는 등 다양한 영역에서 창의성을 최대한 끌어내었다. 러시아와 프랑스에서 패션쇼를 하면 우리 고유의 것만 고집하지 않고 그들의 문화와 접목시켜 자연스럽게 한국적 요소가 받아들여질 수 있도록 원칙을 세웠다. 한국의 전통적인 요소를 외국인들이 거부감 없이 받아들일 수 있도록 현대적인 감각으로 의상을 디자인했다. 한글, 단청과 무궁화, 책가도(冊架圖), 한국의 대자연 등에서 영감을 얻은 모티브와 색상으로 글로벌 감각의 패션을 구현했다. 디자이너가 물과 바람처럼 자유로운 영혼으로 변신할 수 있어야 한다는 말이 이해가 갔다.

이상봉 디자이너는 한국보다 해외에서 우리 '한글'을 패션문화로 승화시켜 널리 알린 애국자로 인식되고 있다. 어떤 이는 이상봉 디자이너의 한글 패션쇼나 전시회 한 번이 수십만 권의 한글 교본을 펴내 해외에 홍보하는 효과에 버금간다고 평가하기도 한다.

국내외에서 수백 회 이상 패션쇼를 해 온 이상봉 디자이너는 이제는 한국에서보다 해외에서 패션으로 문화외교 사절단 역할을 하고 있다. 2023년에는 화가 클림트의 작품을 모티브로 디자인한 의상으로 오스트리아 벨베데레 미술관에서 패션쇼를 열었다. 벨베데레 미술관 개관 300주년을 기념한 이 패션쇼는 현지의 문화예술인 700여 명이 자리한 매머드 행사였다. 자국 디자이너가 아닌 이상봉을 초대한 것은 이례적인 일이었고, 클림트의 대표작품 '키스'를 모티브로 한국의 단청 및 한글 디자인을 더한 다양한 형태의 패션을 선보여 화제가 되었다. 벨베데레 궁전을 배경으로 야외에서 열린 패션쇼는 한국은 물론 미술관 역사상 기념비적인 일로 남을 것이다.

2025년 2월에는 캄보디아 앙코르와트에서 패션쇼와 영상 촬영을 했다. 캄보디아 정부가 앙코르와트 사원에서 패션쇼를 허락한 것은, 지금은 고인이 된 앙드레 김의 패션쇼 이후 17년 만에 처음 있는 일이었다. 신비로운 사원에서 어우러진 이상봉의 의상들은 전 세계에 영상으로 송출되었다. 서로

클림프의 작품을 모티브로 한글과 전통적 요소를 더한 이상봉 의상

다르고 어울릴 수 없다고 생각한 두 나라의 문화가 충돌 없이 어우러져 신비롭고도 이색적인 매력으로 다가오는 순간이었다.

얼마 전 몽골에 다녀온 이상봉 디자이너로부터 현지의 돌로 깎은 팔찌를 선물로 받았다. 팔찌는 상당히 진화된 선물인데, 종종 원석이나 그냥 돌(진짜 돌멩이다)을 주기도 한다. 돌을 선물해 줄 때마다 다녀온 여행지의 좋은 기운과 행운이 담겨 있다고 설명하며, 힘들 때마다 손에 쥐고 있으면 좋은 일이 있을 거란 말을 잊지 않는다. 그렇다 보니 나의 책장에는 여러 종류의 돌들이 얌전히 자리하고 있다. 지인의 어린 자녀들에게도 돌을 나눠 주곤 하는데, 아이들은 이상봉 디자이너를 '돌 할아버지'라고 부르기도 하고, 자기도 친구

이상봉 패션쇼의 피날레 무대

들에게 돌을 주워주는 기이한(?) 행동을 해서 웃음을 자아내게도 한다.

이상봉 디자이너는 2022년 10월에 다음 해 봄·여름을 겨냥한 컬렉션을 패션쇼 무대에 펼쳐놓았다. 패션쇼의 주제는 '돌, 생명과 우주'였다. 생명과 우주의 아름다움과 신비, 그 근원이 되는 돌이 가져온 영감을 기반으로 일본의 대기업 '엡손'과 협업해 그래픽을 디지털 프린팅한 원단으로 옷을 지었다. 모델의 걸음걸이마다 원단의 움직임에 따라 우주의 아름다움을 잘 표현하는 패션쇼로, 거장의 패션 세계를 유감없이 발휘한 무대였다. 이상봉 디자이너는 패션쇼와 함께 '이상봉' 브랜드의 37주년을 맞이해 그간의 의상들로 'RE-FLECT37'을 테마로 전시회도 개최했다. 이상봉 디자이너는 '37'이라는 숫자를 평상시에도 좋아했다. 영원히 서른일곱 살, 이성과 열정이 교차하는 원숙으로 향하는 관문에 머물고 싶어했다. 이 전시는 한동안

이상봉은 청소년의 꿈을 응원한다. 2025 제10회 고교패션콘테스트 & 고교모델콘테스트

진행되면서 패션 종사자와 패션을 공부하는 학생들이 많이 찾아와 거장과 만남으로써 거장의 패션 철학을 배우는 자리가 되었다.

이상봉은 '사람'과 '꿈'을 사랑한다. 사람들은 이상봉이 럭셔리한 패션 세계에만 머물러 있을 것이라고 생각한다. 짜장면을 먹자거나 회의가 끝나고 갈비탕이나 해장국을 먹자고 하면 혹자는 오해를 하곤 한다. 자신에 대한 예우를 하지 않는다거나 자린고비가 아닌가 하고 말이다. 그러나 디자이너 이전에 인간 이상봉은 스쳐 가는 누구에게도 가식 없이 소탈하다. 항상 부족한 시간과 빡빡한 일정에 챙길 사람 또한 많다 보니 '짜장면이라도' 함께해서 보내고 싶은 마음인 것이다. 누구나 사진을 찍자고 요청하면 격의 없이 모자를 벗고 트레이드마크인 시원한 민머리와 치아를 드러내며 활짝 웃는다. 아이들이나 학생들에게는 더욱 정성을 다한다. 돌 할아버지는 아이들을 무척 좋아한다.

요즘은 청소년의 꿈을 응원하는 데 전력하고 있다. 다문화가정 청소년의 꿈을 응원하기 위해 연말이면 자선 공연 행사를 열고 '꿈토링' 프로젝트를 하면서 패션디자이너와 모델을 꿈꾸는 아이들에게 교육의 기회를 열어주었다. 2025년 현재 10회를 맞이하는 고교패션콘테스트 & 고교모델콘테스트를 열어 인재를 발굴하고 패션계에 필요한 전문인으로 커갈 수 있도록 꿈을 응원하고 있다. 그 과정마다 정성을 다해 고교생들의 작품 하나하나를 오래오래 들여다본다. 아무런 연락 없이 불쑥 본사로 찾아오는 청소년들과도 시간을 쪼개어 대화하고 꿈을 잃지 말라고 당부한다.

기자는 '(사)고교패션콘테스트위드이상봉'의 일원으로 고교생들의 꿈을 응원하고 있다. 늦가을에 콘테스트 본선 무대가 열리기까지 봄부터 여름, 가을은 주말마다 이사진들과 멘토들의 회의가 열린다. 모두 본업이 있는지라 평일 저녁이나 휴일의 시간을 할애하고 있는데, 회의가 끝나면 인근 중국요리 음식점에서 자주 짜장면을 시켜 먹는다. 회의 시간은 항상 길어진다. 디자이너는 늘 목소리를 높여 되도록 많은 학생들이 꿈을 향해 나아가는데 디딤돌이 될 수 있도록 수혜를 주어야 한다고 말한다. 그러다 보면 종종 주제에서 벗어나 옆길로 새기도 한다. 그럴 때면 누군가는 이렇게 외친다. "이상봉 선생님, 짜장면 시킬까요?"

청담동 '작은 거인'

이림

청담동의 하얀 성 안에서, 작은 체구의 장인이 반세기의 시간을 꿰매어 한 벌의 옷으로 품격을 짓는다. 이림—삶을 천천히, 따뜻하게 재단하는 거인. 그의 옷처럼, 그의 말처럼, 시간은 부드럽게 사람을 감싼다.

어느 날 성남아트센터 무대 중앙을 향해 은발의 노신사가 걸어 나왔다. 그랜드피아노에 한 손을 올리고 심호흡을 하더니 우리 가곡 '그리움'을 부르기 시작했다. 프로 성악가의 세련됨은 없었지만 영혼을 어루만지는 '작은 울림'이 있었다. 심연에서의 울림은 감동으로 스며들었고 눈시울을 뜨겁게 적시게 했다. 그 아마추어 성악가가 바로 청담동 '이림 스타일'의 디자이너 이림 선생이다.

청담동을 지나가다 보면 천주교 청담성당 옆, 유럽풍의 작은 성처럼 보이는 하얀색 건물이 있다. 1층에는 '이림 스타일(LEE LIM STYLE)'이라는 부티크(맞춤의상실)가 자리 잡고 있다. 패션디자이너로서 벌써 외길 50년을

청담동 '이림 스타일' 사옥

걸어온 이림이 직접 설계하고 지은 건물이며, 대한민국 쿠튀르 역사의 산실이자 지금도 패션 디자인에 영감을 주고 있는 곳이다. 이림은 디자이너로서 첫걸음을 할 때부터 고객이 되어 준, 지금은 초로의 귀부인들과 그들의 자녀들을 위해 대를 이어 의상을 디자인하고 있다. 나아가 이림은 딸 이진화에게 대를 물려 고객과 함께하는 새 역사를 쓰고 있다.

이림은 어릴 적 병을 앓은 탓에 작은 체구를 가지고 있다. 그러나 이림을 아는 대부분의 사람들은 그를 '작은 거인'이라 부른다. 패션에 대한 열정과 삶에 대한 생각의 크기와 행동이 평범한 틀을 초월해 비범하기 때문이다. 그는 현자였다. 어떠한 콤플렉스가 있다고 하더라도 본인이 극복하고 차이를 인정하지 않는다면 바라보는 사람들 역시 느끼지 못한다는 것을 알려 준다.

기자가 디자이너 이림 선생을 처음 만났을 때 선생은 함박웃음을 짓더니 창가의 작은 테이블로 안내했다. 그때가 10년 전쯤, 11월이었는데 창밖에는 싸락눈이 내리고 있었다. "바쁘게, 급하게 살지 말아요. 오늘 같은 날은 차 한 잔 하면서 창밖을 봐야 해요. 쫓기듯 살다 보면 삶에 필요한 영감을 놓치고 말아요"라며 따뜻한 차를 내어주었다. 원고 마감을 앞두고 마음은 바빴지만 그 말에 어쩔 수 없이 한참을 말없이 마주 앉아 창밖에 내리는 눈을 보며 오고 가는 사람들을 바라보았다.

이림 선생은 항상 현자처럼 따뜻한 웃음으로 손님을 맞이한다.

그러던 어느 순간, 마음이 편안해졌고 긴장감이 풀리면서 보드라워진 심장을 열고 첫 인터뷰를 하게 되었다. 그때의 기억은 가끔 숨이 가쁠 때나 문득 나를 돌아보고 싶을 때 의자에 앉아 심호흡을 하게 만든다. 이림은 이처럼 기품이 있고 주변을 배려하며 자신의 품으로 끌어안는 거인이다.

이림은 청년 시절 KBS 세트미술부에서 일했다. 항상 미도파백화점 앞에서 버스를 타고 퇴근을 했었는데, 저녁이면 패션의상실의 휘황찬란한 불빛에 매료됐고 쇼윈도를 기웃대며 디자이너가 되어야겠다는 결심을 했다고 한다. 1967년 당시에는 남자로서 패션 공부를 할 곳이 많지 않았고, 주변의 지인들에게 묻고 물어서 마침내 국제복장학원에 등록하면서부터 오늘날까지 패션디자이너를 평생의 업으로 삼고 있다. 이림은 그 무렵 앙드레 김이 《여원》 등 잡지에 소개되면서 패션디자이너가 세간의 관심을 조금씩 불러일으킬 때였다고 회고했다.

그렇다면 50년 동안 묵묵히 외길을 걸어온 디자이너 이림의 패션 철학은 무엇이었을까? 이림은 이렇게 밝혔다. 처음부터 화려하거나 드라마틱한 의상을 짓는 디자이너가 되겠다는 생각보다는, 입는 사람의 장점을 최대한 부각시킬 수 있고 상대방이 그 사람에 대해 인상적인 느낌을 가질 수 있도록 하는 디자인을 하겠다는 다짐을 했다고 한다. 무엇보다 인체의 장단점과 상관없이 입어서 최적의 편안함을 느낄 수 있으며, 좋은 날 자주 입고 싶은 옷을 짓는다는 일념으로 50년을 한결같이 패션 철학을 고수하고 있다.

'이림 스타일'의 옷이 편안하고 입어서 실루엣이 자연스럽고 아름다운 것은 자신만의 비결인 '두부 재단' 기법에서 찾는다. 세부적인 노하우는 알려줄 수 없지만 손수 스프레이를 뿌려 몇 시간 후 다림질을 하는 과정을 반복한다고 한다. 이 과정을 거치면 원단의 특성이 잘 살아나, 옷을 입었을 때 올의 하나하나가 살아 있는 느낌이 든다. '이림 스타일'에는 20대 청년 시절부터 이림과 함께한 패턴 장인 진대석 씨가 함께한다. 다른 재단사보다 몇 곱절의 정성을 거친 이림 스타일의 옷들은 이러한 과정을 거쳐 고객들을 행복하게 한다. 장인정신으로 똘똘 뭉친 이림 스타일의 재단실은 두 사람이 머리를 맞대고 한 벌의 의상을 완성하기까지 의견을 나누는 '패턴 연

이림 선생이 디자인한 《주부생활》 패션 화보(1980. 모델은 현재 디자이너로 활동 중인 루비나. 왼쪽)
& 《여성동아》 패션 화보(1981. 오른쪽)

구실'이라 해도 과언이 아니다. 이림의 패턴 연구실은 패션의 종주국이라 할 수 있는 프랑스에서도 인정을 하게 된다.

어느 날, 기자에게 모 국립대학의 교수가 연락을 해 왔다. 자매결연을 맺은 프랑스의 의상 전문학교 '리세 드 라 모드(Lycée de la Mode)'에서 교장과 교감이 방한했는데, 한국의 정통 쿠튀르 숍을 견학하고 싶다고 하니 연결을 해 줄 수 있겠느냐는 것이었다. 한국에는 유명하고 감도 높은 패션디자이너가 많지만, 기성복을 함께 전개하고 있는 경우가 많았다. 그러나 자체 패턴실과 봉제실을 운영하면서 순수 쿠튀르만 하는 곳은 손꼽힐 정도였다. 그때 패턴 장인과 디자이너가 평생의 업을 '연구'처럼 게을리하지 않는 '이림 스타일'이 떠

이림 스타일의 드레스

올랐다. 그렇게 '리세 드 라 모드'와 '이림 스타일'의 만남이 이루어졌다.

은발에 푸른 눈의 교장이 청담동을 찾던 날, 딸 이진화는 한국의 전통 다과상을 차렸다. 천연염색을 한 테이블보에 도자기 접시를 놓고 한과와 약과, 다양한 색깔의 다식을 예쁘게 차려 놓았다. 전통 다기 세트에 녹차도 내어놓았다. 모던하고 세련된 매장 분위기에 전통 다과가 차려진 테이블에 앉은 교장, 교감과 통역을 맡은 한국계 프랑스인 교수는 정성과 매너에 감사의 인사를 연발했다.

이림은 서툴지만 자신만만하고 당당한 영어(이상하게도 외국인들이 다 알아듣는)를 하며, 특유의 미소로 손님들을 매료시켰다. 참고로 이림의 미소는 항상 얼굴 전체로 웃는 아이 같은 천진난만함이 있다. 그리고 그 유명한 '두부 재단' 연구실로 올라가 재단 과정과 샘플실을 공개했다. 아무리 패션이 화려해도 인체를 구속하거나 불편하게 해서는 안 되며, 옷 자체보다 입는 사람을 돋보이게 해야 한다는 지극히 원론적이면서도 불변의 철학을 강조했는데, 프랑스에서 온 패션 교육자들은 너무나 진지하게 고개를 연신 끄덕이며 공감을 표했다.

그날은 날씨가 좋아 옥상에 올라가 와인을 한 잔씩 마시며 격의 없는 시간을 느릿느릿 보냈다. 그리고 압구정의 한일관에서 조촐한 불고기 파티를 열었다. 프랑스인들은 불고기 판에 지글지글 익어가는 고기와 당면을 신기하게 보았고, 전과 막걸리를 곁들이자 멀리서 온 노신사는 일어나 갑자기 익살스러운 제스처로 샹송을 불렀는데, 술 한잔만으로도 이미 만취한 듯 즐거운 분위기가 되는 것이 아닌가! 이날이 인상 깊었는지 프랑스의 교장 선생은 아직도 잊

'2017 리카르도 무티 서울 콘서트'에서 이림이 디자인한 의상을 입은 여성 소프라노.

지 못한다는 내용을 담아 안부 메일을 보낸다고 한다. 인연은 묘한 것이고 우리의 앞날은 예측할 수 없다. 이림은 이날의 인연으로 딸 진화와 함께 '리세 드 라 모드'에서 프랑스 학생들에게 한국의 쿠튀르에 대해 특강을 하게 된다. 그리고 딸은 최초의 한국 유학생으로 '리세 드 라 모드'에 입학하게 된다.

이진화는 성신여대에서 서양미술을 전공하고 미국 뉴욕의 파슨스에서 패션 디자인을 공부했으며, 현지 유명 디자이너 브랜드 회사에서 인턴십을 마친 뒤 '이림 스타일'에서 일을 하고 있었다. '리세 드 라 모드'의 교장 일행이 다녀간 뒤 부녀는 이 학교가 위치해 있는 프랑스의 시골마을 숄레에 초청을 받았다. 이림은 소재의 특성에 따른 디자인과 재단 기법에 대해 특

강을 했으며, 이진화는 강의를 위한 의상과 자료를 챙기고 통역을 도왔다. 패션 소외국으로 여겼던 대한민국의 작은 거인이 종주국인 패션 전문학교에서 강의를 하는 것도 드문 일이었지만, 동영상을 통해 본 현장 분위기는 뜨겁고 진지해 놀랍기도 했다. 귀국 후 이진화에게 프랑스 숄레의 명문 '리세 드 라 모드'에서 유학생으로 초빙하겠다는 제안이 날아들었다.

'리세 드 라 모드'는 프랑스 숄레 지방에 위치한 국공립 패션 전문학교이다. 숄레는 이 학교를 최고의 자긍심으로 여기고 있었다. 이진화는 '리세 드 라 모드'에서 가죽을 다루는 장인 자격증(BTS)을 취득하기 위한 클래스를 선택했다. 이 과정은 루이비통, 에르메스 등 유명 럭셔리 브랜드의 젊은 디자이너들이 장인이 되기 위해 모였으며, 파리에서 오랜 시간 운전해서 수업을 들으러 올 만큼 권위와 유명세가 있었다. 이진화는 프랑스 명품의 장인 정신을 체득하고 오길 바라는 부친의 뜻에 따라 장인 과정에서 공부하기 시작했다. 40명이 넘는 학생 중 유일한 동양인에다가 현지 학생들보다 나이도 많은 이진화는 학생은 물론 교수진들과도 친구가 될 정도로 친화력을 보였다.

이진화는 "공부하는 방식도 독특한데, 실제 루이비통 회사에서 사용하는 가죽이나 부속품들을 가지고 제품을 만들고, 장인들이 나와 디자인이나 실물 제작을 도와주는 산학연계가 잘 이루어지고 있는 게 인상적이었다"라고 했다.

기자는 파리에서 열리는 국제적인 원단 전시회 '프리미에르 비종'에 취재차 출장을 떠났다. 한국에서 출발 전 아버지 이림을 통해 이진화에게 미리 연락을 했던 기자는 파리에서 일정을 서둘러 마치고 숄레로 향했다. 9월이었고, 보슬비가 종일 내리던 날이었다. 이진화는 낯선 기차역에서 내려 두리번 거리는 나에게 빠른 걸음으로 달려와 안았다. 밝은 에너지가 가득 안겨왔다. 이진화의 차로 1시간을 넘게 달려 우리는 '리세 드 라 모드'에 도착했다. 작 지만 아름답고 고즈넉한 시골 마을이었지만, 오래된 아름드리나무와 성당 의 스테인드글라스가 멋진 품위 있는 곳이었다. 교장, 교감과 교수들이 반갑 게 맞아 주었고, 환영 문구를 담은 현수막 아래서 사진도 찍었다.

실습 교실은 두 개의 라인으로 구성되어 있었는데, 앞줄에서는 미술을 전 공한 교수들이 학생들에게 떠오르는 예술적 영감을 투영한 디자인을 그리 게 한다. 그리고 두 번째 줄에서는 실기를 지도하는 교수가 제품으로 실현 하는 과정을 가르치며, 현실적으로 불가능한 부분을 극복할 수 있는 기술 적 역량을 길러준다. 이것은 기자에게 신선한 충격이었다. 프랑스 명품 탄 생의 원류를 이해할 수 있는 계기가 되었다. 유명한 기계 업체들이 무상으 로 신제품을 설치해 주고 활용하도록 기술 지도를 하는 장면도 우리 현실 에 비교해서 몹시 부러웠다.

오로지 현실감 있는 교육을 위한 교실과 설비들, 숄레의 자부심 가득한 역 사와 염색, 제직을 소개하는 지역의 박물관 등을 견학하고, 프랑스 가정식 을 제공하는 학교 앞 레스토랑에서 소박한 점심을 함께했다. 이진화는 가 죽제품의 디자인에 그치지 않고 원단 디지털 프린팅 디자인 및 제작 과정 까지 수업 영역을 확장해 가고 있었다.

이진화는 "숄레에는 5개의 성당이 있다"고 했다. 각 성당마다 유구한 역사 를 느끼게 해주는 고풍스러운 스테인드글라스가 햇살과 노을에 반짝일 때 얼마나 아름다운지, 일제히 울리는 종탑의 종소리가 어떤 느낌으로 다가오는지를 설명해 주었다. '리틀 노트르담 드 파리'로 불리는 성당을 가리키며 차를 멈췄다. 하루 두 번 제빵사가 빵과 과자를 굽는데 그 시간이 되었다며 작은 에클레어 한 상자를 사서 집으로 향했다. 나는 성당의 종소리에서 이진화의 외로움과 향수를 느꼈다. 그 종소리는 '외롭지만, 나는 잘 지내요'라고 말하는 듯했다.

기차역으로 향하는 그녀의 차 안에서 서울에서의 기쁜 소식을 들었다. 그녀와 나의 지인 감선주 디자이너(현재 경희대학교 교수)가 딸을 순산했다는 소식이었다. 우리는 "앞으로 행운 가득한 좋은 일이 생길 것 같다"며 마주 보고 웃었다. 기차역에서 가볍게 포옹하고 헤어지면서 왠지 아쉬워 자꾸 돌아보았다. 1시간여 비 오는 길을 혼자 돌아갈 그녀를 생각하니 마음이 안 좋았지만, 다시 만날 때 그녀는 숄레의 아름드리나무처럼 푸르름 가득 풍성해질 것을 믿기에 미련을 거두었다.

이듬해, 이진화는 숄레 지방의 공공기관이 내어준 유서 깊은 건물에서 개인 패션쇼를 열었다. 나는 "이진화 디자이너 패션쇼, 프랑스 전통 섬유 도시 숄레를 술렁이게 하다"라는 타이틀로 단독 패션쇼에 대해 대서특필을 했다. 이진화의 행보는 나의 기쁨이자 보람이었고 자긍심이 되었다. 숄레는 작은 소도시임에도 '리틀 노트르담'으로 불리는 유서 깊은 성당들이 있다. 맑은 하늘과 바람, 종소리가 어우러진 숄레의 숨결과 지역민들의 자부심이 이진화라는 이방인의 손끝에서 어떻게 재조명되는지에 호기심이 집중되었다. 이 지역 성당들의 스테인드글라스의 화려함과 숭고함을 디지털 프린트로 제작했고, 실루엣도 세련미 넘치는 라인을 투영해 동서양의 감성을 어

이진화의 프랑스 쇨레 패션쇼

우러지게 했다. 이때 학교를 은퇴한 은발의 교장은 멀리 여행 중이었는데, 이진화의 패션쇼를 축하하기 위해 여행지에 가족을 남겨두고 급히 귀국했다고 한다. 나는 이진화가 보내온 사진에서 무대를 올려다보고 환한 웃음을 지으며 박수를 치고 있는 교장 선생님을 볼 수 있었다.

이진화는 현재 청담동 '이림 스타일'에서 자신의 브랜드인 '르 모던 블랙' 숍을 열었다. 전통적인 요소를 모티브로 현대적인 디자인을 접목해 의상부터 핸드백, 가방류까지 직접 디자인하고 고객들을 맞이하고 있다. 유명 해외 럭셔리 브랜드와 협업을 하기도 하고, 자신만의 명품을 갖고자 하는 고객들에게 맞춤 제작도 하고 있다.

청담동 '이림 스타일'에서 이림과 이진화 부녀

이진화는 아버지의 50년 고객이 아직도 옷을 소중히 간직하고 있음에 감동했다고 한다. 무엇보다 그 옷들이 지금 입어도 손색없이 훌륭해서 좋았고, 자신도 아버지 같은 디자이너가 되고 싶다고 했다. "고객의 행복한 시절을 가장 아름답게 기억하게 해 주는 옷을 만들겠다"는 '이림 스타일'은 아버지와 딸로 대를 이어 그 정신과 철학을 이어가고 있다. 디자이너 이림이 가슴으로 부르던 가곡처럼 진심을 다한 한 벌의 옷이 주는 행복의 울림이 널리 퍼지길 기대해 본다.

아, 참! 지금 생각해도 안타까운 것은 숄레에 갔을 때 살이 찔까 봐 에클레어를 한입만 먹었다는 것이다. 한국에 오니 그 맛을 잊을 수가 없다. 그렇다고 다이어트에 성공한 것도 아닌데 말이다. 나중에 깨달은 것은 그녀가 준 에클레어는 행복한 시절을 가장 아름답게 기억하게 해 주려는 정성 담긴 선물이었다.

패션계의 유명한 속담

이신우 & 박윤정 & 니나윤

패션으로 한 세기를 잇는 집안, 그들의 옷감엔 피와 땀, 그리고 순수한 열
정의 실이 이어져 있다. 이신우에서 박윤정, 윤니나로—나라를 구하고도
섬 하나를 더 구한 가문의 옷자락에, 한국 패션의 역사와 혼이 빛난다.

패션계에는 이런 말이 있다. "한 집안에서 3대를 이어서 패션디자이너가
나오려면 전생에 나라를 구하고도 그 옆에 있는 섬을 하나 더 구해야 한
다." 한 집안에서 3대째 디자이너가 나오지 않는 것은 우리나라 패션의 역
사가 그리 길지 않은 이유도 있겠지만, 그만큼 패션디자이너로서의 삶이
녹록지 않다는 의미가 담겨 있다. 그럼에도 우리나라에도 3대째 이어지는
'패션 가문'이 있다는 사실은 자랑이자 긍지가 아닐 수 없다.

디자이너 이신우 선생은 기자와 취재원과의 관계를 떠나 나의 삶에 영감을
준 귀한 멘토로서 존경한다. 요즘 젊은 세대들은 '디자이너 이신우'를 모를
수도 있을 것이다. 그러나 나의 20대와 30대, 이신우는 꿈과 선망의 대상이

이신우 디자이너는 고감도 패션디자이너 의상을 기성복 브랜드로 대중화시킴으로써
대한민국 국민의 패션 감각과 인식을 한 단계 업그레이드시킨 선구자였다. ⓒ 이신우

었다. 고감도의 패션디자이너 의상을 대중이 쉽게 다가갈 수 있도록 기성복 브랜드로 만들고, 국민들의 패션 감각과 인식을 한 단계 높여준 선구자였다. 무엇보다 이신우가 디자인한 옷은 당시에 화려하고 장식적이었던 유행과는 달리 간결하고 세련되었다. 대신 고급스럽고 독특한 소재와 감각적이고 세밀한 디테일로 입는 사람들이 세련되어 보이도록 해서, 정말 패션을 좋아하는 사람들에겐 자긍심을 심어주는 브랜드였다.

이신우 디자이너는 1968년 '오리지널 리'로 척박한 대한민국 디자인계에 첫발을 내딛은 후, '이신우 컬렉션', '이신우 옴므', '쏘시에' 등 하이엔드 여성복 브랜드를 대중화하고 디자인 산업 발전에 큰 기여를 해 왔다. 2013 F/W 서울컬렉션에서 '신우(CINU)'라는 브랜드로 컴백 패션쇼를 열어 변

이신우 디자이너와 절친인 배우 김혜자 선생. 친구의 패션쇼에 항상 참석해서 응원했다. ⓒ 이영희

함없이 순수와 열정을 보여주었다. 열렬한 기립박수 속에서 여전한 대중의 사랑과 존경을 한몸에 받았다.

이신우는 기성복을 전개하면서도 정기 패션쇼를 열어 쿠튀르를 선보였는데, 자리가 없어 서서 관람만 할 수 있어도 큰 행운이었다. 이신우 패션쇼는 순수와 열정 그 자체였는데, 제일 앞자리에는 항상 절친인 국민 배우 김혜자 씨가 앉아 있었다. 그녀는 마지막 피날레 때 이신우 선생이 무대에 나와서 인사를 하면 홀로 일어나 기립박수를 쳤는데, 그때 눈물을 글썽이던 모습이 잊히지 않는다. 당시 수줍음 많은 우리 정서로서 기립박수는 드문 일이었는데, 그래서인지 그 모습이 오래오래 뇌리에 각인돼 있었다. 김혜자 씨는 방송 인터뷰에서 "신우의 패션쇼를 보면 왠지 눈물이 왈칵 쏟아진다"며 "얼마나 순수한지, 얼마나 열정의 밤을 지새웠을까"라고 말했었다. 그

디자이너 이신우의 마지막 패션쇼를 마치고

뒤 오랜 시간이 흘러 용산 전쟁기념관에서 개최된 이신우 패션쇼에서 나는 김혜자 씨처럼 기립박수를 치고 울컥하며 목줄기가 뜨끔해지는 감동을 삼켰고, 눈시울이 뜨거워졌다. 그날도 김혜자 씨가 언제나처럼 함께 자리했고, 이상봉 디자이너는 패션쇼가 끝나자 무대 앞으로 나아가 이신우 선생과 진한 포옹을 나누었다.

사람들은 지금 '핫하다'는 지명도 있는 디자이너들을 선망한다. 뿐만 아니라 막연히 해외 유명 브랜드의 디자이너들에게 열광하기도 한다. 그렇지만 패션의 역사가 길지 않은 대한민국에서 패션이라는 척박한 땅을 일구고 자양분을 주어 토대를 닦은 이신우 선생과 같은 1세대 디자이너가 있었다. 아마도 이런 점을 아는 사람들은 잊지 않고 이신우 선생을 오래도록 기억할 것이다.

80대의 디자이너 이신우는 지금도 자택 거실에 재단대를 두고 옷의 패턴을 직접 제작한다. 얼마 전 만났을 때 "때로는 남들이 상상하지 못하는 의상을 머릿속에 그려보거나 새로운 시도와 도전을 꿈꿔요. 아직도 나는 철이 안 들었나 봐"라며 소녀처럼 소리 내어 웃으셨다. 꿈을 꾸었거나, 이루었다고 느꼈을 때나, 화려한 시절이었거나, 좌절의 순간이었더라도 이신우는 디자이너로서의 정체성을 한 번도 의심한 적이 없었다. 그 세월 속에는 지금도 사그러들지 않는 열정이 흐르고, 가족과 절친과의 사랑이 있었다. 아직도 순수와 열정을 다독여 가는 디자이너 이신우의 삶은 나에게도 큰 울림을 주고 있다.

2018년 어느 날, 이신우의 외손녀인 '윤니나'로부터 메일을 받았다. 스위스에서 열리는 '모드 스위스(Mode Suisse)'에서 패션쇼를 열게 되었다며 응원을 부탁한다는 내용이었다. 메일을 열어 읽어보고 한참을 멍하게 있었다. 뿌듯하고 자랑스러웠다고 해야 할까, 아무튼 그런 심정이었던 것 같다.

윤니나는 1988년생으로 서울대학교 서양화과를 졸업했다. 서양화를 전공한 윤니나가 패션디자이너가 된 것은 어찌 보면 내면에 할머니 이신우와 어머니 박윤정의 DNA가 필연적인 운명으로 이끌었기 때문은 아닐까. 윤니나는 2011년부터 2013년까지 2년간 유명 여성복 디자인실에서 디자이너로 일하며 현장감과 실무를 익혔고, 마침내 2014년 '탑디자이너' 경연대회에서 최우수상을 받았다.

'탑디자이너 2014'는 두타가 매년 국내 신진 디자이너를 발굴하고, 파이널에서 데뷔 무대를 열어주는 대회였다. 2014년 9월 26일, 파이널에 올라온

6명 중 최종 우승자를 가리는 무대에서 윤니나가 올라왔고, 최우수상을 수상해 주목을 받았다. 그날의 반전은 원로인 이신우 디자이너와 딸 박윤정 디자이너의 등장이었다. 심사위원과 참석자 대부분은 윤니나가 두 디자이너의 손녀이자 딸이라는 것을 몰랐다. 이러 사실을 전혀 몰랐던 나는 현장에서 몹시 반갑기도, 놀랍기도 했다.

내가 다가가 인사를 하자 이신우 디자이너는 "할머니와 엄마가 디자이너라고는 하지만 사실 작은 도움도 전혀 주지 못했는데, 혼자서 파이널에 올라와 최우수상까지 수상했으니 고맙고 대견하기 그지없어요"라며 기쁨을 감추지 못했다. 이날 내가 또 한번 놀랐던 것은 윤니나가 이신우 선생의 젊은 시절과 똑 닮았다는 것이었다. 그날 내가 쓴 기사와 촬영한 사진을 보니, 놀랍게 닮은 3대가 '패션디자이너'라는 동일한 길을 올곧게 걸어가고 있음을 확인할 수 있었다.

그날 함께 자리를 했던 어머니 박윤정 디자이너는 자신의 브랜드 '박윤정(VACK YUUNZUNG)'과 세컨드 라인 '와이제이(WHYJAY)'를 선보이며, '여성의 삶을 아름답게 이끄는 옷'을 디자인하고 대중과 소통해 왔다.

나는 3대가 패션디자이너라는 점에 감동을 받아 《한국섬유신문》 2014년 10월 17일자로 '한국 최초 3대 디자이너 가계도 완성!', '이신우·박윤정·윤니나, 순수의 열정은 집안 내력', '신진 윤니나 탑디자이너 2014 최우수상 수상, 디자이너 데뷔' 등을 기사로 실었다. 그리고 얼마 되지 않아 윤니나가 만나고 싶다는 전화를 걸어왔다. 우리는 홍대 인근 카페에서 만났다. 그녀의 고민은 자신의 브랜드를 한국에서 론칭해야 할지, 아니면 남편을 따라

스위스로 건너가야 할지에 대한 선택의 문제였다. 윤니나는 서울대학교에 교환학생으로 왔던 남편을 만나 결혼을 했고, 지금은 어린 왕자 '바다'의 엄마로 살고 있다.

나는 그때 용기를 내어 이렇게 의견을 주었다. "한국에서 브랜드 론칭은 조직을 갖춘 기업이 아니면 힘들다. 기획에서부터 디자인, 생산, 유통, 판매까지 A부터 Z까지를 직접 해야 하는데, 대부분 개인사업자인 디자이너들이 패션을 업으로 하면서 포기하는 중요한 이유가 된다." 그녀의 눈빛이 빛나면서 의자에 바짝 다가앉았다. "그렇게 흘러가다 보면 결국은 브랜드 색깔도 옅어지고 경쟁력도 쇠퇴하여 저절로 도태될 수밖에 없다. 어느 나라나 마찬가지겠지만 대한민국 대부분 유통사의 불합리한 점을 감안해야 한다." 그녀는 진지하게 듣고 있었다. 마침내 나는 용기를 내어 스위스로 가서 현지에서 브랜드를 론칭할 것을 권유했다. 그러면서 스위스에서 자리 잡은 한국-스위스 디자이너로 성장해 주길 당부했다.

2018년 윤니나가 스위스에서 패션쇼를 하게 되었다는 내용의 이메일은 그렇게 헤어지고 나서 받은 반가운 소식이었다. 윤니나는 '니나 윤(NINA YUUN)'이라고 자신의 이름에서 브랜드명을 지어 현지에서 론칭했다. 모드 스위스를 통해 'NINA YUUN'이 알려지면서 자연스럽게 '한국과 스위스 여성 의류 라벨(Korean Swiss Women's Label)'로 미디어의 조명을 받게 되었다. 보수적인 스위스 패션 시장에서 2018년 자신의 브랜드를 론칭하고 그 이후 '나빌레라', '고향(Heimat)', '바다(Bada, Sea, Meer)' 등 6개의 컬렉션을 선보이며 마니아층을 만들어가고 있었다. 그녀는 자기 소개를 할 때 "미국에서 태어나서 한국에서 자란 한국인이며, 스위스 바젤의 패션 디자

스위스에서 자신의 이름을 딴 '니나 윤(NINA YUUN)' 브랜드를 론칭한 윤니나

인 석사 과정으로 스위스에 건너와 'NINA YUUN'을 론칭한 한국-스위스 디자이너입니다"라고 한다. 초창기에 직접 부티크들을 찾아다니며 브랜드와 자신의 의상을 소개하는 과정이 많이 힘들었다는 그녀는 2022년부터 취리히, 파리 등을 무대로 판로를 개척해 안정적인 작품 활동을 이어가고 있다.

윤니나는 30대 후반에서 60대 후반의 여성들을 위한 옷을 디자인한다. 스위스인들이 클래식한 스타일에 너무 튀지 않으면서 은근히 트렌드를 따라가는 경향이 있는데, 윤니나 역시 깔끔하고 모던한 스타일에 독창적인 포인트를 두고 있어 현지 소비 성향을 잘 선도하고 있다. 첫 컬렉션의 콘셉트가 '나빌레라'였는데, 그녀는 한국적인 부드러운 선과 소재를 활용해서 크게 호평을 받은 것으로 알려졌다. 한국의 누비와 같은 전통 기법을 배워 업

'니나 윤' 스위스 패션쇼

사이클링을 중요시하는 스위스의 패션 시장에서 그녀의 패션은 설득력 있게 먹혀 들어가고 있다. 이어 '고향', '바다' 등의 콘셉트 역시 그녀의 한국적인 그리움을 글로벌한 감각으로 풀어내었는데, '바다'는 그녀의 아들, 어린 왕자의 이름이 되었다.

해외에서의 승전보에 항상 눈과 귀를 열어왔는데, 이번엔 SNS 메신저로 소식을 전해왔다. 그녀는 2023년 9월에 한국-스위스 수교 60주년을 기념해 스위스 디자이너들과 함께 주한 스위스 대사관에서 열리는 '패션교류전—그린 웨이브 인 서울'에 참석하기 위해 내한한다고 했다. 또한 스위스 대사관에서의 포럼과 미니패션쇼, 전시에 이어 스위스 디자이너들의 의상을 전시할 공간을 알아봐 줄 수 있느냐며 도움을 요청해 왔다. 다행히 그때 동대문 원단시장 4층에 위치한 서울시가 운영하는 서울패션허브 '창업뜰'의 라

'니나 윤' 의상

운지를 활용해도 좋다는 연락을 받고 '그린 웨이브 인 서울'을 주제로 한국과 스위스 디자이너 등 총 15명의 작품이 전시되는 행사로 판이 커지게 되었다. 업무 메일을 주고받으면서 윤니나가 얼마나 침착하고 영리하며, 지구력 있는 젊은 디자이너인지 실감하게 되었다. 낮과 밤이 다른 양국에서 그녀와 나는 서로 도와가며 주제와 전시 동선, 참여 디자이너 관련 자료 및 인테리어 등에 대해 의견을 나눴다. 상대에 대한 배려, 사람 됨됨이와 성실함이 느껴지는 그녀의 메일을 받으면서 갑작스런 일이었지만 행복하고 즐거운 시간이었다.

전시는 9월 25일부터 10월 6일까지 진행되었으며, '창업뜰'에 입주해 있는 한국의 젊은 디자이너들 11명과 스위스 디자이너 4명의 작품이 전시되었고, 개막 첫날에는 패션피플들을 초청해 포럼을 열었다. 이날 포럼에는 윤니나의 소식을 듣고 응원하기 위해 디자이너 박윤수, 이상봉, 장광효, 신장경, 임선옥, 황재근 등 대선배 디자이너들이 자리해 주었다. 100명 정도 초청한 포럼에는 신진 디자이너와 협회 및 단체를 포함해 예상보다 두 배가 넘는 패션인들이 찾아와 성황을 이루었다. 포럼에는 한-스위스 디자이너로 불리는 윤니나와 스위스의 대표 디자이너 '이다 구트', 그리고 한국의 중견 디자이너 임선옥과 신진 김세형 디자이너가 패널로 참석해 환경과 지속가능성을 테마로 의견을 나눴다. 윤니나는 다양한 외국어를 구사하고 사회와

통역의 역할을 번갈아 하며 포럼을 이
끌었는데, 차분하고 세련된 매너는 행
사장의 격조를 높여 주었다.

나중에 알게 된 이야기지만 이날 참석
한 '이다 구트'는 한국으로 보면 이상
봉 디자이너에 비견될 정도로 유명한
디자이너였는데, 윤니나가 스위스에
정착하기까지 패션계의 어른으로서
그녀에게 멘토 역할을 기꺼이 해주었
다고 한다.

'니나 윤' 의상과 가방

윤니나는 그날, "저는 스위스에서 계속 자신의 '정체성'을 찾는 여정을 패
션과 함께하고 있습니다. 한국인의 뿌리에서 영감을 받아 글로벌 감각의
패션으로 재해석하고 있어요"라고 말했다. 윤니나가 찾아가는 정체성의 원
류는, 동화 속에서 파랑새를 찾아 떠난 아이가 결국 집으로 돌아와 파랑새
를 발견하듯, 3대를 이어온 그녀 안에 있는 순수와 열정의 DNA가 아닐까.
아무래도 이신우, 박윤정 디자이너가 패션으로 전생에 나라를 구했기에, 손
녀인 윤니나는 그 옆에 있는 섬(스위스)을 하나 더 구하고 있음이 분명하다.

홍콩의 번쩍이는 무대 뒤, 구두 한 짝까지 무릎 꿇어 맞추던 트로아 조.
이제 손녀 윤상아가 명주의 결을 따라 장인의 숨결을 잇고, 미들 에이지의
시간을 빛으로 재단하며 '트로아'를 다시 세계로 펼친다.

멋진 여성 디자이너가 있었다. 본명인 조영자보다 '트로아 조'로 불렸던 이 사람은 오래전 홍콩 패션 위크에서 직접 뵐 기회가 있었다. 그때 그 느낌과 모습을 잊을 수가 없다. 시원시원했고, 뜨거웠고, 소탈했고, 아주 '나이스!' 했다. 당시 홍콩은 아시아와 중국 대륙을 잇는 패션 교역의 교두보를 자처하며 대형 전시 및 패션쇼로 구성된 패션 위크를 활성화하기 위해 고품질 제품의 기업과 럭셔리 디자이너 브랜드들의 유치를 위해 힘쓰고 있었다. 한국의 브랜드들과 디자이너들도 매 시즌 열심히 참가하던 때였다. 중국의 저가 제품에서부터 아시아, 유럽의 브랜드들이 새로운 시장에 눈독을 들이며 부지런히 시장을 타진하고 있었고, 전시장 중앙의 패션쇼장에서는 디자이너들의 플로어 쇼가 시간 단위로 열리고 있었다.

1세대 패션디자이너 트로아 조는 1963년 명동 사보이 호텔 옆에 자신의 부티크 '트로아 조'를 열었으며,
1968년에는 세종호텔에서 첫 번째 컬렉션을 개최했다.

그날 스케줄에는 트로아 조의 아들 '한송'의 패션쇼가 표시되어 있었다. 트로아 조는 국내에서 정점을 찍은 얼마 뒤부터 아들 한송의 역량을 파악하고 해외 진출을 독려하고 있던 때였다. 한송 디자이너의 패션쇼가 끝나고 나는 트로아 조를 만나기 위해 무대 뒤로 들어갔다. 무대 뒤에서 트로아 조는 모델들이 벗어놓은, 아니 벗어던졌다고 해야 할 듯한 패션쇼 착용 구두를 무릎을 꿇고 앉아 짝을 맞춰 정리하고 있었다. 한국과 달리 말이 통하지 않는 홍콩 현지 모델들의 예의 없음을 전혀 탓하지 않고, 마구잡이로 벗어놓은 의상들과 소품, 신발을 묵묵히 챙기던 모습이 지금도 눈에 선하다. 전시장을 찾아온 바이어들에게 투박하지만 또렷한 영어로 열심히 설명하던 트로아 조의 모습은 모성애 이상의 '찐 프로'라는 느낌이 강렬했다.

행사가 끝나는 마지막 날, 나는 어머니의 선물을 사기 위해 현지 쇼핑몰의 화장품 코너를 찾았다. 몇 가지 화장품을 고르고 계산기를 꺼내어 환율을 따져 보고 있을 때였다. 갑자기 트로아 조가 들어오더니 나를 툭 치는 것이 아닌가. "우리 기자님, 영양크림 하나 사드릴게"라는 말에 화들짝 놀라며 극구 사양하는 내 말을 아주 '나이스'하게 무시하더니 판매원에게 영어로 "제일 좋은 것이 뭐냐?"고 묻는 것이었다. 판매원이 당황하며 망설이자 "귀한 분에게 드리는 것이니 최고 제품을 달라"며 부탁했다. 얼마 후 트로아 조는 영양크림을 내 주머니에 쓰윽 넣어주는 것이 아닌가! 기자로서 받아서는 안 되는 것이라고 손사래를 치자 "내가 기사 써달라고 뇌물 줬어요? 그냥 멀리서 고향 사람 만나서 반가워서 그러는구만!" 하고는 총총히 사라졌다. 그때 뇌물 아닌 뇌물(?)에 대한 보답을 지금 하려고 한다.

'트로아 조'는 1세대 디자이너로, 1963년 명동에 의상실을 개점했다. 그로부터 2024년 여름 작고하기 전까지 60년 동안 한국의 디자이너 브랜드 '트로아 조'를 이끌어 오며 평생을 패션계에서 일해왔다. 트로아 조는 1980년대 미국 LA와 뉴욕을 오가며 정기 컬렉션을 열었다. 1995년에는 54세의 나이로 뉴욕 아시아 아메리카 연맹으로부터 한국인으로서는 유일하게 '아시아계 디자이너상'을 수상했다. 이 상은 '안나 수이', '하나에 모리', '베라 왕' 등 당시 패션계에 독창성으로 새 바람을 불어넣었던 젊은 디자이너들과 함께 수상했으며, 한류가 위세를 떨치던 이전에 이미 패션으로 위력을 입증했던 기록으로 남았다. 뉴욕 컬렉션과 파리 컬렉션에 참여해 패션쇼를 열었고, 미국 바이어들의 선호도가 높아 유명 백화점에 '트로아 조'의 옷이 걸렸다. FGI(세계패션그룹 한국지부)의 초대 회장을 역임하며 글로벌 패션 코리아의 문을 활짝 연 주인공이기도 했다.

트로아 조 손녀 윤상아가 디자인한 '트로아'의 패션쇼

'패션'이라는 용어조차 생소하던 불모지에서 대한민국 패션 근대사의 주역
이었던 트로아 조는 안타깝게도 지병으로 4년간의 투병 끝에 2024년 여름,
그토록 사랑하던 일과 사람들에게 작별을 고했다. 투병 중에도 유쾌함을
잊지 않고 간병하는 이들을 웃게 만들었던 트로아 조였다. 그 곁을 따뜻한
미소와 유쾌한 일상을 공유하며 지켜낸 사람이 외손녀 윤상아 디자이너다.
윤상아는 트로아 조의 외손녀이며 트로아 조의 장녀 조앤 이사의 딸이기도
하다. 예전 홍콩 패션 위크에서 함께했던 아들 '한송'은 미국에서 사업을 하
고 있으며, 외손녀 윤상아는 할머니의 브랜드 '트로아 조'를 '트로아'로 새
롭게 단장하고 소중한 유산을 이어가고 있다.

트로아 조와 외손녀 윤상아

윤상아는 몸은 불편했으나 열정과 맑은 영혼만은 건재했던 트로아 조의 곁을 4년간 지켰다. 그녀는 "지난 4년은 항상 따뜻했고 행복했고 웃음이 많았던 시간들이었다"고 할머니와 보낸 시간을 회상했다. "할머니가 아침에 일어나시면 저를 부르셨어요. 다가가면 제 귀에 대고 속삭이면서 '나는 네가 세상에서 제일 좋아. 그래서 네게 다 줄게, 뭐든 다 줄 거야'라고 하셨어요"하며 웃었다. 뒤돌아보면 손녀가 어디로 가 버릴까 봐 유혹한 것 같다고 한다. 그렇게 '너에게 다 줄게'가 본인이 그토록 사랑했으며 전 생애를 걸고 투신했던 '패션디자이너'라는 고된 가업이었다는 걸 윤상아는 뒤늦게 실감했다고 한다. 그녀가 할머니에게 '트로아'를 이어받겠다고 했을 때, 트로아 조는 그 어떤 선물을 받은 것보다 기뻐했다고 한다.

윤상아는 원래 뉴욕에서 요리를 공부했다. 자신만의 소박하고 엣지 있는 공간에서 사랑하는 사람들을 위해 음식을 만들고 싶은 것이 꿈이었다. 본인이 잘할 수 있는 일로 세상과 교감하는 삶을 살고자 했던 윤상아는 그러나 '소울 푸드'를 만드는 일과 옷을 짓는 일이 다르지만 사랑하는 사람을 위한다는 점에선 같은 맥락임을 알게 되었다.

트로아의 대표 디자이너이자 경영자이기도 한 윤상아의 꿈은 여성의 가장 아름다운 시절을 빛나게 할 '트로아'를 만들어가는 것이다. 윤상아가 말하는 '여성의 가장 아름다운 시절'이란 언제일까? 아직 어린 딸의 엄마인 윤상아의 입에서 생각지도 못한 대답을 들었다. '미들 에이지', 즉 중년의 여성을 타깃으로 옷을 짓겠다는 것이었다. 내면의 아름다움, 지적인 완숙미를 가진 중년층이 자신을 잘 표현할 수 있는 옷, 그것이 '트로아'의 디자인 철학이란다. 할머니 트로아 조의 철학을 고수하면서도 시대의 흐름에 맞게 디자인하고 소비자들과 소통하겠다는 것이었다. 얼마 뒤 윤상아 대표는 '미들 에이지'를 테마로 한 패션쇼에서 서른여섯 벌의 뉴 컬렉션을 발표해서 화제의 중심에 섰다.

윤상아는 40대부터의 중년 여성들이 20~30대의 젊은 여성들보다 오히려 완숙미와 자연스러운 아름다움을 품고 있음에 감동을 받았다고 한다. 그녀는 삶의 연륜과 함께 자아실현에 대한 절실함이 다가왔고, 그만큼 '트로아'를 지적이고 세련되게 소화해 낼 수 있을 것이라 믿고 있다. 이런 신념으로 제작된 '트로아' 의상은 고급 소재인 실크를 주로 사용하면서 일상복으로 애용할 수 있도록 실용성을 추가하고 있다. 특별한 날에만 조심스럽게 입어야 하는 옷이 아니라, '프리 워싱'을 하고 스포티한 캐주얼 요소를 디자인에 가미해 언제 어디서든 멋스럽게 애용할 수 있게 디자인하고 있다.

트로아 조의 패션 정신을 계승하는 동시에 새로운 변모도 시도하는 '트로아'를 위해 윤상아의 어머니이자 트로아 조의 장녀인 조앤의 지원은 큰 힘이 되고 있다. 조앤은 그동안 어머니인 트로아 조의 곁에서 묵묵히 조력자 역할을 해왔다. 트로아 조의 디자인 구상을 의상으로 구현하는 과정에서 그녀는 오

중년 여성이 가진 내면의 아름다움과 지적인 완숙미를 표출하고자
하는 트로아 컬렉션에 마니아층이 형성되고 있다.

른손이 되어 주었다. 그렇게 오랜 내공과 노하우를 바탕으로 조앤 이사는 이제 윤상아가 '트로아'로 해외 시장에 나아가려는 꿈을 적극 응원하고 있다. 트로아 조의 딸 조앤과 손녀 윤상아, 이들 3대는 일생을 좋아하는 일에 매진하고 완성을 향해 나아가는 한결같은 의지를 보여주는 심지 굳은 사람들이다.

용산구 이태원에 자리 잡은 2층짜리 트로아 건물은 고객을 맞는 매장과 '트로아 조'의 향수를 느낄 수 있는 소품들과 고급 컬렉션 의상들이 자리한 2층 쇼룸으로 구성되어 있다. 특히 1층에는 패턴 제작과 샘플 봉제실까지 갖추고 있다. 나의 눈길을 사로잡은 것은 2층에 있는 트로아 조의 사진들과 오래전 소품들이었다. 마치 시원시원한 목소리로 "어서 와요!" 하고 나를 반기는 것 같아 코끝이 찡해져 왔다. 따뜻한 차를 내어주는 모녀와 마주 앉아 트로아 조와의 추억을 이야기하고 나서 새로운 디자인을 만져 보고, 착장해 보고, 제작 과정 설명을 듣노라면 시간 가는 줄 모르게 된다. 나는 백 가지 고됨 속에서도 이 순간만은 참 좋은 직업을 가졌다는 생각이 든다. 아마 디자이너도 같은 마음일 것이다. 수천, 수만 가지 고민 속에서도 패션쇼 엔딩 무대의 갈채와 환호, 고객의 만족 앞에서 "다시 태어나도 이 일을 하겠다"라는 마음이 들 것 같았다.

윤상아 대표와 조앤 이사. 조앤 이사는 트로아 조의 딸이자 윤상아 대표의 어머니로서
언제나 든든한 조력자 역할을 해왔다.

얼마 후, 나는 진정으로 윤상아를 사랑하게 되었다. "보여드릴 게 있으니 이태원 트로아로 와 줄 수 있느냐"는 전화를 받고 찾아갔다. 그렇잖아도 일전에 SNS를 통해 윤상아와 조앤 이사가 이탈리아 밀라노에서 '트로아'의 패션쇼를 열었음을 확인했고, 그 결과가 무척 궁금하던 차였다.

밀라노 패션쇼를 이야기하기에 앞서 윤상아와 조앤 이사가 옷 한 벌을 들고 와서 보여주었다. 원단 표면이 매끄럽고 은은한 광택이 있었고, 분명 재킷인데 스타일과 매무새가 달라 보였다. 오간자(얇고 비치는 고급 실크 소재)보다 한 차원 고급스러워 보이는 재킷은 우리 한복에 쓰이는 전통 소재 '명주'로 지은 현대 의상이라는 것이었다. 명주로 만든 20여 벌의 양장을 패션쇼에서 선보였는데, 유럽 시장에서 그렇게 좋아하더라고 했다. 값이 비싸서 걱정했는데, 의외로 유럽의 고급 부티크에서 주문하겠다는 의견을 보내왔다고 했다. 두 달 뒤에는 미국 뉴욕의 고급 편집숍 입점도 확정되었다고. 불황이다, 뭐다 하며 힘들다는 하소연이 가득한 때에 희망적인 이야기를 들으니 나도 힘이 났다.

윤상아는 우리나라 실크 집산지인 진주의 장인들이 점점 사라져 가고, 전통 소재 산업이 쇠퇴해 가고 있어 마음이 아프다고 했다. 이번 밀라노 패션쇼는 명주로 양장의 차별성을 구현할 수 있었는데 이를 계기로, 디자이너 브랜드들이 전통 소재를 많이 사용한다면 종사하는 장인들에게도 희망이 될 수 있지 않겠느냐고 물었다. 나는 혼자 살아남기에도 힘든 패션계에서 동반 성장에 대한 개인적 소신이 있고 도전하고자 하는 용기에 크게 감동받았다. 그녀는 명주의 폭이 좁고 바느질이 쉽진 않지만, 할머니 때부터 함께해 준 장인들 덕분에 새로운 시도를 할 수 있게 된 것에 감사한다는 말도 잊지 않았다. 나는 젊은 디자이너가 할머니의 가업을 이어가겠다는 용기도 대단했지만, 그것을 뜻깊고 아름답게 풀어내는 방식에 감탄했다. 그녀를 통해 대한민국 패션 산업의 밝은 미래를 본 것 같았다.

뉴욕에서 살아온 윤상아는 '트로아'를 뉴욕과 중국에서 성장시키고 싶었으나, 뜻하지 않게 유럽을 생각하게 되었다고 했다. 나는 "여행이든, 사업이든, 그곳에서 나를 불러주어야 하는 것이고, 세상에는 우연이 없고 필연이 있을 뿐"이라는 이야기를 해주었다. 삶이 원하는 대로 되지 않듯, 우연이라 여겨진 작은 불씨에서 또 다른 세상으로 나아가게 되고 그것이 곧 주어진 인생이 될 것이라고도 말했다. 사람의 인연은 알 수 없다. 나야말로 대학신문의 편집국 문을 두드리던 스무 살 때의 인연이 오늘까지 이어질 줄, 더구나 윤상아처럼 아름답게 빛나는 젊은 디자이너와 마주하게 될 줄 누가 알았겠는가.

시원시원한 성격에, 열정은 뜨거웠으며, 성품은 소탈했던 트로아 조 생각이 날 때가 가끔 있다. 그럴 때는 어김없이 선생님의 목소리가 들리는 것만 같다. '봐요! 내 말이 맞았지? 윤상아에게 다 주길 잘했지요?' 60년 세월 동안 한국의 디자이너 브랜드 '트로아 조'를 이끌며 평생을 패션계에서 일해왔던 트로아 조의 구도자적 삶과 작품 활동은 이제 딸과 손녀에게로 이어지고 있다. 그리하여 나도 마음속으로 힘차게 대답한다. '선생님, 아주 나이스예요!'

참 잘 놀 줄 아는 디자이너

최복호

붓과 가위를 번갈아 쥐며 인생을 무대 삼는 사람, 최복호는 오늘도 웃으며 말한다. "잘 노는 게, 잘 사는 거야." 청도의 햇살 아래, 패션과 예술과 신앙이 한데 어우러진 그의 세계는 삶을 유쾌하게 재단하는 색채의 축제다.

"달려라, 유월아!" 2024년 11월, 디자이너 최복호의 패션쇼 무대에 멋진 모델과 함께 12살 반려견 유월이가 등장했다. 영특한 갈색 푸들 유월이는 최복호 디자이너가 경북 청도 아틀리에 '펀앤락(FUN & 樂)'에서 키우고 있는 반려견이다. 유월이는 어느 날 최복호 디자이너가 거두어 가족이 되었으며 사과나무와 작은 예배당이 있는 청도의 펀앤락을 자유롭게 뛰어다닌 가족이었다. 간혹 장소를 모르고 눈치 없이 실례를 하기도 했다.

지난 2024년 11월에 대구에서 대구패션컬렉션이 열렸다. 이 컬렉션은 대구의 패션 디자이너들이 참여하는 패션쇼로 1년에 한 번 진행되며 35회째를 맞이한 전통과 명성이 있는 자리였다. 최복호가 누구인가, 그는 대구를 베

최복호 대구패션컬렉션(왼쪽) & 최복호 백스테이지(오른쪽) ⓒ 김철성

이스캠프로 글로벌 무대를 누비는 대한민국에서 손꼽히는 대표 디자이너가 아닌가. 대구 컬렉션에서는 패션계 입문 51주년을 맞은 최복호 디자이너가 새로운 반세기를 열어가는 첫걸음으로 재활용 소재를 활용한 의상을 선보이며 패션의 지속가능성을 제안했다.

디자이너는 21세기 새로운 패션 발전 방향을 제시하고 싶어 했다. 그가 강조하는 새로운 패션의 발전 방향은 명료했다. '아트와 패션의 융합'이었다. 최복호는 수년 전부터 화가로서 인생 2막을 시작했는데 패션에서 보여준 화려한 색감을 서양화에 투영해 추상적이고 과감한 붓 터치로 신선한 감동을 선사한 바 있다. 이날 특유의 화려하고 역동적인 색감에 예술적 프린트

최복호 대구패션컬렉션 피날레

가 돋보이는 소재의 의상들이 선보이자 평소 아트와 패션의 융합을 통해 21세기 새로운 패션 발전 방향을 제시하고자 했던 디자이너에게 청중들은 열광했다.

패션쇼 후반부에 등장한 반려견 유월이와 모델의 커플룩은 현대인의 라이프스타일을 반영한 시도로 주목받았다. 유월이는 이미 모델견이어서 무대 위 현란한 조명과 사람들의 환호에도 놀라지 않고 의젓하게 자세를 유지했다. 어쩌면 분위기를 즐기는 듯한 유월이의 쇼맨십에 함께한 모델이 목줄을 살짝 당기자 톱 모델의 품위를 아는 유월이는 종종걸음으로 무대에서 내려왔다. 행사가 끝나자 아쉽다는 듯 응석을 부렸고, 지나는 관람객들이 머리를 쓰다듬자 온순하게 칭찬의 손길마저 즐겼다.

내가 유월이를 처음 만났던 아틀리에는 최복호 디자이너가 꿈꾸는 패션 유토피아의 시발점이다. 최복호는 이곳에서 삶과 예술이 녹아든 패션, 패션으로 세상을 아름답게 물들이는 꿈을 꾸었다고 한다. 기자는 자주 참새가 방앗간을 드나들 듯 최복호 디자이너의 청도 아틀리에를 드나들었다. 대구 출장길에는 꼭 디자이너를 만나고 청도에 잠시 머물기도 하였다.

어느 땐가는 패션과 예술에 관계된 지인들과의 모임인 '아트리더스 클럽' 회원들과 함께 펀앤락을 방문했다. 그때 최복호 디자이너의 패션과 삶에 대한 강의를 듣고 서로의 이야기를 나누는 기회를 가질 수 있었다. 늘 취재원으로서만 만나왔던 최복호 디자이너의 인간적인 면모와 나이를 초월한 삶에 대한 진취적이고도 진솔한 생각에 깊이 다가왔다. 아울러 디자이너의 부인께서 직접 뜰에 차려준 청도 미나리 샐러드와 뜨끈한 어묵탕과 식사를 즐기고 주변 펜션에서 잠을 청하기도 했다.

펀앤락은 사과나무와 작은 예배당이 있는 뜰과 카페, 갤러리, 패션의상과 소품 등이 전시된 쇼룸으로 구성되어 있다. 지역 예술가들의 작품을 전시하기도 하고 멀리서 찾아오는 고객들에게 커피와 베이커리를 제공하거나 주인장이 직접 강의를 하기도 한다. 이곳에서 다양한 이슈로 공감대를 만들고 커뮤니티를 형성한다는 것은 디자이너로서는 큰 보람일 것이다. 이런 점에서 최복호 디자이너는 사람과 소통하는 것을 즐기고 또한 예의를 다하는 패션계의 신사임에 틀림없다.

아틀리에 옆 사과나무에서 사과가 익어가고, 3~4명이 들어가면 좁을 듯한 작은 예배당이 있다. 디자이너가 돌아가신 어머니 소영희 여사를 위해 지었다고 한다. 얼마나 그리움과 아쉬움이 사무쳤으면 '소영희 예배당'이라고 이름을 지었을까. 이곳은 누구든 문을 열고 들어가 마음의 안식과 평화를 얻으라는 디자이너의 배려가 담겨 있다. 자식으로서 어머니의 따뜻한 품을 다른 이들과 함께 나누고자 했던 것이다.

최복호는 유복자였다. 그의 어머니는 20대 초반에 최복호 디자이너를 뱃속에 품은 채 남편과 이별했다. 독실한 크리스천 집안인 외가의 보살핌 아래 구김 없이 자란 최복호는 목사가 될 것이라는 주변의 기대와는 달리, 화려하고 생동감 넘치는 여성복 디자이너가 되었다. 그래서 최복호 디자이너의 패션쇼는 때로는 무용가들이 맨발로 누비는 난장, 축제의 장이 되기도 하고 화가의 그림 속 나비 같은 의상들이 펄럭이며 희망을 담기도 한다. 바로 이 점에서 유월이가 걷다가 날아도 전혀 이상하지 않은, 새로운 발상으로 반짝이는 예술과 삶의 현장을 최복호 디자이너는 무대에서 승화시키고 있다.

최복호 디자이너가 청도에 안착한 후 펀앤락의 뜰에서는 콘서트가 자주 열렸다. 해질녘 무대 주변으로 작은 조명등이 반짝이기 시작할 때면 멀리서 온 사람들로 마당이 꽉 채워졌다. 이런 날은 늦은 밤까지 모두가 함께 노래하고 웃고 떠들며 그야말로 '난장'을 벌였다. 그는 얼마 전 작고한 개그맨 전유성 씨와 함께 외진 시골로 여겨졌던 청도를 '힐링 스팟'으로 만드는 데 큰 공을 세웠다. 얼마나 많은 사람이 왔으면 심지어 대구와 청도 사이에 새 도로가 만들어졌을까. 최복호 디자이너 덕분에 손님이 오든 말든 널브러져 자곤 했던 전유성 씨의 빵집이 성황을 이루었다.

최복호 디자이너의 청도 아틀리에 '펀앤락'에는 디자이너가 돌아가신 어머니를 위해 만든 작은 예배당(오른쪽)이 있다.

취재원이라기보다 사실상 인생 멘토였던 최복호 디자이너는 내가 제안하는 것들에 대해서는 귀를 기울여 주고 믿어주었다. 예컨대 중국 패션업계에서 기자에게 현지의 패션쇼에 참가할 디자이너를 추천해 달라고 하면 나는 곧잘 최복호 디자이너에게 제안하곤 했다. 그럴 때면 새로운 세상에 대한 호기심이 강했던 디자이너는 당시 척박했던 중국 무대였음에도 불구하고 "그래, 한번 가보자"라며 짐을 꾸렸다. 그러나 막상 가보면 환경이 열악하거나 결과가 기대치를 밑돌았지만 단 한 번도 나에게 부담을 주는 말을 하지 않았다.

이런 일도 있었다. 10년 전쯤 중국 칭다오에서 대형 패션센터를 개관하면서 한국 디자이너의 패션쇼를 열었다. 중국의 신진 디자이너들이 정부의 지원으로 대거 입주하고 주변에 산업시설이 들어설 예정이어서 향후 발전 방향에 대해 관심이 높았다. 이 자리에 최복호 디자이너와 한국의 기성 및 신진 디자이너 몇 명과 함께 취재기자로서 동행하게 되었다. 막상 도착해 보니 무대와 조명은 형편없었고 아무런 인프라가 갖춰져 있지 않아 황망하기까지 했다.

그럼에도 최복호 디자이너는 "그럴 수도 있지, 우리 옛날을 생각해 보라. 어떤 여건에서도 해낼 수 있다"고 오히려 동행한 모든 사람을 독려하는 것이 아닌가. 하지만 리허설을 앞두고 말도 안 되는 상황이 벌어졌다. 오디션에 온 모델들의 평균 신장이 160cm 초반에 불과했고 워킹을 시켜보았더니 더욱 점입가경이었다. 기본기는 사치이고, 심지어 허리에 손을 얹고 몸을 최대한 뒤로 젖혀 걷는 '임산부 워킹'을 하는 것이었다.

상황이 심각해 주최 측에 항의를 하고 다른 모델들을 불러 줄 것을 요청했다. 다행히 먼 거리에도 불구하고 불과 3시간 뒤에 새로운 모델들이 온다는 반가운 소식을 받았다. 문제는 그다음에 일어났다. 도착한 새 모델은 조금 전 왔던 모델들로 굽이 있는 신발을 신고 마치 처음 온 것처럼 줄을 서 있는 것이 아닌가! 진하게 화장을 하고서. 당시 중국에선 마치 청나라 사극에 나오는 진한 메이크업이 유행이었던 모양이다.

나는 아연실색하고 디자이너의 표정만 살폈다. 그 순간 크게 웃던 최복호 디자이너는 메이크업 담당자를 불러 다시 화장 기법을 가르지며 시연을 하게 하고, 디자이너의 부인과 직원들은 무대 뒤에서 준비해 온 드레스의 밑단을 줄이는 바느질을 하기 시작했다. 또 아들인 최주영 대표는 모델 워킹을 다시 가르치기까지 했다. 이렇게 밤을 하얗게 새워서야 다음 날 패션쇼를 무사히 마칠 수 있었다. 그 결과 다음 날 현지 TV에서는 이 행사를 집중 취재했고, 신문들은 대서특필했다.

패션쇼가 끝나자 최복호 디자이너는 자수와 레이스 등을 생산하는 작은 공장들을 둘러보기로 했다. 열악한 환경에서도 너털웃음을 지으며 현지 공장을 운영하는 사람들이 제안하는 제품들을 눈여겨보고 그 가운데서도 장점을 파악하여 한국에 어떻게 접목할 것인지를 골몰하는 모습을 보여주었다. 늦은 밤 중국의 지방정부가 초청하는 저녁식사 자리에서 최복호 디자이너는 권하는 술잔을 마다하지 않고 들이키고, 함께 간 일행들을 대표해서 초대에 대한 감사의 뜻을 전하며 앞으로의 우호증진과 협력을 당부하는 말을 이어갔다.

다시 몇 년이 흘러 나는 최복호 디자이너와 함께 중국 광저우 패션 위크를 가게 되었다. 중국의 유명 국민 디자이너 2명과 최복호, 이상봉 디자이너가 주 무대를 맡았고 한국, 중국, 아시아 각국의 디자이너들이 스케줄에 따라 패션쇼를 펼쳤다. 최복호 디자이너의 무대는 대형 멀티미디어 스크린을 뒤로하고 사각형으로 런웨이를 두어 사방에서 모델의 동선을 따라 의상을 감상할 수 있게 설계되어 있었다. 화사하고 생동감 넘치는 색상에 물 흐르듯 자연스럽고 세련된 실루엣의 원피스와 드레스가 무대를 수놓았고, 광저우 패션협회와 정부 관계자, VIP들이 자리한 패션쇼는 최복호 디자이너의 패션 세계를 온전히 표현하기에 손색이 없었다. 그제야 나는 내가 처음 권유한 칭다오 패션쇼에 대한 미안함을 만회할 수 있었다.

광저우 패션 위크에서의 최복호. 나는 그제야 칭다오 패션쇼에 대한 미안함을 만회할 수 있었다. ⓒ 김철성

최복호의 의상은 국내 백화점과 함께 해외 고정 바이어들을 통해 유통되고 있다. 특히 중동 바이어는 오랫동안의 신뢰로 지속가능한 비즈니스 관계를 유지하고 있다. 히잡과 전통의상 안에 화려하고 생동감 넘치게 살랑거리는 최복호 의상을 선호하는 것은 아마도 그의 패션 세계가 감춰진 욕망을 충족시켜 주기 때문일 것이다.

최복호 디자이너는 최근 대구 큰장로 골목에 '나나랜드'라는 복합패션문화공간을 열었다. 청도 펀앤락과 마찬가지로 대구 시내의 오래된 골목을 형형색색의 꿈의 거리로 만들고자 한 것이다. 나나랜드는 80년 된 제분공장을 최복호 디자이너가 복합패션문화공간으로 개조해 2020년 12월에 오픈한 곳이다. 대범하고 유쾌한 컬러를 좋아하는 그가 직접 붓을 들고 오래된 벽을 캔버스 삼아 작품을 완성해 가고 있다. 골목엔 예수님도 부처님도 계시고 갖가지 꽃들이 피어 있다. 마음의 담장을 허물고 쉴 수 있는 곳, 나나랜드 문화공장은 최복호 디자이너와 닮아 있다.

최복호는 패션을 초월해서 삶을 디자인할 줄 아는 예인이다.

최근 최복호 디자이너는 대구의 화랑에서 개인 미술 전시회를 개최함으로써 화가의 길로 들어섰다. 도무지 그 끝을 알 수 없는 열정이다. 기자의 "선생님, 요즘 어떻게 지내세요?"라는 안부전화에 "잘 놀고 있지! 잘 노는 것이 잘 사는 것이지"라고 대답한다. 청도의 펀앤락과 대구의 나나랜드에서 물감이 잔뜩 묻은 앞치마에 붓을 들고 거침없는 터치를 하고 있는 최복호는 패션을 초월해 삶을 디자인하는 예인이다. 그는 분명 한 시대를 잘 놀다가 갈 줄 아는 디자이너임에 틀림없다.

'카루소'의 대서사시

장광효

붉은 벽돌의 역사박물관, 고난과 영광의 터 위로 화려한 색의 남성복이
피어난다. 장광효―'카루소'라는 이름의 서사로 반세기를 노래한 장인,
그는 오늘도 패션으로 인간의 길과 영혼의 품격을 재단한다.

'카루소' 장광효는 단언컨대 대한민국 최고의 남성복 디자이너이다. 그의
패션쇼는 한 편의 대서사시처럼 진한 감동을 남긴다. 1991년부터 최근까지
한 번도 쉬지 않고 1년에 2회에 걸쳐 남성복 '카루소' 패션쇼를 펼쳐 온 장
광효 디자이너는 대한민국 남성복 고급화와 품격을 높이는 데 혁혁한 공을
쌓아 왔다.

디자이너는 항상 자신의 컬렉션 발표가 끝나면 귀가한 기자에게 전화를 걸
어왔다. 많은 디자이너들이 15분의 패션쇼를 위해 한 시즌 동안 영혼과 체
력을 갈아 넣고 나면, 극심한 긴장과 피로감에 회복을 위한 자신만의 시간
을 갖는다. 그러나 장광효 디자이너는 참석한 기자와 고객, 지인들에게 전

화를 걸어 소감을 묻고 반응을 살펴 다음 시즌을 준비한다.

디자이너에게 패션쇼는 시즌의 마감이 아니라 새로운 다음을 위한 준비를 알리는 것이다. 그는 또 이것을 즐기는 것 같다. 어찌 보면 워커홀릭일 수 있지만 매 시즌 패션쇼를 개최하며 자신의 디자인 철학과 트렌드를 전파함으로써 한국 남성복의 품격을 제고하고 후배들에게 올바른 방향등을 켜준다. 이러한 투철한 사명감이 장광효의 인생을 받치고 있는 것 같다.

2024년 9월, 초가을이 다가왔지만 태양은 여전히 뜨겁고 더위는 물러날 기미를 보이지 않았다. 그날 저녁 장광효 디자이너는 2025S/S 컬렉션을 발표했다. 서소문에 있는 역사박물관이었다. 장광효는 금기를 깨뜨리기로 유명한 디자이너다. 항상 예상을 뒤엎고 파격과 도전을 즐기기로 유명한 디자이너가 화려한 런웨이를 뒤로하고 서소문 성터인 역사박물관에서 패션쇼를 한 것이다. 박물관 중정의 넓은 공간, 사면이 붉은 벽돌로 둘러싸인 이곳은 밤하늘을 바라볼 수 있어 좋았다. 반면 조명과 음악 등 효과적인 면에서는 패션쇼장이 가진 인프라를 구축하고 있지 않아 우려하기도 했다.

하지만 역사박물관에서 열린 카루소 컬렉션은 기대를 저버리지 않고 마치 오래전 역사적 그 현장과 장광효의 스토리가 감동의 파노라마로 다가왔다. 장광효는 천주교도 35명이 처형당한 역사의 현장을 패션을 통해 각인시키고 싶어 했다. 그는 "이곳을 사랑하는 이유는 이 터가 꼭 우리의 인생 같기 때문"이라며 "고난의 연속, 슬픔의 연속, 이별이 담겨 있다"고 말했다. 이날은 35개의 꽃송이를 의미하는 화려한 색상의 남성복이 초가을 하늘 아래 점점이 런웨이를 수놓았다.

장광효 '카루소'는 직접 재단하고 만들어 온 디자이너의 섬세한 테일러링을 기초로 하지만 화려한 색상과 과감한 디테일로 아무도 흉내 낼 수 없는 디자인을 선보이고 있다. 남성 모델들이 가장 남성답게도, 여성보다 아름답게도 보이게 하는 그의 의도는 "성별을 가리지 않고 모든 사람들을 아름답게 보이게 하는 경계 없는 패션을 구현하겠다"는 것이다. 어쩌면 국내에서 가장 완벽한 젠더 룩을 아주 자연스럽게 보여주는 디자이너가 장광효다.

장광효 디자이너는 국내 최초 남성복 컬렉션 발표, 최초 파리 컬렉션 및 전시회 참가, 최초 홈쇼핑 오픈, 최초 시트콤 연기자 데뷔 등 행적마다 '최초'라는 수식어가 따라붙었다. 이 과정에서 그는 고정틀을 깨뜨리기가 일쑤였다. '금기'라는 단어는 그에게 어울리지 않았다. '디자이너 선생님'이라는 근엄한 울타리를 박차고 망가지는 시트콤 연기를 능청스럽게 했다. '안녕, 프란체스카'에서의 디자이너 '장쌤'은 아이부터 어른까지 누구나 좋아하는 캐릭터가 되었다. 주변의 만류에도 불구하고 그의 호기심과 도전 의식을 막지는 못했다.

장광효가 유명 패션기업에서 독립해 자신의 브랜드 '카루소'를 탄생시킨 것은 1987년이었다. 그의 과감한 도전은 한국 남성패션의 새 역사를 알리는 것이었다. 그해 젊은 남성 셋이 댄스그룹 '소방차'를 결성했다. 그때 장광효 디자이너는 소방차 멤버들에게 승마바지를 디자인해서 입혔다. 정장이 남성복의 대명사였던 시절, 그는 한국 남성복에 컬러와 새로운 디테일, 유럽 스타일의 수트 라인을 선보여 대성공을 거두었다.

장광효는 프랑스 유학 시절 퐁텐블로에서 보았던 '승마바지'가 떠올라 춤

'카루소' 장광효 패션쇼

패션디자이너 장광효

추기에 적합한 활동성을 강조한 뉴 스타일로 완성한 것이었다. 이를 계기로 남성복의 유행 축이 급회전하기 시작했고, 소방차에 이어 조용필, 서태지, 일본의 유명 엔카 가수에 이르기까지 카루소의 고객이 되었을 정도였다. 1992년 서태지와 아이들의 유니섹스 룩이 또 한번의 대히트를 기록했다. 전국 35개 백화점 매장과 대리점 등 론칭 3년 만에 엄청난 성공을 거두었고 멋쟁이 남성의 기준이 되었다.

하지만 큰 행운은 때론 시련을 몰고 오기도 한다. 그것은 신이 내린 큰 그릇에 대한 시험이었을 것이다. 한때 큰 시련이 닥쳐 모든 것을 다 잃었을 때, 장광효 디자이너는 지하 작업실에서 다시 시작하는 투혼을 보여주었고, 디자이너로서는 '최초'로 홈쇼핑에 도전하게 되었다. 그 결과 그는 다시 일어나는 신화를 창조했다. 모두가 선망하는 '카루소'를 젊은 스타일, 합리적 가격대로 누구나 접할 수 있게 디자인하고 공급함으로써 고급 고감도 남성복의 대중화 시대를 연 것이다.

장광효 디자이너가 발굴한 모델은 스타가 된다는 설이 있다. 디자이너는 매 시즌 패션쇼를 앞두고 공개 오디션을 통해 모델을 선발한다. 패션쇼의 테마와 의상을 가장 잘 표현할 수 있는 분위기의 모델을 직접 선발한다. 유명 스타급 연예인이나 특급 모델이 없어도 '카루소' 패션쇼가 큰 감명을 주는 것은 그가 지닌 놀라운 안목 덕분이다. 참여한 모델의 이력을 빛나게 해주는 것은 물론이어서 남성모델이라면 누구나 그 무대를 선망하게 되었다.

장광효 디자이너는 모델을 바라보는 정확한 시선과 촉을 가지고 있다. 이제는 글로벌 스타인 '현빈'을 패션모델로 발굴하고 데뷔시킨 일화는 잘 알려져 있다.

어느 날, 디자이너가 서울 강남의 영동고교 앞 카루소 전용공장에 일이 있어 들렀더니 여리여리한 고교생이 지나가고 있더란다. 불러세워 누구냐고 물었더니 고등학교 3학년이고 이름은 '김태평'이라고 했다. 디자이너는 이미지와 느낌이 좋아 고교 3학년인 김태평을 당시 화제의 중심이었던 경복궁 패션쇼 무대에 모델로 세웠고, 이것이 현빈의 데뷔무대가 되었다. 그 후 3년이 지나 현빈이 탤런트가 되어 찾아왔는데 '내 이름은 김삼순'으로 유명해졌다고 회고했다. 모델로 데뷔시켜 놓고 기질이 뛰어나 보이면 탤런트나 영화 배우로 추천하기도 했는데 차승원, 유지태, 현빈, 김남진, 이진욱 등을 모델로 배출해 스타군단을 이뤘다. 모델 차승원은 19살 때 처음 만났는데 그가 지닌 독특한 매력을 디자이너는 알아보았다. 또 어느 날 자신의 매장 쇼윈도를 들여다보는 한 청년을 발견하게 되는데 그가 지금의 연기자 유지태이다. 이런 이야기가 퍼지자 모델을 꿈꾸는 젊은이들은 물론 프로 모델들도 카루소의 오디션을 기다리고 있다고 한다.

언젠가부터 패션쇼를 마치고 나면 장광효 디자이너는 기자와 점심 식사를 하곤 했다. 남도 음식을 즐길 수 있는 한정식집에서는 음식과 함께 디자이너의 속내와 곰삭은 이야기들을 나누기도 하고 트렌디한 레스토랑에서는 최근의 동향과 다음 시즌 패션쇼에 대한 사전 정보에 대해 듣기도 했다.

한번은 이태원에 있는 방송인 홍석천 씨가 운영하는 퓨전 레스토랑에서 약속을 했다. 디자이너와 점심 식사에는 항상 박성목 실장이 함께 자리했다. 그는 차승원과 모델라인 1기 동기생으로 모델 출신이며, 장광효 카루소가 난항을 겪고 있었던 가장 어려웠던 시절에 찾아와 평생을 동고동락하며 '카루소'의 영광을 지켜가고 있는 오른팔이자 매니저였다. 우리는 그를 패션계의 마당발, 사교계의 메신저라고 불렀다. 그날 유난히 서빙하는 직원들이 친절하게 느껴졌는데 알고 보니 장광효 디자이너는 평생 VIP여서 대접도 잘 받고 심지어 할인도 된다고 웃으면서 말하는 것이 아닌가. 사연인즉 이 가게의 주인인 홍석천 씨가 오래전에 커밍아웃을 했을 때 당시의 사회적 편견으로 방송 통로가 다 막혔는데도 디자이너는 금기를 깨고 그를 모델로 패션쇼 무대에 당당히 세웠다고 한다. 이런 디자이너와 홍석천 씨의 의리 덕분에 나는 덩달아 특별한 서비스를 누렸다.

장광효 디자이너는 항상 테마에 적절한 무대 연출로 호평을 받고 있다. 의상은 물론이고 음악부터 연출까지 테마에 맞춰 오랫동안 연구하고 새로운 시도의 노력을 늦추지 않는다. 음악의 경우 보통 디자이너들은 패션쇼 연출업체 소속 음악 감독에게 선곡을 맡기지만, 장광효 디자이너는 직접 음악을 고르거나 대부분 가까운 지인을 통해 아웃소싱을 해서 의상의 독특함만큼이나 다양한 장르의 선곡으로 드라마틱한 효과를 극대화한다.

장광효 백스테이지

2025년 3월에 개최된 2025F/W 장광효(Chang Kwang Hyo) 컬렉션 주제는 '가리워진 길'이었다. 그때 동대문디자인플라자(DDP)의 둘레길에서는 프랑스 아티스트 펠리체 바리니의 전시회가 열리고 있었다. 디자이너는 그의 작품에서 영감을 받아 기존의 패션쇼 방식을 탈피해서 개방된 둘레길을 런웨이로 삼았다. 바리니가 특정한 시점에만 완성되는 기하학적 패턴을 통해 공간을 재해석하듯, 디자이너는 패션을 통해 보이지 않는 길을 만들어 가는 과정을 보여주고자 했다.

런웨이는 구불구불하고 오르고 내리는 길이 있어 리허설 때부터 디자이너는 물론 연출자와 모델들이 만 걸음 이상을 걷는 수고를 하고 있었는데 패션쇼가 끝났을 때는 모든 구성원들이 파김치가 되었다. 예술작품 속을 걸

장광효 '카루소' 패션쇼의 피날레

어가는 카루소의 의상들은 작품과 전혀 분리되지 않고 마치 처음부터 의도된 하나의 작품으로 보여질 정도였다. 성별을 초월한 의상들, 누구나 입었을 때 아름다울 수 있어야 한다는 디자이너의 철학이 오롯이 느껴졌다. 옷이 가진 본질적 아름다움을 예술로 승화시킨 기억할 만한 패션쇼였다.

최근 장광효 디자이너는 후배들의 패션쇼나 전시회 부스에 종종 얼굴을 보인다. 특히 남성복에 도전하는 후배들을 눈여겨보고 직접 찾아 독려하기도 한다. 사람들은 "선생님, 후배들을 위해 패션쇼를 어떻게 해야 하는지 조언 좀 해주세요"라고 종종 묻는다. 디자이너의 대답은 패션쇼를 예술로 승화시키기 위해서는 항상 경험과 호기심을 가져야 한다는 것이다. 그리고 테마를 중심으로 의상을 준비해 나가되 상황에 따라 변화를 줌으로써 트렌드를 유도해야 한다는 것이다. 후배들에게 직접 옷을 지을 줄 아는 기본기와 현대적인 것 이전에 클래식한 스타일, 우리 문화와 전통을 중요시할 것을 강조한다. 어느 날 혜성처럼 나타났다가 사라지는 반짝 스타를 꿈꾸지 말고 자신처럼 사명감을 갖고 컬렉션을 해 주기를 바라고 있다.

패션디자이너로 성장하고 싶으면 클래식한 스타일을 우선 익혀야 한다는 조언은 매섭다. 디자이너는 한복의 선이나 민화 등 전통적인 것에서 모티브를 접목할 줄 알아야 한다는 조언도 아끼지 않는다. 유럽의 클래식한 정서를 중요시하면서 한국의 전통이 조화를 이루는 데 중점을 두라는 충고도 덧붙인다. 카루소는 과감하면서도 화려하고 오묘한 컬러를 작품에 투영하고 있다. 무엇보다 남성미를 지나치게 강조하지 않으면서도 주변의 환경과 조화를 이루어 입는 사람을 아름답게 보이도록 하는 것이 바로 '카루소'이다.

매번 패션쇼가 끝날 때마다 기자는 "장쌤, 다음 패션쇼는 또 어디서 하실 건지요?"라고 물어본다. 그러면 "이미 생각해 둔 곳이 있어요! 기대해도 좋아요"라고 서슴지 않고 대답한다. 그럴 때면 기자는 궁금해도 참고 기다려 보기로 한다. 그의 브랜드인 카루소는 이탈리아가 낳은 최고의 테너 가수인 '엔리코 카루소'에서 따왔다고 한다. 지금도 세계적으로 가장 존경받는 테너인 카루소는 장엄하고 드라마틱한 노래로 유명했다. 디자이너는 남성복에 대한 열정과 사랑으로 오늘도 대서사시를 준비하고 있다. 불세출의 테너 카루소처럼.

'무(無)로부터, from nothing'

박춘무

나는 '데무(DEMOO)'라는 브랜드와 '박춘무'라는 디자이너를 좋아한다. 사
랑한다는 애착이나 절절함보다는 '좋아한다'는 다정하고 슴슴한 표현을 하
고 싶다. 사랑하는 감정은 들끓다가 사그라지는 불꽃일 수도 있지만 좋아
하는 마음은 오래오래 포만감을 준다. 그렇게 나는 데무와 디자이너 박춘
무를 오랫동안 좋아해 왔다. 때로는 '데무 박춘무'에서 드라마틱한 느낌을
받곤 했다. 어떨 때는 현대무용수의 춤사위가 연상되기도 하고 유럽의 흑
백영화 한 편이 기억나기도 했다. 그의 패션쇼가 끝나면 눈과 마음이 호강
했다는 느낌이 든 것은 나만이 아닐 것이다.

박춘무 디자이너와는 취재부장일 때 인터뷰를 하면서 인연이 시작되었다.

1988년 처음 문을 연 압구정동 데무 매장의 개업식 날 모습 ⓒ 데무

벌써 20년이 훌쩍 넘은 것 같지만 기억은 생생하다. "선생님, 의상 디자인을 할 때 영감은 어디서 어떻게 받으시나요?" 하고 말문을 열었다. 디자이너들을 인터뷰할 때, 브랜드의 패션 철학과 영감 등 디자이너의 패션 세계관을 질문하곤 했는데 그날은 예상 밖의 답변이 돌아왔다. "사실 거창하고 심각하게 영감이니 패션 세계관이니 하는 건 없어요. 그 영감이라는 것이 길을 걷다가 문득 발에 차이는 돌멩이를 보며 떠오른 것일 수도 있지요"라고 대답했다. 일상이 모두 영감의 원천일 수도 있다는 뜻이었을 것이다. 이런 경우 기자들이 제일 기피하는 취재원에 해당한다. 긴 시간 동안 대화를 나눴더라도 원고 분량을 채우거나 독자에게 흥미를 선사할 기사를 쓰기가 아주 힘들어진다. 이런 대답을 했던 박춘무 디자이너였지만 매 시즌 본인의 뚜렷한 패션 세계관을 보여주며 40여 년 가까이 일관되게 자신만의 아카이브를 구축했다.

오랫동안 많은 디자이너를 취재해 오면서 상당한 스토리를 공유하게 되었는데 유독 데무 박춘무 디자이너와는 알게 된 세월에 비해 재미있는 에피소드는 많지 않다. 그럼에도 디자이너를 만났던 많은 순간이 물 흐르듯 부드럽고 솔직하고 다정했음을 느낀다. 그리고 대한민국을 대표하는 '모던 아방가르드 패션' 장르의 선구자이자 독보적인 존재인 그녀와 동시대를 살고 있고, 만날 때마다 참신한 작품으로 만남을 빛나게 해준 것에 보람을 느끼고 있다.

박춘무 디자이너는 1988년 '데무 박춘무' 브랜드를 론칭했다. 박춘무 디자이너는 동시대적인 감각과 깊은 철학을 바탕으로 '모던 아방가르드 룩'의 장르를 열었다. 'DEMOO'는 디자이너 박춘무의 이름 끝 글자 '무(MOO)'에다가 프랑스어인 'DE(~으로부터)'를 합성한 것으로, 디자이너 캐릭터의 감성과 '무(無)로부터'라는 창조적 이미지를 담고 있다. 그녀의 디자인은 강렬한 대비와 부드러운 조화의 아름다움을 근간으로 삼는다. 건축적인 테일러링과 흐르는 듯 원초적인 실루엣, 순수미와 성숙미, 흑과 백, 맥시멀리즘과 미니멀리즘 등 공존하기 어려운 미적 개념을 하나로 아우르며 고유의 독창적인 디자인 세계를 구축해 왔다. 그녀는 서울과 뉴욕, 파리 등을 오가며 한국의 전통적 미학을 현대적 감각으로 재해석해 선보이면서 마니아들을 양산해 오고 있다.

박춘무 디자이너는 '영감'이 디자이너의 일상이었던 어느 해, 강렬하고 이색적인 패션쇼를 선보였다. 무채색이 주는 아름다움을 추구했던 박춘무 디자이너가 딸의 혼사를 치르면서 '청사초롱'에서 영감을 받아 강렬한 감성을 표출해 화제가 되었다. 2015년 12월에 개최되었던 2016 S/S 서울 패션 위크에서 박춘무 디자이너는 한국적 요소와 컬러의 조합, 전통적인 실루엣

'데무'의 2016 S/S 서울 패션 위크 패션쇼. 청사초롱에서 영감을 받은 아방가르드한 디자인을 선보였다.

의 재해석을 통해 특유의 아방가르드한 디자인으로 패션 피플들을 매료시켰다. 박춘무 컬렉션은 항상 많은 이야기, 즉 디테일을 풀어놓지 않더라도 간결함 속에서 하고 싶은 말을 다하고 있었는데 이번에는 런웨이와 음악까지 완벽한 플레이로 패션쇼를 종합 예술 무대로 승화시킨 것이었다.

패션쇼가 개최되기 얼마 전에 딸의 혼사를 치르면서 청사초롱에서 영감을 받은 결과물이었다. 신부가 가마를 타고 시댁을 갈 때 길을 비추는 청사초롱이 마치 딸의 행복한 미래를 밝히는 것 같아 가슴에 와닿았다고도 했다. 테마는 '밸런스'였다. 청사초롱의 파란색과 빨간색 배색의 조화를 부각시키려고 했는데 이 모티브는 동양적 음양의 조화를 뜻했다. 파랑과 빨강, 검정

2017년 데무 30주년을 맞이하여 동대문패션플라자(DDP)에서 열린 박춘무 패션쇼

과 흰색이 조화를 이루며 강렬한 인상을 심어줬다. 한복처럼 넉넉한 실루엣의 상의와 와이드 팬츠, 군더더기 없지만 편안하고 정리된 의상들은 심플함이 주는 세련미로 관람객들의 시선을 사로잡았다.

가장 인상적이었던 쇼는 2017년 30주년을 맞은 데무의 히스토리를 되짚어 보는 프로젝트였다. '무(無)로부터'라는 주제로 데무의 아카이브 컬렉션 전시도 DDP에서 함께 진행되었다. 1988년부터 2017년까지 모든 자료를 모아 한 공간에서 아이덴티티를 총망라해서 보여준 전시였다. 화가가 꿈이었던 디자이너가 그린 그림도 함께 전시되었으며, 패션쇼는 처음 론칭했던 당시의 강렬한 이미지를 다시 재현해 주목받았다. 브랜드 탄생의 감성은 그대로 유지하면서 트렌디한 디테일을 가미함으로써 세련된 스타일의 '데무'로 재탄생한 것이었다. 30년 동안 쉴 틈 없이 변화하는 트렌드 속에서 한 방향으

2023 S/S 서울 패션 위크에서의 박춘무 패션쇼

로 이어오던 '데무'의 오리지널리티를 돌아보는 콘셉트로 진행되었다. 수많은 브랜드가 새로 생겨나고 없어지는 가운데서도 베이직하고 매니쉬한 선을 기초로 시즌 트렌드를 반영함으로써 입는 사람의 개성을 표현하려는 '데무'의 오리지널리티가 빛이 나는 패션쇼였다. 특히 심플하고 모던한 핏과 오버사이즈 실루엣, 소재 간의 믹스 매치가 두드러졌고 블랙, 화이트의 모노톤을 중심으로 레드, 블루, 옐로 등 포인트 컬러 간 강렬한 조화가 돋보였다.

2023 S/S 서울 패션 위크는 박춘무가 코로나 팬데믹 이후 처음으로 관람객과 대면하는 패션쇼 무대였다. 2023 S/S '데무 박춘무(DEMOO PARKCHOONMOO)'는 한국의 전통 복식을 보다 은유적이고 웨어러블한 방식으로 컬렉션에 적용했다. 저고리, 고름, 치마, 두루마기 등 전통적 복식의 모티브를 곳곳에 배치하되, 그 점이 지나치게 두드러지지 않는 것에 중

점을 두었다. 컬러는 화이트, 블랙, 네이비, 브라운, 베이지에 푸른색을 더해 차분하면서도 생동감 넘치는 이미지를 연출했다. 스타일링에선 길이의 차이를 둔 레이어링을 적극 사용했으며, 단추와 스트링의 여밈에 따라 전혀 다른 실루엣을 연출할 수 있도록 했다.

패션쇼가 끝나고 어느 날 번개 모임이 이루어졌다. 패션계 1세대 디자이너이자 SFAA(서울패션아티스트그룹) 회장을 역임했던 신장경 디자이너와 박선희 이화여대 교수, 필자와 박춘무 디자이너가 패션 복합문화공간 PCM 스퀘어에서 만나 늦은 밤까지 대화를 나누었다. PCM은 'Pattern, Colour, Material'의 머릿글자이자 본인 이름 박춘무의 이니셜을 딴 공간이다. 사옥 1층 쇼룸에 마련된 이 공간은 박춘무 디자이너의 그림도 전시되어 있었고 카페도 함께 운영되었다.

밤은 늦었지만 주인장의 배려로 음식과 와인을 먹고 마시며 조근조근 대화를 나눴던 추억이 떠오른다. 그때 디자이너는 앞으로 파리에서 패션쇼를 할 계획을 말했던 것 같다. 필자는 데무가 유난히 파리와 잘 어울릴 것 같다는 생각이 들었다. 디자이너는 파리가 좀 더 창의적이고자 하는 디자이너들의 욕심을 받아주는 곳이자 데무의 분위기와 룩을 사랑해 주는 곳이라고 말했었다. 예상대로 데무 박춘무는 파리 패션 위크인 2025년 3월 4일, ESPACE COMMINES(17 Rue Commines, 75003 Paris)에서 '무로부터, from nothing'을 테마로 패션쇼를 개최했다.

컬렉션은 본질에 대한 탐구를 통해 브랜드의 정체성을 재정립하려는 의도 아래 특유의 시그니처인 블랙과 화이트를 중심으로 강렬한 색채의 대비로

데무의 콘셉스토어인 PCM 스퀘어 ⓒ 데무

주목받았다. 절제된 세련미 속에서 특유의 미니멀리즘을 더욱 부각시켰다. 데무 측은 현지 바이어들이 '데무'의 브랜드 철학과 특유의 미니멀한 아름다움에 대해 호평했다고 전했다. 데무 2025 컬렉션은 변함없는 아이덴티티를 유지하면서도 끊임없이 새로운 가능성을 모색하는 브랜드임을 과시한 무대였다고 한다.

'데무'는 고감도 디자이너 브랜드로 국내는 물론 해외 시장에서의 지속적인 활약으로 K-여성복의 가치를 드높이고 있다. 현재 국내에서 35개 백화점 매장과 35개 아울렛 매장을 포함해 총 70개 매장에서 판매되고 있으며, 해외에서도 40여 개 편집 매장에 입점해서 바이어들의 러브콜을 받고 있다. 전 세계가 K-웨이브에 열광하는 이때, 데무 박춘무는 1988년부터 한 걸음씩 차근차근 37년간의 성실한 행보로 대한민국 고감성 여성 패션의 우수성을 알려오며 큰 결실을 눈앞에 두고 있다.

한국 최초의 '모던 아방가르드 룩'을 선보인 데무의 대장정은 여전히 현재진행형이다. ⓒ 데무

2025년 여름이 시작되던 6월의 어느 날, 필자는 박춘무 디자이너와 본사 1층 야외 테이블에서 차담을 나눴다. 인터뷰를 끝내고 일, 가정, 가족, 일상 등 자연스럽고 편안한 대화가 이어졌다. 박춘무 디자이너는 대화에 힘을 주지 않는다. 그저 물 흐르듯 이야기를 나누다 보면 어느새 빠져들게 만드는 재주가 남다르다. 그녀는 솔직함과 소탈함이 상대를 무장해제시키기에 충분한 역량을 지녔다. 30주년 프로젝트를 통해 패션 아카이브와 그림 전시를 병행했던 이야기도 나왔다. 그림은 디자이너의 어릴 적 화가의 꿈에 대한 발현이었고 디자인도 그림도 좋아서 하는 것이니 친구처럼 일생을 함께할 수 있다고 했다.

이런저런 이야기를 나누다가 한순간 디자이너가 화들짝 놀라며 일어섰다. 6시에 외부 행사가 있는데 이미 시계가 6시를 가리키고 있었다. 순간 당황스런 표정을 짓다가 그것도 잠시, 디자이너는 크게 웃으면서 "택시, 택시를 불러야 해!"를 연발하며 손을 흔들며 뛰어나갔다. 그 모습을 지켜보던 나는 20여 년 전이나 지금이나 크게 다르지 않다는 생각에 조용히 미소를 지었다.

무(無)로부터—오래전부터 데무 박춘무는 드라마틱한 대장정을 해 오고 있다. 무는 유(有)의 반대 개념이 아니라, 이미 세상의 모든 것의 시작과 많은 의미를 내포하고 있다. 별다른 에피소드와 스토리는 없지만 박춘무 디자이너와 무(無)로부터, 더 많은 무덤덤한 이야기를 엮어 가고 싶다. 패션에서 영감이나 세계관이니 하는 건 없다지만 그녀는 내공이 단단한 사람임을 알고 있기 때문이다.

'제로 웨이스트'의 삶

임선옥

망원동 골목에서 파 한 단이 삐죽 나온 장바구니를 든 나를 반긴 이는 뜻밖에도 디자이너 임선옥이었다. 그녀의 삶과 패션은 군더더기 없이 단정하고, '제로 웨이스트'라는 철학처럼 낭비 없는 아름다움으로 세상을 향한다.

"어? 내가 아는 그 사람 맞아요?" 몇 년 전 8월의 어느 오후였다. 한적한 망원동의 주택가 골목에서 낯익은 얼굴이 반색하며 나를 반겼다. 세상 편한 루즈핏의 원피스를 입고 파 한 단이 삐죽 나온 시장바구니를 흔들며 유유자적 걷고 있는 내 눈에 이 골목에 있어서는 안 될 것 같은 강렬한 비주얼이 들어왔다. 앗! 그 강렬한 비주얼의 주인공은 바로 임선옥 디자이너였다.

머리카락 한 올도 흐트러짐 없이 단정하게 빗어 묶은 헤어스타일, 작은 얼굴의 절반을 가린 검정 선글라스, 살짝 주근깨가 엿보이는 화장기 없는 피부는 그녀만의 상징이었다. 반면 '시장을 다녀오는 주부'의 상황극에 충실한 내 모습이었기에 몹시 당황했다. 그러거나 말거나 임선옥 디자이너는 아주 반갑고 살갑게 나를 대했다.

한때 내가 살았던 그 동네의 골목 어느쯤엔가 유명한 그릇 가게가 있었다. 독특한 분위기와 예쁜 그릇들이 진열되어 있었고, 옛스러운 골목과 어우러져 레트로와 빈티지 무드를 즐기는 마니아들이 생겨나서 그 가게는 예약을 해야 할 정도로 입소문을 타고 있었다. 디자이너는 바로 이 가게에 그릇을 사러 왔다고 했다. 부암동에 사옥을 오픈한 디자이너는 사실, 한때 그 골목의 그릇 가게가 있는 건물을 사고 싶었다고 했다. 그릇 가게가 있는 오래된 건물을 계속 올려다보고 있는 디자이너 옆에 서서 이런저런 이야기를 나누다가 차를 세워두고 기다리던 그녀의 남편과 눈인사를 하였다. 그녀의 남편은 필자처럼 섬유패션전문지를 발간하는 신문사의 대표여서 평상시에도 잘 알고 지내던 터였다. 패션쇼장이나 취재 현장에서 말쑥한 모습으로 만나던 분들이어서 시장바구니를 흔드는 내 모습에 살짝 당황해하는 듯도 했다. 아무튼 몇 해 전 어느 여름날 오후, 그 골목에서의 우연한 만남은 사실은 아무것도 아닐 수도 있는데 독립영화의 한 장면처럼 느릿한 영상으로 뇌리에 남아 있다.

임선옥 디자이너는 자신의 모습처럼 그녀의 패션 세계는 단정하고 군더더기가 없다. 그녀의 패션에는 철저한 계산을 거친 과학적 결과물을 기반에 두고 각고의 노력이 녹아 있다. 패션의 근간인 아름다움을 추구하면서도 우리 사회와 환경에 대한 따뜻한 배려심을 담아 우리 모두가 살 만한 미래를 꿈꾸게 하는 마력이 있다. 필자의 지극히 개인적인 의견일 수도 있지만 아마 많은 패션피플이 공감하리라 믿는다.

임선옥 디자이너는 브랜드 '파츠파츠(PARTsPARTs)'를 운영하고 있다. 파츠파츠는 2011년 탄생한 패션디자이너 브랜드인데 혁신적인 디자인의 대명사로 불린다. 컬렉션을 발표할 때마다 별도의 사전 홍보 없이도 만석을 이루는 것은 정말 패션을 좋아하는 패션피플이 다가올 시즌의 파츠파츠를 보기를 기다리고 있음을 의미한다. 임선옥 디자이너는 '뉴 네오프렌'이라는 한 가지 소재를 사용하여 버려지는 자투리 원단을 최소화하는 데 목표를 두고 작업하고 있다. 소재를 최소화하기 위한 재단, 레이저 커팅, 고온 압력 접착 방식을 개발했고, 남은 자투리도 새로운 제품으로 탄생시키고자 했다. '파츠파츠'라는 브랜드는 옷의 앞판, 뒷판, 소매 등 각 부분을 유닛화하여 레고 블록처럼 부분부분을 조립한다는 의미를 담고 있다. 디자이너는 단순

히 아름다운 옷을 디자인하는 차원을 넘어서 혁신적인 과정과 시스템을 장착해 패션의 미래를 제시하고 있는 것이다.

디자이너는 자신의 이름 '임선옥'뿐만 아니라 글로벌 브랜드들에 대항할 독창적 브랜드 아이덴티티가 필요하다는 생각에서 '지속 가능한 브랜드'에 대해 늘 고민해 왔다. 오랜 고통의 시간 끝에 네오프렌 소재에 꽂힌 것도 그 때문이었다. 시즌마다 다양한 원단을 사들여야 하고, 옷을 만들고 나면 30% 상당이 버려지는 소모적 사이클에서 벗어나기 위해 '뉴 네오프렌' 하나만 사용하기로 한 것이다. 그런데 왜 '뉴 네오프렌'일까? 디자이너가 사용하는 소재는 네오프렌이 아니고 네오프렌을 만드는 기본 소재이다. 그래서 '뉴 네오프렌'이라고 이름을 붙였다. 네오프렌은 등산복이나 잠수복을 만드는 기능성 소재이기 때문에 사계절 내내 사용할 수가 없다. 그런데 임선옥은 가볍게(320g, 280g) 짜서 여름에도 입을 수 있게 하고 겨울에는 스펀지를 넣고 라미네이팅하는 등 방법을 강구해 사계절 모두 이용할 수 있도록 했다. 대단한 발상의 전환이었다. 심지어 데님이나 실크, 가죽 등 다양한 질감을 느낄 수 있는 뉴 네오프렌을 개발해 단일 소재가 주는 지루함을 날려버렸다. 고객들이 매 시즌 신상품을 꾸준히 구입해도 새로움과 산뜻함을 느끼게 하는 비결은 바로 여기에 있다.

그녀가 지향하는 브랜드의 중요한 콘셉트는 바로 '제로 웨이스트(Zero Waste)'이다. 처음부터 자투리가 생기지 않게 재단을 한다. 하지만 어쩔 수 없이 자투리가 생긴다면 이를 활용해 다양한 제품을 만든다. 임선옥의 '디자인 철학'은 다른 패션디자이너와는 방향이 다르다. 틀이 크고 폭이 넓다. 공급과잉 시대에 예쁜 옷으로 승부하는 것은 진부하다는 생각을 바탕에 깔고 있다. 차별화된 디자인 철학이 바로 파츠파츠가 지향하는 미래 패션 '제로 웨이스트'로 탄생하게 되었다.

임선옥 디자이너는 2019년 4월 종로구 부암동 쇼룸 근처에 신사옥 '파츠파츠랩'을 마련했다. 파츠파츠 신사옥은 건축가 조민석 씨가 북악을 전면에 배치한 둥근 웨이브의 큰 창과 북한산을 바라볼 수 있도록 설계했다. 사방에서 빛을 끌어들여 빛나는 밝은 공간을 만든 것이 특징이다. 파츠파츠랩은 패션계 최초로 제로 웨이스트를 콘셉트로 삼아 새로운 패션 시스템을 구축하는 동시에 교육·문화 체험을 서비스하는 라이브러리로 활용하고 있다. 디자이너로서 창작 활동 외에 직접 프로그램을 운영하면서 새로운 시

종로구 부암동에 위치한 파츠파츠랩

스템을 전파하는 플랫폼이자 교육 체험 공간 역할을 담당하고자 한 것이다.

이후 놀랍게도 임선옥 디자이너의 파츠파츠랩에는 이제 전 세계 유명 대학의 전공자들이 몰려오고 있다. 미국 일리노이주 주립대학교 가정 및 소비자과학부의 패션 디자인 및 머천다이징학과의 교수와 학생들이 방문하여 전문가가 직접 시현하는 제로 웨이스트 공정을 배우고 경험하는 시간을 가졌다. 그 이전에도 홍콩이공대학 패션학부 석사과정을 비롯해 미국 필라델피아 드렉셀대학교, 상하이 건교대학교 등 해외 패션 관련 대학들이 매년 파츠파츠랩을 방문했다. 지속 가능한 패션과 생산 공정을 경험하는 귀한 장소로 주목받으면서 해외 대학의 방문이 계속되고 있다. 유럽도 미국도 아닌 한국의 서울 부암동에 위치한 파츠파츠랩으로 말이다. 물론 국내 유

홍콩이공대학교 패션학부 SFT Global Fashion Management(GFM) 석사과정 학부생들이 파츠파츠랩을 찾아와
임선옥 대표로부터 제로웨이스트 브랜드에 대한 설명을 듣고 있다.

수 대학과 패션기업들도 제로 웨이스트 공정을 견학하고 이를 배우기 위해 대기 상태인 것은 말할 것도 없다.

임선옥 디자이너는 일본에서 패션을 공부했다. 그뒤 1996년에 신사동 가로수길에 이고(EGO) 디자인 스튜디오를 만들었다. 이 스튜디오를 가리켜 1세대 신장경 디자이너는 필자에게 "어느 날 가로수길을 지나다가 이색 숍을 보게 됐는데 의상 작품이 정말 독특해서 문을 열고 들어가 통성명을 했고, 지금까지 응원하며 눈여겨보게 되었다"는 말을 한 적이 있다. 그래서인지 임선옥 디자이너는 1998년에 한국 대표 디자이너 그룹인 S.F.A.A에 가입하고 활동함과 동시에 패션피플의 관심을 한몸에 받았다. 그녀는 2010년까지 자신의 이름 '임선옥(Imseonoc)'을 브랜드로 독창적인 디자인을 발표해왔다. 2011년에는 파츠파츠를 론칭하면서 실험적이고 미래지향적인 디자

일본에서 패션을 공부한 임선옥 디자이너는 귀국해서 자신의 스튜디오를 오픈한 지 얼마 지나지 않아
패션 피플들의 관심과 주목을 한몸에 받았다. ⓒ 임선옥

인으로 또 한번 주목을 받았다. 디자이너는 2016년 소다미술관에서 파츠파츠의 디자인 과정과 철학을 알리는 개인전을 열었는데, 2016 레드닷 어워드에서 커뮤니케이션 디자인 부문 본상을 수상하는 쾌거를 이뤘다. 그리고 2024년 코리아패션대상에서는 대통령상을 수상하기도 했다.

디자이너는 2018년 F/W에 'A Man becomes the creature of his uniform'을 주제로 파츠파츠가 미래 도시에 맞는 유니폼을 제안한다는 의미로 제작한 의상들을 패션쇼 무대에서 선보였다. 뉴 네오프렌이 주는 실용성과 매력적이고 모던한 실루엣을 강점으로 다양한 라이프스타일을 두루 소화할 수 있는 의상을 제안한 것이었다. 재킷과 카디건, 셔츠의 기능을 결합한 '파츠파츠'의 '유니폼'이 선보인 이후 지금까지 시그니처이면서 스테디셀러로 사랑받고 있다.

최근 한 패션 행사장에서 임선옥 디자이너를 만났다. 소나기가 내린 후 선선해진 여름날의 저녁, 행사가 끝나고 나서 화장실 앞에서(우리의 만남의 장소에는 의외성이 있다) "짜장면 먹으러 가지 않을래요?"라고 물었다. "좋지요!" 하고 인근 중국음식점으로 갔다. 마침 동석한 패션피플 중 한 사람이 "선생님, 제로 웨이스트의 탄생 과정에 대해 이야기 좀 해주세요"라며 질문을 던졌다. 디자이너는 웃으며 "설명은 아주 오래 걸려요. 그리고 눈물 없인 들을 수 없을걸요?"라며 다음을 기약했다.

내가 기억하는 임선옥 디자이너는 그녀가 만드는 옷도, 대화도 군더더기가 없이 명료했다. 대화는 간결하지만 주제를 벗어나지 않고 정확하고 예리했다. 마치 그녀가 디자인한 의상처럼. 선글라스를 끼고 있으면 눈빛을 읽을 수 없어 '가까이 하기에 조금 먼 당신'일 때도 있었지만, 세월이 흐를수록 그녀의 패션 세계만큼은 솔직하고 명료한 사람이라고 확신하게 되었다. 언젠가 그녀의 모습을 캐릭터로 새긴 의상과 소품들이 선보여지기도 했는데, 필자의 시선에는 정말 신선하고 재미가 있었다. 디자이너로서 대중과 소통하고 거리감을 좁혀 브랜드에 대한 매력도를 증폭시키는 것 같기도 했다.

디자이너가 말하길 부암동에는 아주 유명한 치킨집이 있다고 한다. 정작 부암동에 사는 사람들은 가지 않는데, 외지 사람들이 찾아와 설령 줄을 설지언정 꼭 먹고 가는 치킨집이라고 한다. 얼마 전 여름이 지나고 선선한 가을이 되면 부암동 치킨집에서 맥주를 마시자는 약속을 했다. 그때는 제로 웨이스트에 대해 오랜 설명을 눈물 없이 듣고 싶다. 어쩌면 패션디자이너로서 임선옥 디자이너의 삶 자체가 제로 웨이스트가 아닐까 한다. 선선해지면 부암동엘 갈 것이다. 골목길 언저리에서 "어, 눈물 없이는 듣기 힘들걸요?"라고 반기는 디자이너의 목소리가 벌써 들리는 듯하다.

5월의 장마와 음악 소리

유혜진

폭우가 쏟아지던 오월의 어느 날, 우산을 접으며 들어선 문 앞에는 이미
유혜진 디자이너가 서 있었다. 그녀의 옷처럼 정제되고 진심 어린 태도는,
장마 속에서도 묵묵히 빛나는 음악 한 조각 같았다.

5월 중순인데 한여름처럼 폭우가 쏟아졌다. "국장님, 오늘 우리 만나기로 한 거 맞죠? 그런데 이렇게 비가 와서 어쩌죠?" 약속을 몇 분 남겨두고 유혜진 디자이너가 전화를 걸어왔다. "거의 다 왔어요. 걱정 마세요"라고 대답하고 우산을 접는데 언제부터 기다렸는지 문 앞에 그녀가 보였다. 비가 너무 많이 쏟아지니 걱정이 되어 밖을 내다보다가 좀 전부터는 아예 나와서 기다리고 있었다는 대답이었다. 사람은 작은 행동 하나로도 진심을 전달할 수 있다는 걸 잠시나마 느낀 순간이었다. 대한민국을 대표하는 '입체 패턴 디자인의 대가'로 불리는 '쿠만' 유혜진 디자이너는 이런 사람이었다.

세계적으로 유명한 디자이너들이 입을 모아 강조하는 이야기가 있다. 디자이너로서 성공하려면 본인이 디자인한 의상을 직접 재단하고 손수 만들어 완성할 수 있어야 한다는 것이다. 이처럼 탄탄한 기본기가 바탕이 되어야 진정한 디자이너라고 할 수 있는데, 디자인 스케치 정도만 하고 패턴사나 봉제팀이 의상을 완성하는 것을 너무나 당연하다고 생각하면서 디자이너로서 성공을 꿈꾸어서는 안 된다는 가르침이다. 세계적인 디자이너들이 '쿠만 유혜진'의 의상을 본다면 디자이너가 가져야 할 덕목과 열정을 확신할 것이라고 자신할 수 있다.

유혜진 디자이너가 '쿠만 유혜진'이라는 디자이너 브랜드로 매 시즌 서울 패션 위크에서 패션쇼를 선보여 온 것은 오래전이었다. 소녀처럼 앳되어 보이지만 1세대 디자이너이자 어머니인 오은환 선생이 반세기 넘게 한국의 쿠튀르 패션에 기여해 온 것을 생각하면, 장녀인 그녀의 나이나 디자이너로서의 경력은 굳이 언급하지 않아도 중견의 반열에 있음을 잘 알 수 있다. 평소 과묵한 모친 오은환 디자이너도 가끔 기자나 지인들 앞에서는 딸이 아닌 디자이너 동료이자 후배로서의 유혜진의 작업 방식을 긍정적으로 평가하는데, 기자가 보기에는 칭찬과 자부심이 함께 담긴 것 같았다.

나는 유혜진 디자이너의 패션쇼를 빠뜨리지 않고 찾아보면서 그녀의 패션 세계와 무언의 소통을 해 왔었다. 단 한 시즌도 기대를 저버린 적 없는 '쿠만 유혜진'의 컬렉션은 독보적이고 구조적인 설계와 아방가르드적인 실험 정신으로 감탄을 자아내게 했다. "어떻게 저런 패턴과 실루엣을 의상으로 구현할 수 있었을까?"라는 의문과 함께 디자이너가 얼마나 피를 말리는 연구와 수고를 감내했을지에 대해 생각해 보게 되었다.

'2019 한국 디자이너 패션 어워즈'에서 유혜진 디자이너는 '우수디자이너상'을,
필자는 '올해의 미디어상'을 나란히 수상하는 영광을 안았다.

창밖에는 장대비가 내리는 카페에 앉아 향이 짙은 커피를 마시며 기자로서
보다 꼭 한번 인간 '유혜진'에 대해 사담도 나누고, 본인이 이야기하는 컬렉
션 작업에 대해 들어보고 싶었노라고 말했다. 필자처럼 디자이너도 언제나
'마감'에 쫓기다 보니 제대로 대화를 나눌 기회를 만드는 것이 쉽지 않았다.
기자에겐 원고 마감이, 디자이너에겐 패션쇼를 앞둔 컬렉션 마무리가 늘
중압감으로 다가오다 보니 물 흐르듯 세월이 지나버린 것이다.

2019년 12월 한국패션디자이너연합회가 개최한 송년 행사 '2019 한국 디
자이너 패션 어워즈'에서 필자는 '올해의 미디어상'을 수상한 적이 있다. 그
때 유혜진은 '우수디자이너상'을 수상해서 기자와 나란히 트로피를 들고
있었다. 기념 촬영한 사진을 보니 평소 대중 앞에 잘 나서지 않던 유혜진 디
자이너가 검정 코트 차림에 수줍음이 가득한 얼굴로 나란히 서 있다. 지금

쿠만 유혜진의 의상들

도 또렷이 기억나는 것은 수상 소감을 묻는 진행자의 말에 "어머니와 동시대를 함께 패션에 헌신한 SFAA(서울패션아티스트협의회) 선생님들께 감사드립니다. 이번 수상을 계기로 저도 어머니의 정신을 이어 훌륭한 디자이너가 되도록 하겠습니다"라고 대답했었다.

같은 디자이너로서 어머니와 1세대 디자이너들에 대한 진심 어린 존경심을 담은 말이었다는 것을 누구나 공감할 수 있었다. 유혜진은 스포트라이트를 즐긴다든가 스타성을 추구하지 않았다. 자신만이 할 수 있는 '독보적인 세계'를 구축하고 그 안에서 작업에 파묻혀 사는 진성 디자이너였다. 그래서인지 그녀의 패션 세계가 무지갯빛인지, 아니면 인생의 멍에인지, 그 과정이 얼마나 수도적인지에 대해 헤아리는 사람이 많지 않았고, 제대로 언급한 기사도 별반 없었다. 이 점이 필자에게는 늘 아쉬움으로 다가왔다.

필자가 쿠만 유혜진의 컬렉션을 취재하고 쓴 기사들을 보면 '독보적인 실루엣, 입체 패턴 디자인의 대가'라든가 '웨어러블 아방가르드의 미학', '독창적 입체 디자인과 예술적 실루엣의 아트워크'라는 문구를 자주 볼 수 있다. "어떻게 저런 구조적인 디자인이 의상으로 구현될 수 있지?" 패션 비전공자인 기자의 눈에는 신비롭게 보였고, 전문가들은 유혜진의 실력과 노력을 인정하게끔 했다. 그래서인지 그녀의 컬렉션은 '진성 패션인'들이 꼭 찾는다. 서울 패션 위크 스케줄에 '쿠만 유혜진'이 올라와 있으면 진성 팬들은 꼭 따로 시간을 할애해서라도 찾아보게 된다.

그녀가 전념하는 입체 패턴이란 인체나 인체 모형에 직접 천을 대고 마름질하는 방식을 말한다. '드레이핑'이라고 하는데, 이것은 자로 치수를 재고 평면에서 제도하여 재단하는 평면 재단과는 반대의 개념이다. 대부분의 기성복은 평면 재단을 하지만 쿠튀르의 경우 입체 패턴을 적용하는 경우가 많다. 특히 유혜진의 경우 오랜 연구와 실험적 시도를 통해 축적된 지식과 숙련된 기술을 통해 차별성을 확고히 하고 있다.

특히 2025년 초에 발표한 '2025 F/W 패션쇼'에서는 한 차원 경지가 높아진 의상들을 선보였다. 바이어와 기자단, 패션계 관계자 300여 명만을 초청한 컴팩트한 이 패션쇼에서 그녀의 유행이나 시대를 초월한 '타임리스'한 디자인은 단연 화제가 되었다. 전통적인 테일러링을 새롭게 해석해서 자신만의 구조적 실루엣을 유지하면서도 불필요한 컷팅과 디테일을 배제해 공

'2025 F/W 패션쇼'는 쿠만 유혜진의 디자인 철학과 미학을 압축적으로 보여준 쇼케이스였다.

정을 간소화했다. 미래지향적인 디자인과 유연한 착용감, 그리고 오래 간직하고 싶은 옷들을 무대에 올렸다. 이 의상들은 3월 초순 파리 패션 위크 기간 중 파리에서 한 번 더 전시되었다. 어디에도 진성 팬들은 있기 때문이다.

몇 해 전 유혜진 디자이너가 선보인 의상들이 유럽의 모 유명 브랜드에서 카피한 사건이 있었다. 쿠만 유혜진은 트렌드를 추종하는 브랜드가 아니기에 같은 스타일의 의상이 나오기는 불가능하다. 패션의 종주국이라고 자부하는 유럽에서 유혜진의 디자인을 카피하는 부도덕한 짓을 저질렀다는 것이 괘씸하기도 했지만 다른 한편으로는 한국 디자이너의 실력과 차별성을 확인하는 계기가 되기도 하였다. 디자이너는 전시장에서 재단사(?) 같아 보이는 이들이 여럿 어울려서 쿠만 유혜진의 의상을 눈으로 샅샅이 훑어보고 손으로도 만져보는 경우가 많다고 말한다. 아마도 유럽의 전문가들이 보기에도 난이도와 완성도가 높은 디자인임을 인정하는 것이리라.

유혜진 디자이너는 가녀린 체구와 소녀 같은 동안에 맑은 눈빛을 가진 반면, 손은 힘깨나 쓰는 남자 같아 보였다. 직접 패턴을 제작하고 가위질을 많이 하는 디자인 노동자의 손으로, 하루아침에 만들어진 것 같진 않았다. 디자이너는 그 이유를 다음과 같이 말했고, 나는 그 말을 듣자마자 곧바로 수긍이 되었다. "저는 0.2밀리미터의 오차도 용납하지 않아요. 일일이 손끝으로 만져가며 작업을 해요. 고된 노동이죠. 타인들은 남들이 해주는 것으로 오해할 수도 있지만, 전문가들이 보신다면 그 과정을 이해하실 거예요."

디자이너는 컬렉션마다 35벌에서 40여 벌의 의상을 제작하는데, 365일 숨 쉴 틈이 없다고 한다. 잠수부나 해녀들이 때로는 숨이 차는 줄 모르고 깊게 내려가는 것처럼, 디자이너 본인도 요즘 들어 그런 경험을 하곤 한다고 말했다. 평생 일이 좋았고 더욱 전문성 있게, 심도 있게 해내야 한다는 생각에 쉬는 날 없이 일하다 보니 독신으로 살면서도 소명을 완성하기 위한 과정인 것 같다고 한다. 유혜진은 그동안 완성했던 입체 패턴을 디지털화하고 3D로 시현해 축적하는 작업을 하고 있다고 말했다. 그녀에게는 일이 일과이고 사랑이고 곧 삶이었다. 좋아서, 잘하고 싶어서 쉴 수가 없는 패션의 여정인 것처럼 느껴졌다.

유혜진 디자이너는 홍익대학교에서 판화를 전공했다. 그 뒤 뉴욕대학교 티시 예술학교에서 인터랙티브 텔레커뮤니케이션 석사, 시카고 예술대학에서 순수미술 석사학위를 취득했다. 아이러니하게도 창의적이고 독보적인 패션 세계를 선보이고 있는 디자이너들은 패션 비전공자인 경우가 많다. 어쩌면 패션이야말로 주어진 공식보다 창의성과 열정이 근간이 되어야 하기 때문일지도 모른다. 패션과는 연관 지을 수 없는, 생뚱맞게도 건축공학도이거나 순수미술 전공자들이 두드러진 활약을 하고는 한다. 유혜진이 그 대표적인 인물 중 한 사람이다.

유혜진 디자이너의 어머니 오은환 선생은 기자가 존경하는 패션인 중 한 분이시다. 반세기 넘게 패션디자이너로서 불모지에서 터를 닦고 오트쿠튀르의 역사를 써 온 주인공이다. 평생을 패션디자이너의 길을 걸어오면서 서울컬렉션 패션쇼 등을 통해 한국 패션의 고급화와 대중화에도 기여한 인물이다. SFAA(서울아티스트협의회) 회장, 한국포멀협회 회장, 세계패션그룹 한국협회장 등을 역임했는데, 기자는 2011년 4월 11일 한국포멀협회 제3대 신임 회장으로 취임한 오은환 디자이너와 단독 인터뷰를 가진 것을 계기로 지금까지 인연을 이어올 수 있음이 행운이라고 생각한다.

언젠가 오은환 선생의 초대로 가을 향기 가득한 자택을 방문한 적이 있었다. 가을이면 집 뜰의 감나무에 대봉이 아주 많이 열리는데, 박윤수 디자이너는 감을 따는 것을 도와드리곤 했다는 것이다. 박윤수 디자이너와 동행한 오은환 선생의 늦가을 정원에서 이야기를 나누다가 실내로 들어가 차담을 나누었는데, 식탁 가득 빵과 과일을 내어놓으시고 밤늦게까지 놀다 가라며 붙잡던 기억이 난다. 친정어머니가 물려주신 앤티크 가구를 정갈하고 윤이 나게 닦아 놓았는데, 바깥의 정원에는 노을이 가지런히 내려앉고 있었다. 그 순간 디자이너는 문득 이미 고인이 된 부군 유관호 교수의 목소리를 들려주었다. 2019년 7월 21일에 별세한 유관호 교수의 부고 기사를 쓴

유혜진 백스테이지 ⓒ 김철성

적이 생각났다. 평소 클래식 음악에 조예가 깊었던 고인이 부른 노래를 들으며 오은환 선생의 사랑과 그리움이 스며드는 것 같아 왠지 울컥했다.

오은환 디자이너는 늘 낙천적이며 소녀처럼 잘 웃으셨고, 포용력이 큰 대인이었다. 항상 주변에 사람들이 모이고, 기꺼이 '와인 한잔?'이라며 눈으로 묻고는 한 부대를 몰고 음식점으로 향하곤 한다. 10년 전 만들었던 오은환 의상을 입어도 신상품처럼 새롭게 보이고 잘 어울리곤 하는데, 그만큼 자기관리를 잘해서 몸매를 유지하고 있기 때문일 것이다. 매월 첫 주 일요일 오후에는 본사 건물 뒤편 카페 지하공간에서 클래식 음악회를 열어 지인과 고객들을 초대하여 유익한 시간을 선사하고 있다.

유혜진은 선배 디자이너이자 어머니인 오은환 선생의 품과 삶 속에서 공기처럼 자연스레 패션디자이너의 DNA를 갖게 되었을 것이다. 그러고 보니 웃는 모습과 말씨와 목소리, 대인배 품성까지 유혜진은 오은환의 젊은 시절을 똑 닮았다. 아니, 똑같다.

빗줄기가 잦아들 무렵 유혜진 디자이너와 아쉬운 작별을 해야 했다. 디자이너는 굳이 지하철역까지 배웅해야 한다며 청담동 길을 함께 걸었다. 지하철이 보이는 곳에 와서 그만 가라고 악수도 하고 포옹도 했는데, 굳이 입구까지 가야겠다더니 계단을 내려가는 기자를 향해 "조심히 가시라"며 몇 번을 당부해서 뒤돌아보게 하였다. 나는 유혜진 디자이너가 말보다 마음을 전달하는 사람이라는 확신이 들었다. 때 이른 5월의 장마를 오랫동안 잊을 수 없을 것 같다. 그녀가 들려주던 유관호 교수님의 음악과 함께.

슬링스톤의 화양연화

박종철

패션 인생 41년, 이제야 진짜 꽃을 피운다는 박종철 디자이너의 미소는
한 폭의 늦봄 같다. 그의 '슬링스톤'은 단지 옷이 아니라,
한국 패션의 시간 위에 피어난 한 송이 화양연화다.

"선배가 저를 보고 '늦게 핀 꽃'이라고 하더군요. 늦게 폈으나 오래오래 아름답게 피어 있을 거라고. 저는 그 말이 가슴에 와닿아요. 지금부터가 제대로 꽃을 피울 수 있을 것 같거든요." 박종철 디자이너는 필자에게 이런 이야기를 들려주었다. 90대이지만 현역으로 활동 중인 진태옥 디자이너를 롤모델로 삼아 지금부터 자신의 '화양연화(花樣年華)'를 그려갈 것이라고 말했다. 90세를 넘긴 진태옥 디자이너가 멋진 루즈 핏의 재킷을 입고 공식 석상에 나타났을 때 빛이 나는 건재함에 감동했고, 자신도 그와 같은 아우라를 가진 디자이너로 꽃을 오래 피워 가겠다고 했다.

남성복 '슬링스톤(Sling Stone)'을 운영하고 있는 박종철 디자이너는 패션계

입문 41주년을 맞이했다. 본인은 '늦깎이'라고 겸손하게 자신을 표현하지만, 내가 보기엔 매년 10회 이상의 패션쇼를 국내외에서 개최하며 대중과 호흡한 내공은 패션 1세대 디자이너에 못지않다. 매년 2회의 정기 컬렉션을 개최하는 것도 디자이너에겐 몹시 힘이 드는데 10회를 준비하고 진행하는 것은 상상을 초월하는 열정이다. 그는 패션쇼를 통해 내재된 아티스트로서의 열정을 불사르고, 관객과 호흡하고 공감대를 나누며 카타르시스를 느끼는 것 같았다. 그렇게 매 순간을 엮어 가며 어느덧 41주년을 맞이하게 된 것이다.

2025년 9월 2일에도 디자이너는 서대문구 홍제천의 폭포 '홍제유연'에서 패션쇼를 개최할 예정이란다. 패션쇼를 준비하다가 잠이 들었는데 새벽녘 기도를 드리며 갑자기 떠오른 음악에 감정을 주체하지 못하고 눈물을 쏟았다고 한다. 가곡 '비목'이었다. 나지막한 성악가의 목소리로 "초연이 쓸고 간 깊은 계곡…"을 들려주었다. 초연은 화약 연기를 말한다. 화약 냄새가 퍼져 나가는 계곡에서의 젊은 청춘들의 비극과 애절함이 느껴지는 듯했다. "인트로로 비목이 나오고, 애국가가 오버랩되고… 이런 생각이 머릿속을 채우면서 심장이 뛰었어요." 이렇게 패션쇼의 도입부를 이야기하는 내내 디자이너의 눈이 반짝였다.

그러나 이후 박 디자이너는 홍제유연에서 패션쇼를 개최하지 못했다. 폭우로 인한 수해 복구가 늦어져 할 수 없이 장소를 문화비축기지로 옮길 수밖에 없어 안타까웠다.

디자이너는 정기 컬렉션 외에 매년 불우 청소년, 폐결핵 환우를 위한 자선

박종철의 슬링스톤(Sling Stone) 패션쇼.

기금 모금, 폭력 방지 등 자선 패션쇼를 열어 오고 있으며, 상징적 장소를 찾아 시대적 메시지를 담은 무대를 펼쳐 왔다. 패션을 통해 이웃을 돕고 나라 사랑을 이야기하며 진정한 아름다움을 전파한다. 그래서 '슬링스톤'의 박종철 디자이너는 패션계 메신저로 불린다.

독립문, 광화문, 서대문역사관, 국립중앙박물관, 한강 서울함공원 등에서 열렸던 슬링스톤 패션쇼는 필자의 뇌리에 오랫동안 남아 있다. 실내의 쾌적하고 현대적인 런웨이보다는 상징적인 장소에서의 패션쇼는 그때그때 테마를 맞춰 의상을 제작하고, 음악과 연출, 퍼포먼스를 통해 의미와 감동을 최대한 전달하려는 예술가의 혼이 담겨 있다. 블랙과 화이트, 태극기, 천사의 날개 등 박종철 디자이너의 패션쇼는 항상 '코리아 판타지'에 근간을 둔다.

2018년 6월 17일 일요일 오후, 광화문 '차 없는 거리의 날'을 기념해 열린 패션쇼는 세종대로를 K-패션을 알리는 런웨이로 탈바꿈시켜 서울시민들과

박종철의 패션쇼는 독립문, 광화문, 서대문역사관, 국립중앙박물관 등 상징적 장소에서 시대적 메시지를 담은 무대를 펼쳐 왔다.

관광객들이 눈호강을 한 날이었다. 또 2019년 7월 20일 오후에는 서울 독립문에서 3·1운동 및 대한민국 임시정부 수립 99주년을 기념한 패션쇼를 개최했으며, 코로나 팬데믹에도 국립중앙박물관을 런웨이로 2021 F/W 컬렉션을 발표하기도 했다. 당시 컬렉션은 영상으로 제작해 국내는 물론 해외에 송출하였는데, 박물관의 유려하고 웅장한 계단을 무대로 슬링스톤의 의상들이 미끄러지듯 내려올 때 그 묵직하고도 도전적인 느낌은 인상적이었다.

2021년 11월에 개최된 2022 S/S 컬렉션은 서대문형무소역사관을 런웨이로 삼아 '복원(Restoration)'을 테마로 열렸다. 디자이너는 옛것을 현대적으로 재해석했으며, 예전의 의상들을 리폼하는 방식으로 재활용을 통한 지속가능성을 제시했다. 원단은 전주 한지와 실크를 섞은 소재를 썼는데, 땅에 묻으면 3개월 후부터 자연적으로 분해되는 생분해성 원단이었다. 디자이너는 2년 전 독립문 패션쇼에서 꼭 해보고 싶었던 패션 필름을 서대문형무소에서 찍을 수 있어서 좋았다고 덧붙인다. 서대문형무소에 내건 대형 태극기를 배경으로 쇼를 구성해 역사적 아픔을 극복하고 미래로 나아가자는 애국의 의미를 담고 있었다.

2022 F/W 서울 패션 위크에서 박종철 디자이너는 한강 서울함공원의 함대에서 패션쇼를 개최해 세간의 주목을 받았다. 테마는 '대천사 미카엘과 용사들'이었다. 디자이너는 군복에서 영감을 받아 조국 수호의 정신을 컬렉션에 담았다. 역시 코로나 팬데믹 여파로 직접 관람보다는 패션 필름을 촬영해 송출하는 것으로 대신했는데, 영국, 독일, 프랑스, 한국의 군복에서 영감을 받아 포켓과 견장, 실루엣 등의 디테일과 패턴을 응용해 재해석한 의상들은 패션피플들의 반응이 폭발적이었다. 롱 트렌치코트의 인기가 특히

박종철 디자이너의 의상은 드라마틱한 요소가 있어서 남성복인데도 여성들에게 인기가 높다.

좋았다. 18명의 모델들이 군인의 헤어스타일에 비장한 표정으로 등장하고, 잠수함 내부와 외관을 역동감 있게 촬영했다. 디자이너는 전쟁과 팬데믹 등 환난의 시기에 대천사 미카엘과 같이 '한국을 지키는' 자부심과 조국 수호의 정신을 옷으로 풀어낸 것 같았다.

2023년 3월, 필자는 서울시로부터 기쁜 소식을 들었다. 그해 6월 22일부터 25일까지 파리 개러지 아멜롯(Garage Amelot)에서 열리는 파리 트라노이 전시에서 5개 남성복 디자이너의 연합 패션쇼가 열린다는 것이었다. 파리 패션 위크 기간 중 22년 만에 최초로 열리는 남성복 연합 패션쇼라는 것이었다. 그 가운데 '슬링스톤'이 보였다. 얼킨, 비욘드클로젯, 아조바이아조, 이륙과 같이 젊은 기성 디자이너들 사이에 '늦깎이' 박종철 디자이너의 '슬링스톤'이 함께하고 있었던 것이다.

2022 F/W 서울 패션 위크에서 한강 서울함공원에서의 패션쇼

그때 또 다른 희소식이 들려왔다. 세계 최대 장식 디자인박물관인 영국 빅토리아 앤 앨버트 박물관(Victoria and Albert Museum)에 슬링스톤의 의상이 기증된다는 소식이었다. 오세훈 서울시장은 2023년 3월 13일에 박물관을 방문하면서 국내 패션디자이너 박종철, 박춘무, 윤석운이 제작한 의상 3점을 트리스트럼 헌트(Tristram Hunt) 박물관장에게 기증하였다. 박물관은 1992년 한국 전시관을 개설해 상설로 현재까지 운영 중이었고, 4세기 무렵 만들어진 도자기부터 자수와 패션, 디자인 아트까지 다양한 종류의 한국 문화 예술품을 런던 시민들에게 알려 오고 있었다. 기증된 박종철 디자이너의 작품은 흰색 오간자를 소재로 한복의 두루마기를 재킷으로 현대적인 해석을 하고, 태극기의 건곤감리를 자연스러운 터치감으로 가슴에 새긴 것이었다. 디자이너로서는 한국을 대표해 가장 한국적인 것을 현대적으로 재해석한 자신만의 코리아 판타지를 박물관에 전시하게 된 것이어서 큰 영광으로

여겼다. 이 소식을 알게 되고 얼마 지나지 않아 필자는 서울 패션 위크 패션 쇼를 마친 박종철 디자이너의 손을 덥석 잡았다. "선생님, 정말 축하해요. 이 제부터가 선생님의 화양연화예요"라며 함께 폴짝폴짝 주책없이 뛰었다.

박종철 디자이너의 '슬링스톤'은 신체를 구속하지 않고 자연스러운 실루엣 이 강점이다. 컬러는 블랙과 화이트에 주력한다. 직접 일일이 패턴을 제작 하기 때문에 착용감과 완성도는 뛰어나다. 패션쇼가 끝나면 남성복인데도 여성들이 더욱 좋아하는 걸 보면 드라마틱한 요소가 매력을 더하는 듯하다. 필자도 사실 슬링스톤의 옷이 몇 벌 있다. 무심하고 시크한 듯하지만 패션 쇼나 취재 현장에 가면 어디 브랜드인지, 어딜 가면 살 수 있는지를 물어보 는 이들이 꼭 있다. 디자이너가 패션쇼에만 집중하다 보니 상업적인 비즈 니스에 약하다는 우려를 듣기도 한다. 패션쇼를 하면서 메신저 역할을 수 행하는 아티스트로 주목받는 것도 중요하지만, 슬링스톤의 옷을 대중도 쉽 게 접할 수 있었으면 좋겠다는 것이 마니아들의 요구이다. 그래서인지 최 근 일본의 유명 백화점에서 팝업 스토어를 운영하자는 러브콜이 오면 주저 없이 오케이 사인을 보내기도 하고, 유명 인플루언서와 손잡고 콜라보레이 션 상품의 출시도 준비하고 있다.

최근에는 디자이너가 남산 리라초등학교 인근에 3층짜리 카페를 열었다. 벽돌 외관에 내부는 빈티지한 느낌인데, 디자이너가 기도하며 꿈꿔 왔던 공간이라고 한다. 이곳에는 패션인들과 슬링스톤의 마니아들이 입소문을 듣고 차도 마시고 디자이너와의 대화를 기대하곤 한다. 어느 날 원단을 사 러 나갔다는 디자이너를 기다리며 카페 2층에서 차 한잔을 두고 물끄러미 밖을 바라보는 여유를 누렸다. 갑자기 울리는 카톡을 보니 디자이너가 "커

피 주문하지 마시고 기다려 주세
요. 달려가 컵빙수 만들어 드릴께
요"라고 했다. 오래 안다는 것은 어
찌 보면 그 사람을 잘 알고 있다는
것이 아니라, 마음이 옮겨 간다는
것이 아닐까 하는 생각이 들었다.

디자이너와 마주 앉아 대화를 하다
보니 오래전 신사동 골목 어귀에서
우연히 마주친 순간이 생각이 났
다. 음악을 하다가 조금 늦게 천직
을 찾았다며 본인의 패션 세계에
대해 조곤조곤 이야기하던 모습이
오버랩되었다.

슬링스톤의 박종철 디자이너

지금부터가 꽃을 피워 나갈 것이라는 아주 겸손한 디자이너를 바라보며,
현역 기자 중 가장 나이가 많다며 소극적으로 움츠리고만 있던 필자는 부
끄러웠다. "까짓것, 나도 지금부터 꽃을 피우지 뭐. 그리고 아주 오래 피어
있자, 향기롭게!" 가끔은 맞은편 타인의 모습을 통해 나의 삶을 조명하기도
하는데, 필자는 박종철 선생님 덕분에 그 순간부터 인생에서 가장 아름답
고 행복한 순간, 바로 화양연화라는 것을 알게 되었다. 슬링스톤 박종철 선
생님, 오래오래 꽃피워요. 그 향기가 멀리 오래가도록이요!

삶의 지혜가 모이는 인문학 교실

설영희

40년 동안 한자리를 지켜 온 부티크, 그리고 그 안에서 피어난 인문학의
향기. 설영희 디자이너의 옷은 단지 몸을 꾸미는 옷이 아니라,
삶의 지혜를 입히는 또 하나의 배움이다.

서울 강남의 압구정 뒷골목에 40년째 부티크를 지키고 있는 디자이너가
있다. 이곳이 일반인들에게 잘 알려지지 않은 이유는 철저하게 세상에 한
벌뿐인 맞춤을 고집하기 때문이다. 이곳을 고집스럽게 지키고 있는 설영희
디자이너는 이렇게 강조한다. "샤넬은 친절하지 않아요. 많은 돈을 지불해
야 하지만 고객이 샤넬에 몸을 억지로 넣어야 하기 때문이지요. 제가 디자
인하는 옷은 브랜드가 아닌 사람이 돋보이는 옷이랍니다."

나는 디자이너의 말을 지금도 잘 기억하고 있다. 그녀에 따르면 백화점에
서 외국의 럭셔리 브랜드, 우리가 명품으로 부르는 옷들은 비싼 가격을 지
불하지만 몸에 맞지 않는 경우가 많다. 한국인의 몸에는 우리나라 디자이

너의 옷이 더 잘 맞지만, 정작 국내 디자이너들이 짓는 옷에 대해선 가치를 부여하지 않는 것에 대한 서운함을 담고 있다. 그만큼 설영희 디자이너는 명품 브랜드를 떠나 자신이 만드는 옷에 대한 높은 자긍심을 갖고 있다.

이런 추세를 누구보다 잘 알고 있기에 설영희 디자이너는 매일 부티크에서 고객을 직접 맞이한다. 매니저 역할을 직접 하면서 고객의 목적과 취향을 면밀히 살펴보고 디자인과 원단을 제안한다. 고객의 체형을 잘 파악해 입어서 편안하고 결점을 커버해 주는, 달리 표현하면 무엇보다 입었을 때 자연스럽고 자신감을 부여하는 옷을 짓는 것을 우선으로 한다. 특히 자수나 레이스, 프린트 등 수작업의 난이도가 높은 디테일을 디자인에 부여해서 오래 소장할 수 있고 특별한 날에 입을 수 있는 '설영희 부티크'로 간직할 수 있기를 희망하고 있다.

디자이너의 고집이 담긴 부티크 2층에는 최고의 숙련도를 자랑하는 봉제 장인들이 설영희의 디자인을 그녀만의 옷으로 탄생시키고 있다. 놀랍게도 블라우스 한 장을 만드는 데 전 직원이 시간을 할애하는 일은 흔하다. 어찌 보면 요즘 같은 디지털 시대에 원시시대의 수공예적 작업을 하는 것처럼 보이기도 하지만, 세상에 한 벌뿐인 고객의 옷을 완성한다는 자긍심이 설영희 부티크의 역사를 오늘날까지 이어 오고 있는 힘이다.

더욱 놀라운 것은 1년에 2~3번의 패션쇼를 지속적으로 해 온 설영희 디자이너는 매번 고객들을 초대해 수십 벌의 의상들을 펼쳐 놓는다. 모델들도 20대의 프로 모델에서부터 자신의 고객까지 다양한 연령대를 무대에 세우는데, 이는 어떤 체형이나 나이대라도 각자에게 어울리는 옷을 만들어 내

압구정동 로데오거리에서 시니어 모델들을 내세워 펼쳐진 2024 S/S 컬렉션

는 부티크의 강점을 적극 살리
기 위한 필수 항목이다. 그녀가
준비하는 패션쇼는 우아하고
즐겁고 로맨틱하다. 함께 즐기
며 별도의 퍼포먼스 없이도 의
상에 시선을 가게 하는 그녀만
의 패션쇼는 늘 고객들을 기다
리게 한다.

정기적인 패션쇼 외에도 '사랑
의 집짓기, 헤비다트' 패션쇼를
열기도 한다. 사회 소외층에게
집을 지어주는 봉사를 하기 위

2025 S/F 설영희 컬렉션 '뉴욕의 하늘'.
자선 패션쇼이자 바자회이기도 했다.

한 자선 패션쇼인 것이다. 이런 패션쇼는 바자회도 병행해서 기부금이나
수익을 이들을 위한 집을 짓는 데 기부하고, 직접 가족과 고객들이 건설 현
장에서 봉사도 한다. 고객들은 자신이 옷을 맞춰 입는 부티크의 디자이너
와 함께 봉사를 할 수 있다는 사실에서 그들의 자긍심을 심어 준다.

패션쇼가 끝나고 나면 눈에 담아 둔 디자인의 의상을 보러 고객들은 부티
크를 찾아온다. 패션쇼에서 선보였던 의상들은 고객의 특성에 맞게 더하기
와 빼기의 디자인 과정을 거쳐 모든 고객들에게 최적화된다. 대단히 힘든
과정이지만 디자이너는 이런 수고를 즐겁게 생각하고, 결국 멋진 나만의
옷으로 탄생된다. 부티크를 찾아가면 매 시즌 패션쇼 무대에서 연출되었던
의상들을 볼 수가 있다. 나만의 옷을 위해 준비된 의상들이다.

삶의 지혜가 모이는 인문학 교실 — 설영희　　

설영희 부티크는 2025년 올해로서 40주년을 맞이한다. 그동안 이 디자이너는 어떻게 고객과 소통해 왔고 어떻게 살아남을 수 있었을까? 이런 의문은 뜻밖에도 엉뚱한 곳에서 풀렸다. 그녀가 고객과 소통하기 위해 '설영희 인문학 교실'을 연 것이다. 디자이너는 매달 마지막 금요일 오전 11시에 인문학 교실을 개최한다. 2025년 5월 현재 40회가 되는 인문학 교실은 고객과 소통하고자 하는 의지가 오롯이 담겨 있다.

이 자리는 디자이너와 고객이라는 단순한 관계를 떠나 중년 여성들이 자아 성찰의 시간을 공유함으로써 부티크 숍을 찾는 시간을 좀 더 의미 있고 보람 있도록 함께 노력하는 것이다. '세상이 알려주지 않는 궁금한 이야기'라는 테마 아래 인간의 생로병사를 포함해 법률, 세무, 체질, 복식 호흡, 민화와 전통문화, 메이크업, 퍼스널 컬러, 노인복지학 등에 대한 다양한 분야의 전문가들을 강사로 초빙하여 열고 있다.

때로는 누구에게나 가장 두려운 '죽음'이란 주제를 다루기도 한다. 그만큼 디자이너는 살아 있는 생에 있어서 패션이 무엇인지를 공유하고 싶었던 것이 아닐까. 결국 모든 삶이란 아름다운 마무리와 또 다른 시작이란 말로 우리에게 울림을 준다. 또한 세상이 알려주지 않는 긍정적인 삶에 대한 이야기를 인문학 교실에서는 들을 수 있다는 것이 엄청난 매력이다.

게다가 디자이너는 고정 고객과는 단체 대화방을 만들어 돈독한 커뮤니티를 형성하고 있다. 70여 명의 진성 고객들이 모여 토론과 다양한 정보 교류를 하는데, '인문학'과 '봉사'를 키워드로 끈끈한 커뮤니티를 유지하고 있는 것은 자랑이다. 더불어 매년 2회 정기 패션쇼와 사랑의 집짓기 헤비다트,

적십자 자선 바자 등을 통해 공감대를 다지고 있다.

어느 날 디자이너에게 물었다. 인문학 교실을 유지하려면 맏언니가 있지 않은가 하고. 망설임 없이 맏언니는 방송인 송도순 씨라는 답이 왔다. 그녀는 멘토가 되어 삶을 대하는 자세에 대한 대담을 이끌어 가며 유명한 TV 프로그램 버금가는 진지하고 명쾌한 해답을 주기도 한다고 했다. 질의응답이 끝날 즈음에는 자연친화적인 비건 도시락을 나누어 먹기도 한다. 매장을 방문하는 고객이 단순한 소비자가 아니라 '브랜드'에 대한 자긍심을 불어넣어 주고 있음은 물론이다. 이날 만큼은 소소한 가정사에서부터 엄마와 아내의 역할, 그리고 남은 귀한 인생의 여정과 방향까지를 맏언니는 경험에서 우러나온 진솔한 이야기로 풀어낸다.

나중에 알게 된 사실이지만 송도순 씨는 설영희 디자이너와 오래전부터 자매와 같은 사이였다고 한다. 설영희 디자이너가 결혼을 앞두게 되자 송도순 씨는 현재의 설영희 디자이너의 부군이 마음에 들지 않았는지 몹시 반대를 했었다고. 이러한 이유로 한동안 연락이 되지 않다가 다시 만나게 되었는데, 이제는 디자이너보다 그녀의 부군과 더 호흡이 잘 맞아 옛이야기를 하며 즐거운 시간을 함께한다고 덧붙였다. 송도순 씨의 아낌없는 지원이 오늘날 설영희 디자이너에게는 큰 힘이 되고 있음은 물론이다. 패션쇼에서 사회를 봐주거나 직접 시니어 모델로 등장해서 관객들에게 즐거움을 안겨주는 역할은 이제 송도순 씨의 주된 역할이 된 듯하다. 인문학 교실이 끝나도 티타임은 길어지고, 참가자들은 자리를 뜰 줄 모른다. 늦은 오후가 되면 모두들 서둘러 자리를 뜨는데 설영희 디자이너는 일일이 선물을 챙겨 배웅을 한다.

인문학 교실의 맏언니 역할을 하는 방송인 송도순(왼쪽) 씨가 직접 시니어 모델로 나선 패션쇼.

얼마 전 설영희 디자이너는 뉴욕에서 미술 공부를 하는 아들을 보러 간 김에 대형 쇼핑몰의 유명 브랜드들을 둘러보았다. 그러다 원래의 목적을 잊어버리고 본격적인 시장조사에 빠져버렸다. 그날 저녁 단체 카톡방에는 수십 장의 현지 쇼핑몰에 진열된 의상들의 사진이 올라왔는데, 그것을 바라본 모두는 깜짝 놀랄 수밖에 없었다. 설영희 디자이너가 2~3년 전에 발표한 의상들에 적용된 디테일들이 이제야 미국 브랜드들에서 디자인 포인트로 사용하고 있는 것이 아닌가! 디자이너는 인문학 교실의 멤버들에게 보란 듯이 자랑을 했다. "내 옷이 화려하다고들 하셨죠? 지금 미국이 이 난리에요!"라고 말이다.

고집스럽게 자신의 길만을 걷던 설영희 디자이너가 수면 위로 떠오른 것은 코로나 팬데믹 이전이었다. 아들이 어머니의 뒤를 이어 패션 디자인을 하고 싶다고 하자, 디자이너는 아들에게 도전정신을 보여주기 위해 몸소 중앙패션디자인콘테스트에 도전한 것이었다.

설영희 디자이너는 2002년 패션쇼에서 아들이 어릴 적 그린 그림을 이용해서 만든 옷을 선보였다. 어린이만이 쓸 수 있는 원색의 조합이 눈에 띈다.

이 콘테스트는 회장인 박윤수 디자이너를 비롯해 역대 수상자들이 회원으로 있는 아주 권위 있는 패션 디자인 경진대회로서, 프로를 꿈꾸는 신진들이면 누구나 선망하는 꿈의 무대이기도 한데 벌써 50년 가까운 역사를 자랑하고 있다. 여기에 평생 외길을 고집하며 홀로 탄탄한 경력을 쌓아왔던 설영희 디자이너가 아들을 위해 도전장을 던진 것이다.

아들에게 버팀목이 되고 싶었던 마음에서 용기를 낸 설영희 디자이너는 본선에 올라 수상의 영광을 안았지만 정작 아들은 수상하지 못했다. 당시 심사를 맡았던 국내 최고의 디자이너 중 한 사람은 아들의 작품에 대해서 이렇게 평했다. "이 사람은 천재가 아니면 바보일 거예요. 천재성은 분명히 있어요. 한국보다는 해외에서 미술을 제대로 공부할 것을 권유하고 싶어요."

40년 '오트 쿠튀르'의 외길만을 걸어온 설영희 디자이너는 "옷은 디자이너의 진심이자 정성"이라고 말한다.

설영희 디자이너의 아들은 본인이 직접 그린 아트 그래피를 프린트한 원단으로 디자인을 하여 함께 무대에 올리기도 했고, 십이간지의 동물 형상을 재미있게 작품화하여 티셔츠에 새기기도 하는 등 다양한 시도를 하기도 했다. 그러고는 뉴욕으로 건너간 그는 지금 창의력과 독창성을 인정받는 전도유망한 한국 청년으로 자신의 창작 세계를 마음껏 펼치고 있다. 누가 알겠는가! 고집스러운 장인정신의 오트쿠튀르 디자이너가 세계적인 아티스트 아들 덕분에 더욱 유명세를 떨치게 될지.

매달 마지막 금요일 오전 11시, 설영희 부티크는 북적인다. 내면이 아름다운, 자아성찰을 향한 중년의 고객들이 나비의 날개 같은 드레스를 뒷배경으로 열공하는 모습이 그려진다. 누구의 엄마, 누구의 아내, 누군가의 딸과 며느리가 세상을 아름답게 디자인해 가는 인문학 교실을 빼곡하게 채운다. 그렇다. 이곳에는 지난 40년간 고집스럽게 사람 몸에 맞는 패션을 위해 노력해온 설영희 디자이너의 열정이 오롯이 담겨 있다.

"그냥 뛰어내리면 돼요, 도전하세요"

고태용

"그냥 뛰어내리면 돼요."
디자이너 고태용의 말처럼, 도전은 계산이 아닌 믿음으로 뛰어드는
용기에서 시작된다.

꿈이 없는 삶은 불완전하다. 나의 꿈은 오랫동안 패션 현장의 생생한 목소리를 전달하는 메신저이자 패션 스토리텔러로 남는 것이다. 과거는 중요하지 않다. 꿈과 목표가 있는 삶은 앞으로 남은 시간을 불문하고 성장해 갈 수 있을 테니까. 이런 나에게 가르침을 준 디자이너가 있다. 디자이너 고태용이다. 그를 생각하면 언제나 꿈과 열정의 여정을 떠올리게 한다. 사회적 잣대로는 이미 '성공'한 디자이너의 반열에 올랐지만 그의 꿈은 여전히 현재 진행형이다.

유난히 폭우가 쏟아지던 여름날, 인사동 모처에 고교패션콘테스트에 도전하는 70명의 고등학생들이 전국에서 모였다. 예선을 통과한 고교생들을 위

2021 F/W '비욘드 클로젯' 국립현대미술관 패션쇼

해 본선 무대에 출품할 의상을 만들기 전에 선배 디자이너를 모셔와 특강을 듣는 '멘토링 데이'였다. 서울, 경기는 물론 부산, 남해, 광주, 목포 등 각지에서 모인 고교생들의 눈망울이 기대로 잔뜩 빛나고 있었다. 초청 강사가 바로 그들이 열망하는 '고태용' 디자이너였기 때문이다.

고태용은 2008년, 27세의 나이에 서울 패션 위크에 도전해 '최연소 참가자'로 기록되었다. 당시 서울 패션 위크는 기라성 같은 선배 디자이너들이 컬렉션을 발표하는 그야말로 대한민국을 대표하는 패션쇼 무대였음에도, 기어이 그 높은 담장을 뛰어넘었다. 그가 뛰어넘은 건 서울 패션 위크의 진입 장벽만이 아니다. 고태용은 소위 말하는 해외 유학파도, 금수저도 아니었다. 일반 대학에서 패션 전공으로 편입을 했고 대학교 4학년 때에야 패션 디자이너가 되겠다는 마음을 먹었다고 한다. 디자이너가 되려면 이러저러해야 한다는 식의 사회적 통념을 초월한 것이다.

고태용 디자이너는 대학을 졸업하고 쇼핑몰 아르바이트로 모은 돈 전부를 서울 패션 위크에 도전하기 위해 의상 제작비로 쏟아부었다. 만약 심사 관문을 통과하지 못했으면 빈손이 될 수도 있었지만, 단 한 번도 안 될 거라는 생각을 해 본 적이 없었다고 했다.

첫 패션쇼는 당연히 주목받았다. '최연소'라는 수식이 무색하게 디자인력과 완성도가 뛰어났고, 패션쇼 무대를 위한 의상 구성이 훌륭했다는 주요 패션 매체들의 호평이 잇따랐다. 플래시 세례를 받으며 소감을 묻는 기자들을 향한 고태용의 첫마디가 "다음 패션쇼는 무슨 돈으로 하지요?"였다. 패션디자이너는 자신의 브랜드를 각인시키기 위해 시즌마다 패션쇼를 이어 가야 한다. 작업실과 사무실도, 스태프도 없이 혼자서 40착장을 준비하고도 쇼룸이 없어서 샘플실에 옷을 맡겨두어야 했던 고태용으로서는 당연한 걱정이었다. 그러나 그로부터 15년 넘게 서울 패션 위크는 물론이고 뉴욕과 파리 패션 위크까지 쉼 없이 컬렉션 무대를 이어 오고 있다.

두 번째 컬렉션을 준비하기 위해 패션쇼가 끝나자마자 모델이 입었던 의상을 판매해야 했는데, 예상외로 90% 이상이 팔려나갔다. 고태용은 그 와중에도 자신의 브랜드 '비욘드 클로젯'에 대한 팬덤이 생긴 것 같아 기뻤다고 한다. 고태용의 '비욘드 클로젯' 패션쇼가 한 번에 그치지 않고 매 시즌 이어지자 패션계는 더욱 예의주시하게 되었다. '비욘드 클로젯'의 매력은 무엇일까?

고태용의 패션쇼는 난해한 테마나 어려운 콘셉트가 아닌, 자신이 경험한 세계와 기억에서 영감을 얻어 의상에 투영한다. 예를 들면 자신의 고교 시절 일기장을 보며 추억을 회상하다가 발굴한 '프레피룩'이 대표적인데, 평범한 기억이 오히려 공감을 불러오는 획기적인 원천이 되었다. '비욘드 클로젯'은 '프레피룩(미국 명문 사립학교의 교복 스타일)'의 대명사로 클래식을 근간으로 현대적이며 재미있는 트렌드를 가미해 젊은 패션 피플들의 사랑을 독차지하게 되었다.

'프레피룩'으로 조명받기 시작하자 KBS 드라마 '꽃보다 남자'에서 의상 제작 의뢰가 왔다. '비욘드 클로젯'이 성장의 시작점이자 변환점을 맞이하게 된 것이다. 주인공 이민호의 신드롬과 함께 F4의 광고 의상 제작까지, 고태용의 프레피룩이 맞아떨어져 향후 2~3년간 패션쇼를 하고도 남을 돈이 생겼다.

10대와 20대의 팬덤이 굳건해지자 이들을 위해 디자인과 가격이 부담스럽지 않은 옷을 만들기로 했다. 모 백화점 편집숍에 입점하면서 10벌의 의상을 제작해야 했는데, 마지막 한 벌을 프리사이즈의 맨투맨 티셔츠로 결정했다. '비욘드 클로젯'은 남성복이지만 프리사이즈로 여성도 함께 입을 수

2023 S/S 서울패션위크 '비욘드 클로젯' 패션쇼(위), 2024 S/S 파리패션위크 '비욘드 클로젯' 패션쇼(아래).

2024년 제9회 고교패션콘테스트 멘토링 데이에서 강사로 초빙되어 강의하는 고태용

있도록 했는데, 누구나 좋아하는 귀여운 강아지 캐릭터가 포인트였다. 영국 신사 강아지가 파이프를 물고 있는 티셔츠는 누적 판매 100만 장을 돌파할 정도의 대박 행진을 이어갔다. 실시간 후기가 올라오고, 말 그대로 '미친 듯이, 날개 돋친 듯' 팔려나갔다고 표현한다.

아메리칸 스포츠의 미국식 아이템(맨투맨 티셔츠)에 귀엽고 특이한 영국 강아지를 의인화한 캐릭터를 더하니 국내는 물론 해외에서도 오히려 더 좋아하는 제품으로 수출도 하게 되었다. 이후에도 스테디셀러를 계속 쏟아내고, 교복에 입을 수 있는 브이넥 제품들을 내놓아 고태용만의 프레피룩 차별화를 구현해 가고 있다.

현재 고태용은 서울과 파리를 오가며 패션쇼를 통해 대한민국 대표 남성복 디자이너로서 수준 높은 패션을 선보이고 있으며, 라이선스 비즈니스 회사 I그룹과 계약을 통해 '비욘드 클로젯'의 심볼과 로고를 글로벌 유명 브랜드들과 콜라보레이션하는 성과를 내고 있다. 여담이지만 김원중, 장기용, 주우재, 남주혁, 변우재 등 현재 최고의 스타들이 '비욘드 클로젯' 패션쇼 무대를 거칠 만큼 스타 탄생의 등용문으로 인식되고 있다.

2011년 즈음에 10년 뒤 목표를 물었을 때 그는 "대한민국을 대표하는 디자이너가 되는 것"이라고 했다. 2025년 현재 그는 이미 목표를 달성했다. 꿈을 향해 부지런히 성큼성큼 걸어온 결과다. 앞으로 최고 명품(하이 프레스티지 존) 의상을 별도 레이블로 구현하겠다는 또 다른 목표를 세웠다고 한다.

고교패션콘테스트의 멘토링 데이 현장—창밖에는 세차게 내리는 빗줄기로 시원하게 장관을 연출했지만 모든 시선은 그들의 멘토 '고태용'에게로 쏠렸다. 일정이 숨 가쁜 패션계 월드스타 고태용 디자이너가 고교생들을 위한 특강의 강사로 와주었기 때문에 정말이지 멋진 초유의 만남이었다. 디자이너가 학생들을 향해 힘주어 말했다.

"제가 꼭 하고 싶은 말이 있어요. 제가 디자이너로서는 드물게 해병대 출신(2002년 해병대 919기 입대)입니다. 여러분, 번지점프를 잘하는 방법을 아세요? 그냥 뛰어내리면 돼요. 도전하세요!"

너무 멋진 것도 반칙 아닌가? 그의 새로운 꿈을 응원한다!

'거위의 꿈'과 저 출세한 거죠?

진심으로 자신의 일을 사랑하고 묵묵히 나아가는 사람은 결국 누군가의
손길을 만나 다시 일어선다. 오늘의 나는 그 손길이 되어, 열정으로
미래를 짓는 젊은 디자이너들의 꿈을 함께 응원하고 싶다.

"아무리 어렵더라도 진심을 다해 자신의 일을 하다 보면, 반드시 누군가가 손을 내밀어 줄 때가 있다." 97세의 현역 디자이너이신 존경하는 노라노 선생의 말씀이다. 그러고는 선생은 이렇게 덧붙이신다. "자신이 초라하다고 느껴지더라도 누군가에게 나는 살아갈 이유가 되기도 한다." 언젠가 인터뷰에서 들려주신 이 말씀은 내가 어려움에 처했을 때, 삶에 몹시 지칠 때면 기도문처럼 되뇌곤 했다. 나는 오늘날의 내가 있기까지 알게 모르게 많은 사람들의 도움과 격려가 큰 힘이 되었음을 잘 알고 있다. 스스로 이만하면 잘 살아왔다고 자부하는 사람들도 사실은 그 삶 속에 어우러진 인연들의 도움이 있었을 것이라고 믿는다.

그래서 나 역시 누군가에게 손을 내밀어 주는 사람이 되어야겠다는 생각을 갖게 되었다. 내가 잘할 수 있는 일로 패션계에 좋은 영향을 미칠 수 있으면 좋을 것 같았다. 언젠가부터 일주일에 한두 번은 퇴근 후에 시간을 내어 젊은 디자이너들이 사무실 겸 의상을 전시하는 쇼룸을 방문했고 아주 작은 모임이나 행사라도 꼭 찾아가려고 노력했다.

디자이너라는 직업이 외부에서 보기에는 화려해 보일지 모르지만, 더할 나
위 없이 고된 자신과의 싸움이다. 젊은 디자이너들 사이에는 "좋은 옷을 만
들기 위해 원단을 사면 단추를 살 돈이 없고, 원부자재를 다 마련하면 밥
먹을 돈이 없다"는 말이 공공연하게 블랙코미디의 소재가 되고 있다. 데뷔
패션쇼를 하고 나서 깜짝 유명세를 타더라도 현재까지 디자이너로서 명맥
을 이어가는 경우는 소수에 지나지 않는다. 그만큼 겉으로 보기에는 화려
하지만, 패션계에서는 스스로를 3D 업종 종사자라고 부를 정도로 생존하
기에 힘이 들기 때문이다.

패션쇼나 혹은 전시회 참가 디자이너나 창작 스튜디오 등에서 실력이 감지
되는 신진들이 있으면 찾아가 실제로 의상을 살펴보고 앞으로의 계획도 듣
고 유사한 환경에서의 성장 사례를 들려주고 독려를 하기도 했다. 취재부
의 후배 기자들과 함께 '거위의 꿈'이라는 시리즈물을 기획하고 이렇게 발
굴한 신진 디자이너들의 패션 세계와 열정, 미래에 대한 도전을 주제로 매
주 인터뷰 기사를 게재했다. 신진들이 자신의 패션 세계를 어필하는 기회
가 많지 않았던 그때 '거위의 꿈'의 주인공이 되었던 디자이너들이 현재는
기성 및 중진 디자이너로서 국내는 물론 해외에서 활발하게 K-패션을 전파
하고 있다.

요즘도 나는 서울 패션 위크나 패션코드 등에서 신진들의 무대는 빠뜨리지
않고 찾아보려고 노력한다. 이들을 살펴보는 나의 시각은 독창적인 감성이
나 표현력 등에만 국한하지 않는다. 패션을 평생 업으로 하겠다는 진정성
과 지속 가능한 지구력을 중요하게 생각한다. 힘들어도 너무 좋아서 열정
과 시간을 바쳐가며 "아무리 힘들어도, 이 길은 어쩔 수 없이 나의 길이다"

'2021 S/S 패션코드'에 참여한 신진 디자이너들 ⓒ 패션코드

라며 스스로에게 주문을 걸고 나아가는 친구들을 높이 평가한다. 자신이 디자인한 옷을 좋아하는 사람들의 라이프스타일, 즉 일상을 이해하고 입어서 편안함과 즐거움을 주기 위해 끊임없이 연구하는 자세를 중요하게 생각한다. 무엇보다 남을 배려하는 인성이 최우선이 되어야 함은 물론이다. 이런 점들은 잠깐 반짝이다가 사라져 버린 이들이 갖추지 못했던 것들이다.

첫 데뷔쇼에서 '마치 대학교 졸업작품 같다'거나 '기본기가 전혀 없다'는 혹평을 들었던 디자이너들이 오히려 시즌이 지날수록 달라지는 모습을 보이며 성장해 갈 때, 나는 큰 환희를 느낀다. 어찌 보면 이 나이가 되니 신진 디자이너들도 내 아들과 비슷한 나이여서 취재원으로 보기보다는 대견한 응원의 대상이 된 것 같다. 물론 내가 만났던 수많은 디자이너 중에서 상당수는 패션계를 떠나 다른 업종에 종사하거나 대학이나 패션스쿨에서 학생들을 가르치는 등 삶의 방향 전환을 했다. 하지만 그렇다고 해도 디자이너

미래의 K-패션을 책임질 신진 디자이너들의 하이브리드 패션쇼

라는 본래의 정체성은 비단 의상에 국한하지 않고 다양한 채널에서 발산되어 K-컬처의 원동력이 되고 있음을 강조하고 싶다.

나는 오늘 내가 만난 젊은 취재원들의 10년 뒤를 상상해 본다. '거위의 꿈'은 언젠가 백조가 될 것이라는 헛된 희망이 아니다. 나로 인해, 내 옷을 입는 사람들이 백조가 될 것이라는, 그래서 타고난 디자이너로서의 본성을 아름답게 꽃피우고야 말겠다는 그런 열망이다. 열정 가득 꿈꾸는 거위의 손을 나는 꼭 잡아주고 싶다. 힘내라고, 걱정하지 말라고. 그러면서 노라노 선생의 말씀을 되새긴다. "아무리 어렵더라도 진심을 다해 자신의 일을 하다 보면, 반드시 누군가가 손을 내밀어 줄 때가 있다."

몇 년 전, 최근 유명 패션 유통 플랫폼에서 남성복 브랜드로 큰 성장세를 보이며 두각을 나타내고 있는 강소기업의 젊은 대표를 인터뷰하게 되었다. 얼마나 바쁘고 열심인지, 피곤함이 배인 얼굴에서도 자존감과 열정이 느껴졌다. 그 젊은 대표와 명함을 교환하자 무심히 들여다보던 그가 갑자기 이렇게 말하는 것이 아닌가! "혹시 제 앞에 계신 분이 오래전부터 남성복 관련 기사를 써오신 그분? 이영희 기자님 맞으실까요?"라며 반색을 했다. "그런데요, 어떻게 저를 아세요?"라고 반문했다. 그러자 그가 "안녕하셨어요? 처음 뵙습니다!"라고 한다. 그 순간 이런 화법은 뭔가? 오랜 지인에게 안부를 묻는 것처럼 '안녕하세요?' 하다가 처음 뵙는다니….

그는 대학생 때부터 남성복 디자이너이자 머천다이저의 꿈을 키워왔고, 전문 신문의 기사를 꾸준히 읽어왔노라고 했다. 그중에서 내가 쓴 기사들이 무척 도움이 되었는데 '실물 영접'은 처음이라고 했다. 그리고 나를 만났으니 자신이 출세한 것 아니냐며 듣기 좋은 말도 해주었다. 그냥 묵묵히 내 일을 해 온 것뿐인데, 그의 말대로라면 같은 길을 걷는 많은 젊은 친구들이 내 기사를 읽으며 성장했으리라 생각하니 마이너리그에서 달렸던 고된 여정이 헛되지 않았다는 자긍심을 갖게 되었다. 이날은 우연한 타인의 만남과 대화를 통해 고되었다고만 느꼈던 과거에 대해 보상과 치유를 받은 듯한 희열을 느꼈다.

그 젊은 대표는 단기 전략과 중장기 비전을 마련해 두고 차근차근 착실한 행보를 하고 있어 전도유망해 보였다. 사무실을 확장 이전하고 전문 인력과 제품 라인도 늘려가는 단계였다. 이제 도약을 위한 탄탄한 사업 기반 구축의 시기로 열정과 젊음을 투자하고 있었다. 인터뷰를 끝내고 나는 이렇게 물었다. "그렇게 돈을 벌어 어디다 쓸 건가요? 다음 목표는 무엇인가요?” 그는 망설임 없이 “앙드레김 브랜드를 사고 싶어요. 글로벌 럭셔리 하우스 브랜드인 샤넬, 루이뷔통, 에르메스처럼 세계적인 브랜드로 키워갈 겁니다. 우리 브랜드를 세계로 뻗어가게 하는 글로벌 유통기업이 제 목표입니다”라고 말했다. 나는 본인이 진정 무엇을 해야 하고 무엇을 원하는지를 알고 있는 이 사람에 대해 놀랐다. 누구나 성공하기를 원하지만 정작 이정표가 없는 사람들이 얼마나 많은가 말이다. 인터뷰를 마치고 나오면서 그를 꼭 다시 만나리라, 아니 성장 과정을 지켜보며 응원하리라 다짐했다.

2024년 겨울, 한국패션디자이너연합회의 송년 행사 때였다. ‘2024 한국 패션 디자이너 어워즈’가 열리는 이날은 신진부터 기성까지 올해의 디자이너, 미디어, 인플루언서, 모델에 이르기까지 다양한 패션 분야에서 한 해 동안 두각을 나타낸 패션인들을 선정해 시상식을 했다. 또한 패션인들이 한 해 동안 수고한 스스로를 다독이고 즐기는 날이기도 했다. 2019년 미디어 부문 수상자이기도 한 나는 매년 이 행사가 감동적이었고 진심으로 응원하는 자리이기도 했다. 특히 나는 매년 참신하고 독창적인 감각과 실력을 갖춘 젊은 슈퍼 루키의 탄생을 눈여겨보았다.

시상식에 이어 지난해 대상 수상자였던 이혜미 디자이너의 패션쇼가 끝나고 디너가 시작되어 왁자지껄한 순간이었다. 키가 크고 건장한데다 잘생기기까지 한 신진 디자이너가 내가 앉아 있는 테이블로 와서 꾸벅하고 인사를 했다. “안녕하세요. 저는 ‘유강’이라는 남성복 브랜드를 디자인하는 디자이너 유강현입니다”라며 자신을 소개했다. “저를 아세요?” 나는 처음 보는 사람에게 이렇게 살갑고 씩씩한 인사를 받기란 드문 일이고, 당당한 아우라의 유강현이 궁금해졌다. 그는 내가 오랫동안 패션 전문 기자로서 현

패션 브랜드 'YOOGANG'을 이끄는 신진 패션 디자이너 유강현

장을 누비며 취재를 해왔음을 보아왔다고 했다. 10대 때부터 SNS를 통해 10년간 보아왔고, 꼭 한번은 만나 뵙고 싶었다고도 했다. 그날로부터 며칠 뒤 나는 유강현을 다시 만났다.

2024년 12월 한국패션협회가 매년 주최하는 대한민국패션대전이 열렸다. 한국패션협회는 한국에서 패션 브랜드를 전개하는 대형 패션기업부터 중견, 중소기업, 유통사, 디자이너 및 유관 분야의 패션 전문인들을 회원사로 두고, 매년 다양한 지원과 사업을 돕는 대표 단체이다. 이 행사는 매년 송년에 열리며 패션기업인에 대한 표창과 함께 2부에서는 '대한민국 패션대전', 'K패션 오디션'을 열어 젊고 전도유망한 디자이너들을 발굴해 시상하고 있다. 이날 유강현은 산업자원부 장관 표창을 수상했다. 아하! 그렇구나! 그때 유강현의 자세는 실력도 인성과 예의바름이 기반이 돼야 한다는 내 신념을 확인시킨 것이었다.

그 뒤 나는 2025년 3월에 한국패션디자이너연합회가 주최하는 '2025 F/W 패션코드'를 취재하게 되었는데, 유강현으로부터 패션쇼를 열게 되었으니 꼭 참석해 달라는 초대장을 받았다. 유강현 디자이너의 패션쇼 무대는 역동적이고 다이내믹했다. '남성 캐주얼의 쿠튀르화!'가 모토인 '유강' 브랜드의 옷은 오토바이를 타는 바이커가 입을 듯한 재킷과 다소 터프하지만 당당하고 활동적인 스트리트 캐주얼웨어가 주류였다. 데님이나 가죽 등 소재를 자유자재로 활용하고 손이 많이 가는 디테일을 세밀하게 디자인에 녹인 의상들은 유강현의 패션 세계를 한눈에 읽을 수 있게 했다. '유강'이 곧 유강현이었고 모델 모두가 그를 닮아 있었다.

패션쇼를 마치고 무대 앞으로 나간 나는 정말 훌륭했으며 앞으로가 기대된다는 격려와 항상 응원하겠다는 말을 전하고 돌아서는데, 마치 보물을 하나 발견한 듯 행복했다.

어느 날, 대학 선배로부터 전화를 받았다. 대학을 졸업하고서 첫 통화였다. 대학교 신문사 학생 기자 시절, 바로 윗기수 선배였던 그녀는 너무나 아름답고 멋진 사람이었다. 긴 생머리에 키가 크고 시원스러운 이목구비에 성격까지 좋았던 그 선배는 정치외교학과를 다니고 있었고 인기도 많았던 걸로 기억된다. 강산이 세 번 변했어도 수화기 너머 그녀의 목소리는 그대로였고 오랜 기억을 단숨에 소환시켰다. 이런저런 반가운 안부 인사 끝에 선배는 딸의 이야기를 꺼냈다. 선배의 딸은 런던에서 패션을 공부하고 잠시 귀국을 했는데 국내 패션계의 현황을 듣고 싶어 한다고 했다. 앞으로의 진로에 도움이 될 것이니 만나 줄 수 있는지를 조심스럽게 물어왔다. 내가 흠모했던 선배의 딸이라면 당연히 만나 보고 싶을진대, 패션을 전공했다니 물어보나 마나 당연하고 기쁜 일이었다. 전화번호를 전달하고 연락을 기다리기로 했다.

이 세상에 우연이란 없는 것 같다. 인연과 필연이 있을 뿐이다. 항상 만나야 할 사람은 언제 어디서든 반드시 만나게 되어 있다는 것을 믿는다. 어느 날, 회사 1층 커피숍에서 취재원과 만날 약속이 있어 들어서는 찰나, 아름다운 젊은 친구가 놀란 듯 벌떡 일어나더니 인사를 꾸벅했다. 바로 선배의 딸이었다. 연락을 기다리다 잠시 잊고 있던 상태였다. 그녀도 그곳에서 친구와 약속이 있었다며 놀라면서도 반색했다. 우리는 며칠 뒤 다시 만났다. 눈이 크고 눈빛이 맑게 빛나는 그녀는 런던에서 패션 공부를 했으며, 특이하게도 수영복 디자인을 전공했다고 했다. 수영복은 물론이고 란제리 등 속옷 디자인에 자신이 있고, 한국에서 취업이 가능할지도 물어왔다. 순간 나는 난감해졌다. 국내 수영복과 이너웨어 전문 회사들은 손에 꼽힐 정도인데다 브랜드 시장도 넓지 않아 취업이 쉽지 않아 보였기 때문이다. 그녀의 디자인을 보니 상당히 감도두 높고 수자업으로 완성도 또한 높았다. 한국에서 꿈을 펼치기엔 현실적인 제약과 난관이 예상되었다. 나는 그녀에게 힘들더라도 런던으로 돌아가 현지에서 취업하고 활동하는 것이 좋겠다는 조언을

패션 피플이 되기를 희망하는 젊은이들에게 작더라도 도움의 손길이 되고 싶은 게 나의 소망이다.

했다. 그러나 얼마 뒤 그녀는 코로나 팬데믹으로 런던으로 돌아가지 못하고 발이 묶이게 되었다.

사람의 일은 한 치 앞을 알 수가 없다. 또 인생은 계획대로 되지 않는다. 어떤 길을 나서든, 그 길이 나를 인도하고 불러주어야 한다는 말을 나는 믿는다. 그녀가 런던으로 떠났다면 지금 어떤 모습일까? 그것을 알 수는 없지만, 나는 지금 그녀가 자신의 브랜드로 독보적인 영역을 개척해 가며 전문 디자이너로 성큼성큼 나아가는 모습을 보고 있다. 그녀는 고향인 부산을 베이스캠프로 하여 브랜드를 론칭하고 잠옷과 홈웨어, 리조트웨어를 전개하고 있다. 유명 백화점 면세점과 매장에 개인 브랜드로서 당당하게 입점해 기업들과 경쟁하고 있으며, 자사 몰을 오픈해 고객들을 맞이하고 있다. 천혜의 자연을 자랑하는 부산의 푸른 바다, 파도를 연상케 하는 원단을 개발해 젊은 소비층으로부터 사랑받고 있다. 그런 그녀가 2년 전 한국패션디자이너연합회로부터 '슈퍼 루키'로 선정돼 상을 받았고, 부산 패션계가 사랑하는 대표성을 띤 디자이너로 주목받게 되었다. 그녀의 1차 성공에는 남이 가지 않는 길에 대한 과감한 도전과 성실함, 그리고 강한 지구력이 있었다. 대구의 원단 전시장에서도, 부산의 창작 스튜디오에서도 정말 '우연히!' 땀 흘리며 뛰어다니는 그녀를 볼 수 있었다. 인스타그램을 통해 팔로워가 없음에도 매일 자신의 제품을 업로드하더니 어느덧 마니아들을 양산해 왁자지껄한 소통의 장을 만들었다. 지금도 나는 정말 '우연히!' 여기저기에서 그녀를 만난다. 자신의 목표를 향해 나아가는 그녀는 마주칠 때마다 크고 맑은 눈을 빛내며 반색한다. 그녀는 디자이너 박송희이며 브랜드 '컨투어 송'을 운영하고 있다

나는 항상 주어진 일만 할 뿐이었는데, 누군가에게는 꼭 한번 만나 보고 싶은 사람이었다는 말이 위안이 되었다. 그리고 언젠가는 나의 취재원이 되는 것이 꿈이었다는 신진들에게 오히려 감사하는 마음이 생겼다. 그래서 다짐해 본다. 나의 진정성이 닿을 수 있게, 꿈을 향해 나아가는 그들을 응원하고 언제든 손을 내밀어 주어야겠다고 말이다.

03

별이 된 그대

"Don't be into fashion, be the fashion."
(패션에 빠지지 말고 패션이 되어라)

— Anna Wintour
(패션 잡지 《보그(Vogue)》 미국판 편집장)

서울패션아티스트그룹(SFAA) 창립 멤버로 대한민국 컬렉션 문화의
새로운 장을 열었던 패션 디자이너 박항치 ⓒ Fashion News

동쪽에서 온 보석 '옥동'

박항치

한 세대의 열정이 사라진 자리, 그곳에는 여전히 패션에 인생을 바친
장인의 온기가 남아 있다. '옥동' 박항치 디자이너의 삶은 한국 패션이
걸어온 길이며, 그 빛은 지금도 조용히 우리 곁에서 반짝이고 있다.

"이 기자, 좋은 글을 써서 많은 사랑 받아요." 2016년 6월의 어느 날이었다. 예기치 않은 사고로 수술을 하고 재활병원에 있던 나에게 박항치 디자이너로부터 전화가 왔다. 평소 전화로 종종 안부를 묻거나 일상적인 이야기를 나누었을 뿐인데 병원에 있는 줄 어떻게 알고 직접 위로를 건네주시니 무척 고마웠다.

당시 나는 모 대학병원에서 수술을 마치고 재활병원으로 옮겨와 고통스러운 나날을 보내고 있었다. 경과가 좋지 않으면 앞으로 다리를 절 수도 있다는 말에 병실의 불이 꺼진 한밤중에도 목발을 짚고 병원 복도를 수없이 오가며 이를 악물었던 때였다. 그동안 열심히 다녔기에 이제 그만 다니라는 신호인가 싶은 생각도 들었지만 수긍하기 어려웠다. 아직 할 일이 얼마나 많은데… 제대로 걸을 수 없다는 것은 정말이지 상상조차 할 수 없는 비극이 아닌가! 와중에 박항치 디자이너의 따뜻한 목소리는 큰 위로가 되었다.

전화기 저편에서 디자이너의 목소리가 들렸다. "요즘 나는 한강 작가의 『채식주의자』를 읽고 있어요. 그러면서 이 기자 생각이 났어요. 얼른 쾌차해서 기자 생활도 충실히 하시고, 나중에 이런 글도 쓰면 좋겠다는 생각에 전화를 했어요. 빨리 나아서 우리 중국 여행 같이 갑시다." 감히 한강 작가에 비교할 바는 못 되지만 그 말은 실의에 빠져 있던 나에게 회복에 대한 의지를 다지게 해 주었다. 디자이너께서는 몇몇 다른 디자이너와 함께 중국 대형 유통사의 초청을 받아 한국 디자이너들이 입점한 유통의 개막식에 참여할 예정인데 나도 얼른 쾌차해서 함께 가자고 위로해 주는 것이었다. 하지만 나는 회복이 늦어져서 그 행사에 함께 가지 못했다. 그러나 더욱 안타깝고 아쉬운 것은 그것이 박항치 디자이너와의 마지막 통화가 되었다는 점이다.

박항치 디자이너는 중국을 다녀온 뒤 갑작스레 찾아온 폐렴으로 세상을 떠났다. 디자이너는 2016년 6월 27일 새벽에 77세를 일기로 영면했다. 영결식은 한국패션디자이너연합회장으로 치러졌다. 6월 29일 오전 7시 30분 SFAA(서울패션아티스트그룹) 소속 디자이너들과 평소 친분이 두터웠던 지인, 선후배들이 자리한 가운데 비통과 엄숙함 속에 영결식이 있었다. 나는 병원에서 잠시 나와 목발을 짚고 장례식장을 찾았다. 언젠가 디자이너께서 선물해 준 검정색 블라우스를 입고 그에게 마지막 인사를 올렸다. 그리고는 나의 설움까지 겹쳐서 눈이 퉁퉁 붓도록 펑펑 울었다.

박항치 선생이 세상을 떠난 지 8주기가 되던 해 후배 디자이너 박윤수는 박항치 선생이 잠든 곳을 찾아갔다가 그날의 심정을 자신의 페이스북에다가 이렇게 적고 있다. "옥동 박항치 선생님께. 선생님, 어느덧 이 세상을 떠나신 지 8년이 흘렀습니다. 오늘, 선생님을 그리워하는 후배들과 함께 조용히 선생님을 찾아뵙고 왔습니다. 패션에 대한 열정 하나로 평생을 살아오신 선생님. 묵묵히 현장을 지키며, 후배들에게는 늘 따뜻한 가르침과 본보기가 되어주셨지요. 그 진심과 열정은 여전히 저희 마음속에 깊이 살아 있습니다. 자주 찾아뵙지 못했던 마음의 짐을 안고, 늦었지만 그리움과 존경을 담아 이 마음 전합니다. 하늘에서도 평안하시길. 선생님의 길, 저희가 이어가겠습니다. 진심으로 감사했고, 그립습니다." ⓒ 박윤수

박항치 패션쇼

장례식이 끝나고 며칠이 지난 2016년 7월 1일, 나는 "고이 잠드소서, 아름다운 영혼이여—옥동(玉東) 박항치 디자이너 소천"이라는 제목 아래 긴 추모 기사를 실었다.

박항치 디자이너는 서울패션아티스트협회(SFAA) 창립 멤버로 대한민국 컬렉션 문화의 새로운 장을 연 주인공이다. 1973년 '동쪽에서 온 옥보석'이란 의미를 가진 '옥동(玉東)' 의상실을 명동에 개업한 후 지난 43년간 오로지 패션 외길을 걸어왔다. 명동 매장 당시 인연을 맺은 디자이너들과 일본의 오사카 패션쇼에 초청받아 현지에서 패션쇼를 보면서 한국에서도 그와 같은 정기적 컬렉션이 필요함을 공감했다. 1990년 진태옥, 이신우, 김동순, 설윤형 디자이너 등과 서울패션아티스트협의회를 발족해 1991년 추동부터 컬렉션을 개최하는 데 앞장섰다.

독신으로 평생 패션 디자인에만 매진한 박항치 디자이너는 그후 SFAA 컬렉션에 단 한 번도 빠지지 않고 참여해 1세대 패션디자이너로서 후

배들에게 모범이 됐다. 이러한 공로를 인정받아 2015년 서울 패션 위크에서 명예 디자이너로 추대되는 영광을 안았다. 1961년 서라벌예술대학을 졸업한 박항치 디자이너는 1997년 중앙대학교 예술대학원을 수료했는데, 영화와 연극을 연출했으며 영화 〈동백아가씨〉의 조연출로 시작해 자유극단에서 50여 편 가까운 연극을 만들기도 했다. 더불어 그동안 유명 연극 무대의 의상을 전담해 오면서 극의 시대상과 사실감을 극대화하는 데도 큰 몫을 했다. 수많은 연극, 영화, 문화계 인사들과 친분을 맺으면서 패션의 영역과 기여도 확산에도 앞장섰다.

최근까지도 연극 〈마스터클래스〉에서 주인공을 맡은 윤석화의 의상을 직접 디자인했으며, 유니버시아드 게임의 공식 행사 의상을 제안해 화제가 되기도 했다. 무대 의상의 혁혁한 발전에 대한 기여를 인정받아 본지가 제정한 한국패션브랜드대상에서 공로패를 받기도 했다. 박 디자이너는 이제 대한민국 패션의 문을 연 1세대 대표 남성 디자이너로서 역사에 길이 남게 됐다. (《한국섬유신문》, 2016. 7. 1)

박항치 디자이너는 대한민국 컬렉션 문화의 새로운 장을 연 주인공이었다.

박항치 디자이너는 자신의 브랜드 '옥동'을 전개해 오면서 연극 무대 의상에도 전념해 왔는데, 시대적 고증에 충실하면서도 배우들의 동선과 활동성을 고려해 최적의 실루엣과 스타일을 완성하기로 자타가 공인하였다. 때마다 꼭 초대장을 보내주어 문외한이던 기자가 최고의 연기자들이 오르는 무대를 감상할 수 있었다. 패션쇼나 연극 무대가 끝나고 나면 꼭 전화로 소감을 묻고 부연 설명을 해 주었다. 언젠가는 뮤지컬을 전공하는 기자의 아들까지 국립중앙극장에 초대해 주어 수준 높은 마당놀이극을 볼 수 있는 기회를 주었다. 때론 주변인들이 박항치 디자이너가 무뚝뚝하고 권위적이라고 하기도 했지만 기자에게 있어서는 디자이너로서, 아티스트로서 자존감과 자상함을 가졌던 인생 선배였다.

디자이너는 평생 결혼을 하지 않았으며 노모와 함께 살았다. 노모가 세상을 떠났을 때 부음을 받지 못해 뒤늦게 위로의 말을 전한 적이 있었다. 추운 겨울밤에 박항치 선생은 전화를 걸어와 어머니에 대한 이야기를 오랫동안 했다. 외로움과 회한, 어머니에 대한 그리움이 느껴져 마음이 아팠다. 대답만 하고 제대로 위로를 해 드리지 못한 것이 두고두고 후회가 된다. 언젠가 지인분들과 함께 댁에 초대되어 생전의 어머니께서 해 주셨다는 짜장국수를 대접받았는데, 모친의 방을 생전과 마찬가지로 정갈하고 온기 있게 유지하고 있어 절절한 그리움과 사랑이 느껴졌다.

박항치 디자이너의 패션쇼 맨 앞줄에는 항상 어머니께서 앉아 계셨는데, 누구나 다가가 인사를 드리곤 했다. 기라성 같은 원로 배우부터 유명 연예인, 패션계 동료와 선후배, 심지어 기자까지 1년에 두 번씩 아들의 패션쇼를 지켜보는 모성애에 대한 존경심을 표했다. 모친의 따스한 미소가 얼마나 뿌듯한 자랑스러움을 담고 있는지를 말해 주고 있었다. 이제는 패션쇼장에서의 모자의 모습이 전설이 되어 버렸지만 나의 뇌리에는 따뜻한 기억으로 남아 있다.

이 글을 읽는 분들에게 당부드리고 싶다. 박항치 디자이너를 잠시나마 기억해 주었으면 한다. 생존해 있는 유명인들에 대한 글을 써야 열독률이 높으니 고인에 대한 이야기는 잠시 접어두라는 주변의 조언도 있었다. 하지

평생 독신으로 살면서 온전히 패션에만 인생을 걸었던 선배 디자이너를 후배 디자이너들은 잊지 못한다.

만 패션에 전 생애를 걸었던, 오롯이 혼자 뚜벅뚜벅 걸어온 디자이너가 있었다는 것을 기억해 줬으면 하는 마음이 간절했다. 디자이너 1세대는 역사가 되고 있지만, 한국 패션산업의 뿌리이자 오늘날 K-패션이 있기까지 버팀목이 되었던 대한민국의 디자이너들과 동쪽에서 온 옥보석 '옥동'을 기억해 주길 바란다. 대한민국의 모든 디자이너들이 그의 정신을 이어받아 세계 무대로 나아가 '동쪽에서 온 보석'과 같은 존재가 되기를 바라는 마음이 간절하다.

천사가 되었을 거야, 모델 평이는

이평

빛보다 짧았지만 누구보다 뜨겁게 걸어간 한 모델의 삶이 있었다.
이평, 그 이름은 이제 하늘 위에서조차 여전히
우아한 워킹으로 반짝이고 있다.

기운은 없어도 아이처럼 애교 넘치는 모델 이평의 목소리를 핸드폰으로 들었다. 평이는 암을 앓았다. 항암치료를 하고 1주일간은 거의 아무것도 먹지 못하고 기력도 없으니 넉넉잡아 열흘 뒤에는 만나서 '대구 짬뽕'을 먹자는 것이었다. 대구 출신으로 나와 동향인 그녀는 고추기름이 둥둥 떠 있는 짬뽕 말고 뒷맛이 칼칼한 맑은 대구식 짬뽕을 잘하는 곳을 안다고 했다. 사실 나도 가끔 가던 곳이어서 흔쾌히 그러자고 그랬다.

그러고는 얼마 되지 않아, 모델 이평의 부고를 받았다. 그 '언젠가'가 그날이 될 줄은 몰랐다. 후들거리는 마음을 부여잡고 장례식에 도착해서도 믿어지지 않았는데 입구에 있는 이평의 사진을 보니 왈칵 눈물이 쏟아졌다.

2023년 5월 30일, 오랜 암 투병 끝에 43세를 일기로 세상을 떠난 모델 이평

내가 제일 좋아하는 사진이었다. 금발을 한 하얀 얼굴에 행복한 미소가 가득한 사진. 차마 들어가지 못하고 하염없이 사진을 쓰다듬었다.

문상을 하고 나오려는데 "실례지만 누구세요?"라고 상주가 물었다. 나는 '평이를 아주 좋아했던 사람'이라고 했다. "혹시, 이영희 국장님 아니세요?"라고 묻더니 "우리 경미(이평의 본명)가 자주 이야기했었어요. 좋은 분이라고요." 차라리 듣지 말았어야 했다. 미안하고 아팠다. 평이의 장례식장에는 선후배 모델들과 모델계의 대부 고(故) 이재연 회장님을 대신해서 부인과 아들이 문상을 왔으며, 이상봉 디자이너와 인연을 맺었던 패션인들이 함께 자리를 지켰다.

아름다운 계절 5월 30일, 향년 43세로 세상을 놓아버린 평이를 아까워하며 장례식장을 나섰는데, 이상봉 디자이너는 "집에 가서 한잔 해야 잠을 이룰 것 같다"며 한숨을 길게 내쉬었다.

평이는 해맑고 순수했다. 서늘하고 이국적인 외모와는 달리 아이같이 천진난만하고 잘 웃었다. 179센티의 키에 우유처럼 뽀얀 피부를 가졌고 목이 유난히 길어 패션쇼 무대를 걸어 나올 때는 마치 우주를 유영하는 한 마리의 기린을 보는 것 같았다. 특유의 몽환적인 분위기로 입고 있는 의상의 매력을 한껏 발산했다. 또 그녀가 입은 의상은 오래 뇌리에 남았다. 디자이너들이 모델 이평을 꼭 엔딩 무대에 세웠던 이유였다.

모델 이평의 본명은 이경미이다. 기자와 취재원의 관계를 떠나 그녀는 내게 무한한 신뢰와 사랑을 주었고, 나는 내 삶에 들어온 이평이 언제나 자랑스러웠고 감사했다. 그녀는 18세에 데뷔했다. 대구의 최복호 디자이너는 가끔 "평이의 아버지가 고등학생인 딸과 함께 찾아와 어떻게 하면 모델이 될 수 있는지를 물어왔다"는 말을 했었다.

18세에 모델라인의 소속 모델이 된 이평은 국내 유명 디자이너들의 패션쇼 무대를 누볐고, 국내외 라이선스 잡지를 화려하게 장식하며 최대의 전성기를 누렸다. 그러던 모델 이평이 어느 날부터인가 보이지 않았다.

모델 이평은 지금으로부터 10년 전쯤 다시 홀연히 나타났다. 소문에는 그동안 암을 앓았고 완치 판정을 받았다는 것이었다. 어느 날 모 디자이너 브랜드의 패션쇼장에서 멀리 서 있는 그녀가 보였다. 예전보다 더욱 야위어 보이는 그녀에게 다가가 인사를 하고 이런저런 이야기를 나누었다. 복귀하겠다

는 그녀의 용기를 응원하며 "안아봐도 되나요?" 했더니 무릎을 낮춰 품에 들
어왔다. 너무 야위어서 품속에서 낙엽처럼 바스락거리는 듯해서 안쓰러웠다.

사실 서른중반을 향한 그녀의 나이로 복귀는 쉽지 않았다. 완치 판정을 받아
회복했다고는 하지만 당시 패션쇼 무대에는 중·고교생들이 일찍 데뷔해서 활
약하고 있을 정도로 판이 바뀌어 있었다. 내가 이평을 사랑한 이유 중 하나는
'그럼에도 불구하고' 모델 일을 사랑했고, 간절했고, 도전했다는 것이다.

어느 날 그녀는 삭발을 하고 서울 패션 위크의 모델 오디션장에 등장했다.
한때 유명했던 모델이었음에도 그녀가 누군지도 모르는 어린 모델들 속에
서 오디션을 본 것이었다. 첫 시즌은 그리 주목을 끌지 못했다. 그러나 몇몇
디자이너의 패션쇼에서 얼굴을 비춘 뒤에 대중들은 삭발을 한 강렬한 느낌
의 그녀를 궁금해하기 시작했다.

평이는 다시 일어섰다. 머리가 자라는 동안 예전처럼은 아니어도 패션 위
크나 디자이너 패션쇼 무대에서 자주 '모델 이평'을 만날 수 있었다. 무대를
가리지 않았고, 대부분 신인 모델들이 참여하는 패션 디자인 스쿨의 졸업
패션쇼까지 참여할 만큼 절박함이 느껴지기도 했다. 서울 패션 위크에서는
워킹을 하면서도 앞자리에 앉아 있는 나를 보면 슬쩍 눈길을 주거나 살짝
미소 짓기도 하였다. 패션쇼가 끝나 멀리서 얼핏 내 모습이 보이면 그 큰 키
에 '국장님'을 외치며 달려왔다. 가끔은 내가 찍은 사진을 전달해주면 아이
처럼 좋아했다. 나는 진심으로 멋진 모델로서 이평을 응원했었다.

이평은 패션모델 일을 사랑했다. 그래서 자선 패션쇼에도 기꺼이 노 개런

티로 무대에 올랐는데, 야속하
게도 이를 이용하는 사람들도
있어서 나로서는 몹시 속이 상
했었다. 이평은 재기 이후에 상
복도 있었다. 2015년에는 K-모
델 어워즈에서 공로상을, 2016
년에는 제31회 코리아 베스트
스완 어워즈의 여자모델 부문상
과 아시아 미(美) 어워즈 모델상
을 받았다. 또한 모델협회 이사
직을 맡아 모델의 역할과 활동
영역의 확대에 기여하는 등 영
향력을 펼쳤다.

'이상봉 패션쇼'에서 이평 런웨이

이평을 사랑한 많은 디자이너 중 한 사람이 고인이 된 앙드레 김이다. 그녀
의 몽환적이고 우아한 목선과 표정 연기는 앙드레 김의 의상을 표현하기에
더없이 적합했고, 많은 패션쇼에 기용되었다. 이평은 서울 패션 위크와
SFAA 그룹 패션쇼를 통해 진태옥, 이상봉, 루비나, 한혜자, 조명례, 박춘무,
임선옥, 곽현주, 이진윤 등 한국을 대표하는 패션 디자이너들의 무대에 섰
다. 많은 패션 디자이너들이 이평의 열정과 표현력, 프로정신을 알아봐 주
었기에 그녀의 전성기는 그 누구보다 찬란히 빛이 났었다.

내가 마지막으로 본 이평의 무대는 아마도 2019년의 '더 룩 오브 더 이어'
앙드레 김 패션쇼였던 것 같다. 고맙게도 이평은 앙드레 김의 불후의 명작,

2019년의 '더 룩 오브 더 이어' 패션쇼. 이평은 이 무대에서 최고의 프로 모델이 아니면 연출이 어려운
앙드레 김의 불후의 명작 7겹 드레스를 입었다. 이것이 내가 본 그녀의 마지막 무대였다.

7겹 드레스를 입었다. 최고의 프로모델이 아니면 연출이 어려운 의상이었다. 무대를 느리게 혹은 격렬한 템포로 드라마틱하게 걸으면서 일곱 벌의 드레스를 하나씩 벗는 것이었다. 입고 걷기도 힘들지만, 의상의 아름다움을 살리면서 표정과 몸짓으로 연출을 해야 하기에 박영선 등 당대 최고의 모델만이 완수할 수 있었기 때문이다.

평이는 그 순간이 전성기가 아닐까 할 만큼 눈물겹게 눈부셨다. 나중에 안 사실이지만 이평은 그때 이미 재발한 암과 싸우고 있었다고 한다. 이평이 암 투병을 알리지 않은 이유는 아프다는 소문이 나돌면 모델로 불러주지 않을 거라는 두려움 때문이었다고 한다. 마지막 무대에서도 높은 구두를 신은 발에 감각이 느껴지지 않아 실수할까 봐 긴장을 많이 하였다고 했다.

평이의 발을 이야기하자니 갑자기 생각나는 일화가 있다. 이평의 아버지는 무척 엄격한 분이셨다고 한다. 평이는 나에게 "아버지를 존경한 만큼 어려워도 했기에, 어려서부터 모델을 하면서 오랜 기간 아버지의 사랑을 그리워하고 외로웠었다"고 했다. 세상을 떠나기 몇 개월 전에 지방에 계시던 아버지가 처음으로 그녀의 집을 찾아왔다. 너무나 반가운 나머지 계단을 뛰어 내려갔는데, 아버지는 굳은 표정으로 바닥을 내려다보고 계셨다고 했다. 평이가 말하기를, 암이 뇌까지 전이된 탓에 발에 감각이 없어 한쪽 발의 신이 벗겨진 걸 몰랐더란다. 생전 처음으로 자신의 발을 만지며 울고 계신 아버지를 바라보니 평생의 서운함이 모두 사라진 것 같고, 심려를 끼쳐 무척 죄송하더란다.

모델은 자신이 빛나기보다 의상을 잘 표현하고 돋보이게 해야 한다. 그러기에 프로모델이 되기까지 발뒤꿈치가 벗겨지고 다리가 붓도록 워킹 연습을 하는 것은 물론이고, 오디션이나 리허설 중에는 종일 굶기가 다반사이다. 혹시라도 배가 나와 옷의 실루엣을 망가뜨리지 않을까 염려해서이다. 서서 대기하는 시간도 많아 끝없는 인내를 요구하는 직업이다. 요즘 모델 지망생들은 꿈을 이뤄가는 과정에서의 그림자보다 찰나의 빛을 좇아간다. 모델로서의 프로의식보다는 연예인이 되기 위한 징검다리쯤으로 여기는 경우도 많다.

이평은 프로모델로서의 역할과 열정, 간절함을 잃지 않았다. 떠나는 그날까지도 런웨이에 서는 꿈을 꾸었을 것이다. 언제 어디서든지 멋지게 워킹하는, 이경미가 아닌 프로모델 이평으로서 말이다.

평아, 그곳에서는 아프지 말고 멋지게 구름 위를 걸어보렴. 천사의 날개와 옷이 잘 어울릴 거야.

모델계의 선구자

이재연

패션과 모델 산업의 기틀을 세운 선구자,
대한민국 1세대 남성 패션 모델 이재연 회장.
그의 열정과 창의는 여전히 한국 패션의 심장 속에서 빛나고 있다.

이재연 회장은 큰 키에 서구적인 외모의 소유자였다. 청바지에 흰 셔츠를 즐겨 입었는데 나이를 가늠할 수 없을 정도로 매력적인 신사였다. 언제나 미래지향적이었고 남다른 발상을 가진 분이었다. 20여 년 전, 필자에게 인터넷 패션방송국을 같이 하자고 제안하기도 하고, 중국이 개방되자 북경에 모델 아카데미를 열고 현지 패션디자이너들과 한국을 연결하는 플랫폼 역할을 담당했다. 현실을 비판하기보다는 언제나 진취적이었던 선구자였다.

이재연 회장은 대한민국의 1세대 패션모델이자 패션쇼 기획 연출자였고, 3,000여 명의 모델을 배출한 교육자였다. 하지만 이것만으로 선구자 '이재연'을 표현하기엔 무언가 부족하다. 그러고 보니 생각나는 것이 있다. 이재

1970년대 초 이재연 회장을 일약 스타로 만든 맥그리거 의류 CF.
이국적인 용모를 지닌 이재연 회장은 어렸을 적 혼혈아라는 놀림을 많이 받았다고 한다.

연 회장은 패션 엔터테인먼트의 선구자로서 패션업계와 종사자 전체를 아우르고 하나의 호흡으로 뭉치기를 바랐다. 이런 노력의 결실로 매년 연말이면 대규모 행사를 열어 패션계 종사자들을 한자리에 모이도록 했다.

그가 만든 행사는 '코리아 베스트드레서 스완 어워드'로 500~600여 명의 패션 종사자들이 참석해 패션쇼를 관람하고 당해 연도에 선발된 베스트드레서를 뽑아 시상했다. 그가 소천하기 바로 직전까지 31회를 기록했으며 명실상부한 패션계 대표 행사로 자리 잡도록 했다. 특히 매년 가장 활발한 활동을 했던 '올해의 디자이너'로 선정된 디자이너가 패션쇼 무대를 장식하였으며, 모델라인 출신의 역대 유명 모델과 현역들이 런웨이에 참가해 모두가 자긍심을 지니도록 만들었다. 그가 처음 만든 코리아 베스트드레서 스완 어워드에는 정치, 경제, 사회, 문화, 예술계 등 다양한 분야에서 패션

1970년대 후반의 남성 패션 모델들. 왼쪽에서 두 번째가 이재연 회장이다.

을 사랑하고 옷을 잘 입는 명사들을 선정했으며, 연말 방송가에서는 연예 프로그램으로 편성하여 패션업계의 큰 이벤트로 자리 잡게 되었다.

매년 코리아 베스트드레서 스완 어워드를 진행하면서 횟수를 거듭할수록 예산에 대한 부담은 커져 갔지만 이재연 회장은 멈추지 않았다. 2016년 12월 12일 마지막 행사가 치러졌다. 이 행사는 서울 하얏트호텔 그랜드 볼룸에서 성대하게 막을 올렸다. 매년 대한민국 패션계의 송년 축제로 자리 잡아 패션인들을 하나로 결집시키는 구심점 역할을 담당해 온 코리아 베스트드레서 스완 어워드는 한 해 동안 가장 활발한 활동과 자신만의 특별한 스타일을 선보인 사람을 선정해왔다.

자신만의 패션 스타일로 귀감이 된 사람들에게는 '베스트드레서'라는 영예

'2016 코리아 베스트드레서 스완 어워드' 시상식에서 포즈를 취하고 있는 이재연 모델라인 회장.
31회째를 맞은 이 행사가 고인의 공식적인 마지막 행사가 되었다.

를, 패션계를 이끌어가는 이들에게는 한 해를 정리하고 다음 해를 준비하는 의미 있는 행사였다. 코리아 베스트드레서 시상식은 대한민국이 패션 강국으로 거듭나기를 바라는 모델라인 이재연 회장의 염원을 담아 패션계, 패션피플들에게 자긍심을 심어주고 격려하는 자리였다.

이날 이재연 회장은 병마와 싸우면서 수척한 모습이어서 보는 이들을 애타게 했다. 첫 회부터 31회째까지 빠짐없이 참여해 온 많은 패션인들이 그를 아까워하고 힘을 내라는 응원의 시선과 박수를 보냈다. 이재연 회장은 "시작이 있으면 끝이 있어야 한다고 생각해서 31회째를 개최하게 되었습니다"라며 목이 메인 인사말을 하며 눈시울을 붉혔다. 암의 재발로 다시 항암치료를 받으면서 건강상 큰 무리가 따를 것이라는 주변의 만류를 뿌리치고 개최했던 제31회 행사는 고인의 말처럼 생전의 성대한 '끝'을 맺는 자리가 되고 말았다. 이날 그랜드 볼룸을 가득 채운 수많은 패션인들은 일제히 기립박수로 이재연 회장 평생의 노고에 감사하는 마음을 담았다. 나는 몰래 눈물을 훔쳤다. 행사 팸플릿에 적힌 인사말은 몸이 불편한 이재연 회장의 급한 부탁으로 내가 작성한 것이라서 뭉클했다.

고 이재연 회장은 1972년 모델계에 데뷔했다. 당시에는 드물게도 이국적인 외모와 독보적인 카리스마로 70년대 최고의 모델로 주목받았다. 국내 최초의 청바지 모델로 브라운관을 장식했던 그는 1979년 '88스튜디오'를 설립해 모델 후진 양성과 국내 최초의 패션쇼 기획 연출가로 변신했다. 1983년 '모델라인 아카데미'를 개설하고 생전에 3,000여 명의 모델을 발굴하고 교육해 한국 패션모델의 새로운 시대를 열었다. 이재연 회장은 직접 모델 육성을 위한 체계적인 교육 커리큘럼을 만들었으며, 그들의 위상 강화에 앞장섰다. 패션쇼를 위한 도구가 아니라 패션 선진화에 기여하는 전문인으로서 모델의 권익을 높이고자 노력했다.

이재연 회장이 필자에게 자주 하던 말이 떠오른다. "이제는 옷이 아니라 생각을 팔아야 해요. 패션은 크리에이티브이지만 결국 사람이 하는 것입니다." 특히 "패션피플이라면 응당 맵시, 마음씨, 말씨를 모두 갖춰야 한다"고

젊은 날의 이재연 회장

말하기도 했다. 단순하게 옷을 잘 입는 것이 아니라 교양과 감성과 스타일을 두루 갖춰야 한다는 뜻이었다. 그리고 벌써 12년 전 그는 "패션은 옷을 넘어 앞으로 청각과 후각, 미각 등 모든 감각에서 발현될 것이다"는 말로 필자를 의아하게 했는데, 지금 생각하니 그는 패션에 관해 대단히 진취적인 사고를 가진 분이었다.

이재연 회장은 청바지를 입은 맵시가 훌륭했다. 2015년 국립민속박물관이 '청바지전'을 기획한다는 소식에 최초의 청바지 광고모델이기도 했던 이재연 회장을 소개한 적이 있다. 당시 최은수 학예관과 함께 이재연 회장을 찾아갔고 청바지에 대해 오랫동안 대화를 나눌 수 있었다. 이재연 회장은 엄청나게 많은 청바지를 갖고 있었지만 투병 중에 정리를 하여 역사적인 스타일을 제공할 수 없는 것을 아쉬워했다. 그렇지만 최초의 청바지 광고모델로서의 사진과 영상을 제공하였고 전시회에 크게 도움이 되었다. 청바지와 관련된 그의 말 한마디 한마디가 우리나라 청바지와 패션 역사의 생생한 증언이 되었다.

"60년대 70년대가 통기타 시대에 그런 것들이 유행을 했어. 워커를 신고 진바지 아니면 쫄쫄이 바지라 그랬거든. 군인들 바지 물들여 입는 거, 거기다가 군인들 휠 자켓, 그거 걸치면 멋있는 학생들로 봐줬던 때야. 그러나 거기다가 조금 더 업그레이드된 사람들이 진바지를 입고 휠 자켓을 걸치는 게… 세시봉이 있던 그 시절. 그게 지나오면서 이제 70년대 초가 되어서 진바지와 다른 옷들과의 커뮤니케이션이 있었고 그리고 맥그리거가 등장하면서 새로운 컬러의 발견 시대가 새롭게 오고 손쉽고 길거리에 진의 물결이 일기 시작한 거야. 야외 나가면 진을 입어야 한다는 것……(인터뷰 녹취록 중)." 두서없지만 머릿속 추억을 헤집어 가며 열심히 이야기해주던 이재연 회장의 모습이 생생하다.

이재연 회장은 2017년 8월 21일 새벽, 눈을 감았다. 향년 71세였다. 패션인들의 애도 속에서 '패션인장'이 치러졌다. 너무나 크게 빛을 발하고 오래 우리를 비추었던 이재연 회장은 남은 열정을 묻은 채 영면에 들었다. 필자는 그날 '모델계 대부, 패션문화 발전의 선구자 영면에 들다'라는 제목의 부고 기사를 실었다.

"패션인들과 함께 울고 웃었지만 나는 변방의 아웃사이더였어요"라던 이재연 회장, 간혹 서울 사투리라면서 대화 말미에 "~걸랑요"라고 말씀하시던 회장님이 그립다. 그는 패션업계를 이끌어 온 진취적인 선구자였다.

패션계의 참 스승

공석붕

패션계의 큰 어른이자 진정한 스승이었던 공석붕 회장이
우리 곁을 떠났다. 그러나 그가 남긴 지혜와 열정은 여전히 한국
패션산업의 토양 속에서 숨 쉬고 있다.

2025년 9월 23일, 대한민국 패션계의 큰 스승이자 어른이셨던 공석붕 회장님이 소천하셨다. 일반 대중들은 잘 모르겠지만 섬유, 패션계에 몸담아온 사람들에게는 선지자이자 스승과 같은 분이셨다. 부음을 받고 전해야 하는 필자는 충격과 함께 허망함을 감출 수가 없었다. 한국 섬유산업의 변천사이자 업계의 큰어른으로 추앙받던 공석붕 회장의 소천은 우리에게 깊은 상실감을 안겨주었다.

가을을 재촉하는 비가 내리던 날, 편집국에서 추모 기사를 쓰고 있자니 서러움이 밀려왔다. 이럴 때 그냥 망연자실하며 아무것도 하지 않고 고인과의 일들을 떠올리며 추모의 시간을 갖고 싶은데, 추모 기사의 데드라인을 지키려 안간힘 쓰던 나에게 깊은 상실감이 몰려왔다. 첫 줄을 쓰고 지우기를 여러 차례, 시선을 비 내리는 창밖에 두었다.

공석봉 회장은 1991년부터 2004년까지 13년간 한국패션협회 회장을 역임했다. 당시만 하더라도 '패션은 사치를 조장하는 산업'이라는 고정관념이 팽배했다. 산업의 기반조차 미비했던 때에 공석봉 회장은 "무슨 소리냐? 패션은 고부가 감성 산업이며 발전성이 무궁무진할 것이다"라며 반기를 들었다. 당시 패션의 종주국인 유럽, 특히 프랑스의 경우 1개 럭셔리 브랜드의 연간 글로벌 매출이 파리시의 1년 예산에 달할 만큼 패션이 효자 산업(굴뚝 없는 산업)임을 강조하곤 했다. 또한 옷을 멋지게 입는 것도 중요하지만 T.P.O(time, place, occasion의 약자: 시간, 장소, 상황)를 지켜야 한다고 패션에 대한 기본 상식과 예절에 대해 입이 마르도록 이야기하곤 했다. 그래서 섬유 및 패션계의 행사 때면 꼭 턱시도에 나비넥타이를 매고 나타나 시대 상황에 앞서가는 연설과 건배사로 연령대를 불문하고 존경을 한몸에 받기도 했다.

13년간의 한국패션협회 회장직 역임 후 2003년에는 아시아패션연합회(AFF)의 기틀을 마련하고 제1대 한국위원장으로 활약했다. 그때 공석봉 회장은 "미래에는 아시아가 세계 패션의 중심이 될 것이며, 전통과 어우러진 현대적인 재해석을 통해 한국 패션이 승부수를 던지게 될 것이다"라고 예견했다. 요즘 생각해 보면 오늘날 K-패션의 미래를 정확하게 예측한 것 같아 놀랍기만 하다.

《한국섬유신문》에 입사해 기자 초년생일 때부터 공석봉 회장을 뵈었으니

공석붕 회장은 한국 섬유산업 및 패션계의 산 증인이었다.

켜켜이 쌓인 세월이 30여 년을 넘는다. 초년병일 때는 어려운 어른이셨고, 취재부장이 되었을 때는 인자하신 패션계 선배로서 조언과 격려를 아끼지 않으신 현자이자 멘토 같은 존재이셨다.

국장이 되고 나서는 고인과 더욱 가깝게 소통할 수 있는 기회가 주어졌는데, 2013년부터 4년간 《한국섬유신문》에 주 1회의 소재 칼럼을 맡아주신 것이 계기가 되었다. 매주 칼럼을 요청하고 수령 후 전화 통화를 하였으며, 신문을 배송하는 과정 하나하나가 일상이 되었다. 그렇게 4년간 160회 분의 칼럼이 게재되었고, 긴 여정 끝에 400페이지에 달하는 『알기 쉬운 패션 소재』라는 전문서적으로 출간되었다.

공석붕 회장은 "디자인은 한계가 있을 수 있으므로 소재 개발과 적용이 승부수가 될 것이다"고 늘 강조했는데, 디자이너들이 소재에 대한 정확한 지식이 있어야 제품 경쟁력을 갖출 수 있다고 했다. 이 책은 그분의 염원을 담아 소재의 기초부터 전문 분야에 이르기까지 섬유 패션인들이 알아야 할 지식을 실어 발간되었고 지금까지도 필독서로 각광받고 있다.

칼럼 연재가 끝난 2016년 7월의 어느 날, 공석붕 회장과 인터뷰를 가졌다.

기자를 보고 인자하면서도 소탈
하게 웃던 공석붕 회장은 "지난
4년 동안 정말 보람 있고 즐거웠
어요. 항상 3~4회 분량을 미리
써서 USB에 넣어 두곤 했는데,
한번은 다리가 골절되어 병원에
입원한 적이 있었어요. 마감을
지키기 위해 USB에 담긴 원고를
송고하려고 병원 휠체어를 타고
컴퓨터가 있는 층까지 내려간 적
도 있어요. 막상 연재를 끝내고
나니 아쉬워요. 4년간 즐겁게 일

《한국섬유신문》에 연재한 칼럼을 묶어서 낸 책

했습니다."(《한국섬유신문》 7월 27일 게재 내용 중)라고 시원섭섭해 했다.

공석붕 소재 칼럼 '알기 쉬운 패션 소재'는 게재 첫 호부터 신진 디자이너
와 섬유패션계의 초년생, 학계의 교수들에 이르기까지 높은 관심의 대상이
됐다. 연재물이 인기를 모았던 것은 공석붕 회장이 섬유와 패션을 아우르
는 해박한 현장 경험을 갖고 있기 때문에, 양쪽의 니즈와 궁금한 사항들을
이해하고 필요한 내용을 썼기 때문일 것이다.

고인은 서울대학교 공과대학 섬유공학과를 졸업했다. 6·25 때 학도병으로
참전도 했다. 4개월간 훈련을 받고 참전했고, 참전 기록만으로 군대가 면제
되는 것이었는데 당시 시국도 어수선했고 기록이 남아 있지 않아서인지
1955년 육군 소위로 임관했다. 임관 3개월 만에 육군사관학교 교수부 기계

공학과 교수로 임용이 되었다. 그렇게 소위로 임관한 후 섬유와는 상관없이 기계공학과 교수로 10년을 재직하게 되었다. 국비 유학생으로 미시간대학 대학원 공업역학과에 입학했지만, 20개월째 되던 시기에 한국에서 군사혁명이 일어났다. 그러자 지원이 끊어졌고 귀국할 여비조차 없었다. 미국 정부를 통해 미군 대령과 면담을 한 후 100달러를 지원받아 귀국을 하게 되었다. 이런 자신의 역사를 인터뷰하던 공석붕 회장은 "기쁜 소식이 있어요! 학도병 참전을 인정받아 이제는 매월 국가가 소정의 용돈을 준답니다" 라며 소년처럼 좋아했는데 문득 그 모습이 떠오른다.

1965년에 모 직물회사 상무이사로 취업해서 생산과 무역을 담당하게 되면서 섬유패션산업에 첫발을 내딛었지만, 내부의 부정행위를 보고 참지 못해 1년 만에 퇴사했다. 그러나 우연한 기회에 한국소모방협회 업무부장으로 입사했고, 영어와 일본어에 능통하고 섬유산업에 대한 현장 경험을 인정받아 국제양모사무국(IWS)이 창립되면서 한국지부 대표가 되었다.

IWS에서 한국지부 대표를 맡으면서 타 아시아 국가의 지부와는 달리 철두철미한 경영 기준을 설정해 지키고 정확한 회계처리를 함에 따라 장장 21년간을 근무하게 되었다. 이후 금강모방 사장을 하면서 한국패션협회 회장직을 맡았고, 13년간을 수행하며 패션업계 발전을 위해 봉사와 헌신을 이어갔다. 명예회장이 된 후에도 2003년 한·중·일 패션협회가 참여하는 아시아패션연합회(AFF) 창립의 산파 역할과 글로벌 아시아 시장에서 한국의 섬유 패션산업 위상을 높이는 데 헌신했다.

한국패션협회와 아시아패션연합회, 한국섬유기술사회 명예회장직을 수행

한국의 서양복식 도입 120년의 역사 및 변천사를 집필하는 것이 고인의 마지막 희망이었다.

해 오면서 공석붕 회장은 정부와 산업계로부터 산업포장 등 여러 차례 명예로운 수상을 하였으며, 코로나 팬데믹 이전까지도 후배들과 패션업계 발전을 위한 선지자이자 현자로서 조력을 멈추지 않았다.

종종 필자를 만나면 대한민국에 양장이 도입된 서양복식 역사가 120년이 넘었다고 말하며, 생전에 그 역사를 집필하는 것이 목표라고 말하곤 했다. 서양복을 처음 선물받은 고위 관료가 바지를 뒤집어 입었던 사연, 상투를 자르려 했더니 죽음을 불사하겠다던 최익현 선생 이야기, 윤보라·박에스더 등 한국의 신여성 등장과 옷차림에 대한 일화 등, 서구 문물과 함께 전해진 서양복식의 전파 과정 등을 들려주셨다. 이러한 전파 과정을 연구하고 분석하면 한국 서양복식사의 역사와 변천사가 될 것이라며 세상 진지한 표정을 지으시기도 했다.

공석봉 회장을 바라보면 늘 왕성했고 열의 가득한 열혈 청년 같아 보였다. 가끔 필자가 느슨해질 때면 그분의 가르침이 떠오르곤 한다. "사람이 나이가 들어서 늙는 것이 아니야! 사고가 고루하고 게으르면 늙는 거지"라고 하던 90대의 열혈 청년의 목소리가 들린다.

공석봉 회장님이 매주 보내주신 원고는 4년간 이어지면서 모든 패션인들에게는 큰 울림이었다. 특히 소재에 대한 전문적인 지식이 많지 않던 시대에 우리에게 큰 가르침을 주신 것에 깊이 감사드리며, 1세기의 발자취를 잊지 않고자 기록을 남긴다. 영면하소서.

04

아시아 패션 위크

"Style is knowing who you are, what you want to say, and not giving a damn."
(스타일이란 자신이 누구인지 알고, 말하고자 하며, 남의 시선에 개의치 않는 것이다)

— Giorgio Armani
(이탈리아의 패션 디자이너)

2019년 11월, 중국 산둥성 지난시에서 열린 '인터내셔널 패션 디자인 위크'에서
리셉션을 마치고 이상봉 디자이너와 필자 ⓒ 이영희

쿠튀르의 절정 '인터내셔널 패션 디자인 위크'

세계 쿠튀르의 정점에서 한국의 패션이 빛났다.
이상봉 디자이너를 비롯한 아시아 거장들의 무대는
전통과 현대가 교차하는 예술의 향연이었다.

2019년 11월, 중국 산둥성 지난(濟南)시로부터 '인터내셔널 패션 디자인 위크(International Fashion Design Week)'에 초대를 받았다. 아시아 5개국 정상의 쿠튀르 디자이너가 참여하는 디자인 위크에는 한국의 이상봉, 송지오와 일본의 카츠라 유미, 중국의 구오 페이, 인도네시아 세바스티안 구나완, 호주의 파올로 세바스티안이 참가했다. 5개국 정상의 쿠튀르 디자이너가 집결하는 만큼, 디자인 위크 동안 펼쳐질 일들을 생각하니 기대가 컸다.

산둥성 정부가 주최한 이 행사는 11월 19일부터 21일까지 지난의 '밍푸 시티(Ming Fu City)'의 타이푸 플라자(Tai Fu Plaza)에서 '아시아 쿠튀르 연합회(Asian Couture Federation)'를 초청함으로써 이뤄졌는데, 공동 주최를 위해 투자를 아끼지 않았다. 중국은 더 이상 소비국가가 아니라 하이엔드 패션산업의 플랫폼으로서 이미지를 알리고자 개최했다.

행사가 열린 '밍푸 시티'는 600년 역사의 유서 깊은 밍 가문의 옛 터로, 당시 한창 개발 중이었다. '지난'은 도시 전체가 단아하고 깨끗하며 문화유적지로서 인구 700만 명의 도시이지만, 산둥성의 '문화 심장부'로 불리고 있었다. 따라서 하이엔드 쿠튀르 패션쇼의 개최를 통해 고품격 패션도시로의 이미지 도약을 하려는 의지를 담고 있었다. 디자인 위크를 다녀온 후 "중국의 3대 경제권역인 산둥성은 섬유산업 발전과 함께 쿠튀르 쇼의 유치와 진행으로 '메이드 인 차이나'에 대한 품격과 이미지가 높아질 것으로 기대하고 있다"라고 시작되는 특집 기사를 적었다.

개막식 하루 전, 늦은 밤에 진행된 이상봉 디자이너의 패션쇼 리허설을 지켜볼 수 있는 기회가 주어졌다. 의상을 순서대로 정렬하고 머리장식과 모자, 장신구와 신발을 맞춰 놓고 현지 모델과의 피팅까지 하자면 밤을 샐 수 있는 상황이었다. 새벽 인천공항을 출발해 늦은 밤까지 이상봉 디자이너와 일정을 함께했지만, 물에 젖은 솜처럼 늘어진 기자와는 정반대로 디자이너는 새벽까지 고도의 집중력을 보여주어 역시 국민 디자이너는 대단하다는 생각이 들었다.

먼저 숙소로 가서 쉬기가 미안해 잠시 짬을 내어 이상봉 디자이너의 패션쇼에 모자를 콜라보레이션하는 밀리너(모자 디자이너) '유니 초이(Yuni Choi)'와 이런저런 이야기를 나누게 되었다. 그녀의 작품은 이상봉 디자이너의 의상과 콘셉트가 잘 맞았고, 서로가 시너지를 내고 있다는 생각이 들었다. 이 디자이너는 한국 전통적인 요소를 패션에 접목해 현대적이고 세련된 의상을 선보이고 있었는데, 유니 초이는 모자 아트워크를 통해 패션쇼에 신비감을 부여했다. 모자 이야기를 하다가 그녀와 나는 특이한 모자들을 하나씩 꺼내어 쓰고는 사진 촬영을 하며 즐거운 시간을 보냈다. 다음

마스터즈 포럼

날 개막식에 아주 실험적인 형태의 모자를 쓰고 참가했는데, 중국 국영방송 CCTV에서 디자인 위크를 소개하는 영상에 두 사람이 쓴 모자를 계속 보여주는 해프닝이 벌어졌다. 알고 보니 모자가 높고 커서 어쩔 수 없이 카메라에 계속 잡히는 일이 벌어졌다. 단단히 민폐를 끼친 것이다. 그러거나 말거나 그 모자를 쓰고 패션쇼 취재도 하고 포럼에도 참여하는 영광을 누렸다.

개막식 날 저녁, 디너 리셉션이 열렸다. 만찬을 겸해 초청 디자이너들과 중국 산둥성 정부 관료, 아시아 쿠튀르 연합회 회장과 회원사, 언론사 등이 한자리에 모여 성공적인 행사를 기원하고 축하하는 자리였다. 산둥성 정부가 아시아 대표 쿠튀르 행사를 유치하고 위력을 과시하기 위해 얼마나 큰 투자를 하고 있는지를 피부로 느꼈다.

산둥성 고급 원단 업체 미니 쇼룸. 가운데 머리에 터번을 쓴 디자이너 카츠라 유미도 보인다.

리셉션장을 들어서는 순간 입이 딱 벌어졌다. 천장에는 붉은 생화를 빈틈 없이 촘촘히 달아 머리 위로 늘어지게 해 놓았고, 온통 빨간 장미로 장식한 테이블과 무대, 공간들은 향기가 진동했다. 예전 중국에서의 행사는 황금색 띠를 두르고 빨간 조화를 크게 붙여둔 다소 촌스러운 대형 화환이 대부분 이었는데, 이번에는 해외에서 유명세를 떨치고 있는 중국계 플로리스트를 모셔와 하룻밤 행사에 어마어마한 장식비를 퍼부은 것이었다. 그때 듣기로 는 장식비가 한화로 5,000만 원 이상이었던 것으로 기억된다. 모든 참가자 들은 고급 와인과 풀코스의 서양식 디너 코스를 대접받았고, 시종일관 격 식 있고 세련된 분위기로 2시간여의 행사를 즐겼다. 리셉션이 끝나자 장식 된 꽃들은 모두 해체되었고, 손이 빠른 플로리스트와 일행들이 꽃병에 그 꽃들을 장식해서 VIP의 숙소로 보내주었다. 3박 4일 동안 나는 호텔 방에 들어갈 때마다 그윽한 꽃향기를 만끽할 수 있었다.

중국의 국민 디자이너 구오 페이와 일본의 카츠라 유미의 패션쇼를 직접 본 것은 큰 행운이었다. 그리고 이상봉 디자이너의 패션쇼는 한국의 패션 수준이 과히 이들을 능가할 만큼 세련되고 품위 있다는 느낌을 주었고, 이로 인해 자긍심이 충만해졌다. 구오 페이와 카츠라 유미가 과장되고 장식적인 면이 강하다면, 이상봉 디자이너의 패션은 유려하고 세련되었다는 느낌이 들었다.

이상봉 디자이너는 한국적인 아름다움뿐만이 아니라 우주까지를 상상할 수 있는 모든 영역을 패션에 구현하고 있었다. 자국의 전통성을 강조하는 다른 디자이너들과 차원을 달리해, 전통적인 모티브를 세련되게 현대적인 감성으로 재해석한 것이었다. 아시아를 대표하는 대한민국의 쿠튀리에로서 명성에 손색이 없다고 느꼈다. 이상봉 디자이너는 무궁화, 단청, 나비, 문살, 책가도 등 한국 전통을 모티브로 순수한 아름다움을 표현한 종전의 아카이브들과 2020 S/S를 겨냥해 새롭게 디자인한 의상들을 포함, 총 58벌을 런웨이에 올렸는데 머리장식부터 발끝까지 완벽함을 과시했다. 특히 쿠튀르 디자이너들이 디자인 위크의 특성상 아트웨어에 치중한 느낌과는 달리, 이상봉 디자이너는 자연스럽고 럭셔리한 '글로벌 감각'의 컬렉션을 제대로 보여준 것이었다.

'포럼 위드 마스터즈'에서도 이상봉 디자이너에 대한 중국 패션학도들의 관심이 집중되었는데, 2019년 11월 29일에 기자가 쓴 '아시아 5개국 최정상 디자이너가 펼친 찬란한 쿠튀르'라는 제목의 특집 기사에서 "이상봉 디자이너는 '전통문화를 중요시하지만 우주와 미지의 세계 등에 대한 호기심과 도전이 많은 편'이라며 영감의 한계성 초월을 강조했다"고 포럼의 대화

2019년 중국 산둥성 지난시에서 열린 '인터내셔널 패션 디자인 위크'에서의 이상봉 패션쇼

 패션은 이렇게 재미있다

일부를 적었다. 디자이너는 이날 한국의 패션 역사가 100년이 넘은 만큼, 서양복식의 종주국인 서양 못지않게 발전을 거듭하고 있다는 것과 한국 패션이 IT의 발전과 함께 전 세계에 전파돼 파급력이 커지고 있음을 강조하기도 했다.

이상봉 디자이너와 몇 번의 해외 동행 취재를 한 바 있는데, 항상 디자이너는 '가족의 소중함'과 '열정과 도전'에 대한 이야기를 했다. 디자이너는 해외 컬렉션을 하면서 가족들과 중요한 순간들을 함께하지 못한 데 대한 안타까움과, 디자이너로서의 숙명과 사명감을 새기곤 했다. 이날도 사랑하는 가족의 마지막을 지켜보지 못했던 이야기, 컬렉션마다의 테마에 담긴 비하인드 스토리와 작업 과정을 중국 패션학도들에게 설명해 주었다.

5개국 디자이너가 참가한 포럼은 흥미롭고 빠르게 변화하는 패션 세계와 디자이너들이 직면한 문제에 대한 탐구, 럭셔리 마켓의 성장 가능성, 아시아 쿠튀르의 세계화 등 많은 이야기들이 오고 갔다. 주최 측에 ACF(Asian Couture Federation: 아시아 쿠튀르 연합회)의 회장 인터뷰를 요청했고, 포럼이 끝난 늦은 오후에 취재를 할 수 있었다. 프랭크 신타마니(Frank Cintamani) ACF 회장은 "아시아의 패션산업이 조만간 미국 마켓을 뛰어넘을 것이다"라고 확언했다. 유럽의 쿠튀르 역사가 180년이 넘는 반면, 아시아는 역사가 짧지만 발전 속도를 보면 오히려 성장 가능성이 높다는 말을 했다. 한국과 중국, 일본이 중심이 되어 아시아 각국이 적극 활동하고 홍보를 지속한다면 파워를 키워갈 수 있다는 미래지향적인 긍정 멘트를 이어갔다. 쿠튀르는 옷을 만들 수 있는 가장 근본적인 역량이 받쳐주지 않으면 안된다. 그런 만큼 쿠튀르의 역량을 기반으로 각국의 전통적 요소와 아시아

프랭크 신타마니 ACF 회장과 필자와의 인터뷰

특유의 손재주와 감성이 더해진다면 경쟁력은 충분하다는 것이었다.

아시아 쿠튀르 연합회는 15개국에서 20여 명의 디자이너들이 활동하고 있다. 이들은 30년 이상의 경력자가 중심이 되고, 그러다 보니 60대 후반의 비중이 높다고 한다. 신타마니 회장은 앞으로 협회의 방향은 각 회원들이 자국에서 실력 있는 후배들을 발굴하고 소통하며, 세계적인 디자이너로 성장할 수 있는 역량을 키워야 하는 것이라고 했다. ACF는 그런 활동을 돕는 기구로서 역할을 강화할 것이라고 했는데, 순간 인터내셔널 디자인 위크의 취지가 더욱 명료해졌다.

산둥성은 당시 향후 3년 동안 인터내셔널 디자인 위크를 전폭 지원할 것이

인터내셔널 패션 디자인 위크에 한국패션디자이너연합회의 대표로 참석한
필자와 이상봉 디자이너, 홍은주(4대 회장), 명유석(5대 회장)

란 약속을 했지만, 코로나 팬데믹으로 매년 이어가지 못한 것 같아 아쉽다. 패션 피플들에게 아시아 패션의 진정한 아름다움을 감상하고 싶다면, 향후 개최될 '인터내셔널 디자인 위크'를 꼭 눈여겨보라고 권유하고 싶다. 한·중·일을 중심으로 한 아시아 패션시대가 성큼 다가왔음을 느끼는 것은, 미래를 준비하는 당신에게 덤이라고 할 수 있다.

보랏빛 터번의 마법사 '유미 카츠라'

보랏빛 터번을 두른 한 여인이 있었다.
그녀는 평생을 바쳐 신부의 꿈을 빚어낸 웨딩드레스의 마법사,
유미 카츠라였다.

2024년 4월 30일, 비보가 날아들었다. 세계적으로 유명한 일본의 웨딩드레스 디자이너 카츠라 유미(桂由美)가 향년 94세의 나이로 사망했다는 뉴스였다. 카츠라 측은 그날 오전 9시에 공식 홈페이지를 통해 그녀의 사망 소식을 전했고, 연달아 수많은 온·오프라인 매체가 앞다퉈 세계적인 디자이너를 애도했다.

2019년 11월 중국 산둥성 지난(濟南)시에서 개최되었던 '인터내셔널 패션 디자인 위크'에서 카츠라를 처음 만났고, 그녀의 컬렉션을 기사화했었다. 그때 그녀의 패션 세계에 경이로움을 느꼈던 기자로서는 사망 기사를 보고 뭐라 표현할 수 없을 정도로 안타까웠다. 일본뿐만 아니라 아시아 패션계를 대표하는 보석 중 하나를 잃어버린 기분이라고 할까. 잠시 애도를 하며 그녀의 패션 세계를 떠올려 보았다.

세계적인 명품 브랜드 '유미 카츠라(Yumi Katsura)'를 직접 만나고 절정의

필자는 2019년 중국 산동성 지난시에서 열린 '인터내셔널 패션 디자인 위크'에서 카츠라 유미를 처음 만났다. ⓒ 김철성

쿠튀르 무대를 바라볼 수 있었던 것은 오랫동안 기억될 만한 행운의 순간이었다. 당시의 카츠라는 90세 노령의 작은 체구임에도 불구하고 엄청난 에너지와 범접할 수 없는 아우라를 뿜어내고 있었다. 패션쇼를 하루 앞둔 늦은 저녁, 리허설에 나타난 그녀는 장시간 동안 휠체어에 앉아 직접 진두지휘를 했다. 웨딩드레스와 예복, 기모노에 이르기까지 제대로 갖춰 입고 격식에 따라 걸어야 하는 모델들의 워킹을 하나하나 매의 시선으로 바라보고 지시하는 모습은 감탄스러웠다. 현지 촬영을 했던 김철성 작가가 건넨 사진은 패션쇼가 열리는 무대 뒤에서 꼿꼿이 앉아 긴장을 늦추지 않는 카츠라 유미의 모습이었다. 보랏빛 터번을 두르고 실크 드레스를 입은 그녀는 무대 엔딩 인사를 준비하고 있었을 것이다. 평생 세계를 돌며 셀 수 없을 만큼의 패션쇼를 했을 카츠라였지만, 매번 새롭게 다가오는 그날의 긴장감

'유미 카츠라' 컬렉션 ⓒ 김철성

이 어쩌면 희열이었을지도 모르겠다.

2019년 11월 19일, '인터내셔널 패션 디자인 위크'에서 선보인 '유미 카츠라' 컬렉션은 일본 전통복식 기모노의 라인에서 응용된 '유미 라인'은 물론, 유럽과 아시아의 경계를 초월한 쿠튀르 드레스들이 무대를 수놓았다. 일본의 결혼식에서 신랑, 신부는 서양식 웨딩드레스와 기모노 예복을 각각 입고 두 차례의 예식을 치르는 것으로 알려져 있다. 디자이너는 패션을 통해 일본의 결혼식 문화를 품격 있고 아름답게 격상시키고, 패션산업을 발전시키는 데 큰 공헌을 한 인물이다.

이날은 엘레강스하고 풍성한 웨딩드레스부터 식전과 식후를 위한 화려한 색상과 디테일 장식이 압도적인 드레스들이 30분에 걸쳐 선보였다. 보통의 패션쇼가 15분을 넘기지 않음에도 불구하고 30분에 가까운 런웨이에서도 관객들은 지루함을 전혀 느끼지 못할 만큼 오리엔탈리즘의 신비하고 화려한 색감과 디자인에 시선을 사로잡혔다. 특히 일본의 민화가 새겨진 화려하고 과장된 길이의 기모노 가운들은 가히 아시아 쿠튀르의 절정을 보여줬다고 해도 과언이 아니었다. 머리끝에서부터 발끝까지 장신구와 액세서리 등 조화의 완벽성을 기한 카츠라의 무대가 끝나자, 아시아 5개국을 대표해 참가한 쿠튀르 디자이너들로부터 감탄과 존경의 박수가 쏟아졌다.

'유미 카츠라' 패션쇼 백스테이지 ⓒ 김철성

패션쇼가 끝나고 카츠라는 무대 뒤의 의자에서 일어나 지팡이를 짚고 천천히 걸어 나왔다. 작은 체구가 평생 품었을 크나큰 열정과 패션 여정에 절로 존경심이 일어났고, 준비 단계와 리허설을 직접 진두지휘하고 엔딩 무대는 물론 이후 공식 스케줄까지 소화하는 체력과 정신력은 정말 놀라웠다.

카츠라 유미는 1930년생으로 '유미 카츠라(Yumi Katsura)'를 창립하고 1964년 일본 최초의 웨딩 패션 디자이너로 활동을 시작했다. 이듬해 일본에서 처음으로 웨딩 패션쇼를 개최한 이래, 사망하기 직전인 2024년까지 반세기 넘게 일본과 아시아를 대표하는 웨딩 패션 디자이너로 독보적인 입지를 고수했다. 파리에서 패션 공부를 한 그녀는 1964년, 전통 기모노가 지배적이었던 결혼식에 서양식 드레스를 도입해 일본 최초의 신부복 살롱을 열었고, 결혼식 문화에 변화를 준 인물이었다.

카츠라는 "신부들을 위한 의상을 디자인할 때가 제일 행복하다"는 말을 항상 주문처럼 했다. 그녀의 드레스는 일본의 신부들은 물론 연예인들도 크게 선호했다. 실제로 일본 유명 여배우들이 디자이너의 드레스를 입고 결혼식을 올리는 것을 가문의 영광으로 생각했다고 한다. 1981년에 뉴욕에서 처음 '유미 라인(Yumi Line)' 드레스를 발표하고, 그 후 이탈리아, 프랑스 등 전 세계에 웨딩드레스 매장을 오픈함으로써 서양복식의 종주국인 유럽 시장에서 아시아의 디자이너가 큰 영향력을 미치는 위력을 보여주었다. 특히 1993년에는 교황 요한 바오로 2세를 위한 종교 예배용 가운을 2년에 걸쳐 제작하였는데, 기모노 제작에 사용되는 '하카타 오리(Hakata-ori; 博多織)' 직조 기술을 접목해 화제가 되었다. '하카타 오리'는 많은 날실과 씨실을 두껍고 촘촘하게 박은 견고한 직물로서 주로 기모노에 쓰인다. 일본의 전통 직물을 교황의 예배용 가운에 접목한 것은 카츠라 유미가 지향해 온 '패션 전통에 기반한 실험적 시도'에 대한 패션 철학을 감지할 수 있는 부분이다.

2012년에는 웨딩드레스에 13,262개의 진주를 장식해 기네스 세계 신기록을 세운 것으로도 유명하다. 이처럼 드레스에 자신의 영혼과 일생을 투영한 카츠라가 아이러니하게도 자신은 결혼식에서 웨딩드레스를 입지 않은 것으로 알려져 있다. 자신에게 흰색은 어울리지 않는다고 말했던 그녀는 짙은 녹색 벨벳 드레스를 입었다고 한다.

2018년 카츠라 유미는 한 매체와의 인터뷰에서 "나의 사명은 전 세계 여성들을 행복하게 하는 것이다"라고 말한 적이 있다. 일생의 가장 행복해야 할

날의 신부를 가장 아름답게 해
준 '유미 카츠라'는 오랫동안
수많은 여성들의 기억에 남을
것이다.

산둥성에서 열린 디자인 위크
마지막 날의 늦은 밤, 외곽의
카페에서 열린 파티에 그녀의
예상치 못한 등장으로 주변을
놀라게 했던 일이 떠오른다. 화
려하고 생기 넘치는 드레스를
입고 지팡이를 짚은 그녀가 환
한 미소로 카페의 문을 밀고

2022년 4월 일본 후쿠이현 와카사초에 건립된 카츠라 유미 기념
관 개관에 앞서 모델이 그녀의 명작 드레스를 입고 걷고 있다.

천천히 들어오던 모습이 뇌리에 강하게 남아 있다. 보랏빛 터번을 쓴 그녀
는 여성의 삶에 행복이라는 마법의 가루를 뿌려주는 마법사였다.

중국 국민 디자이너 '구오 페이'

황금빛 드레스의 물결 속에서, 그녀는 하나의 신화를 완성했다.
구오 페이는 중국이 낳은 패션의 제왕이자,
예술로 쿠튀르의 왕관을 쓴 마법사였다.

오랫동안 '구오 페이(Guo Pei, 郭培)'의 패션쇼를 직접 볼 수 있다는 사실에 몹시 설레었다. 구오 페이는 중국이 자랑하는 국민 디자이너이자 당시 해외 유명 스타들이 앞다퉈 그녀의 드레스를 입어 화제의 중심에 서 있었다. 구오 페이는 2015년 세계적인 팝가수 리한나(Rihanna)가 '멧 갈라(MET Gala)'에서 입은 드레스로 세계적인 주목을 받았고, 그녀의 영향력은 그 이후 멧 갈라에 등장하는 스타들이 경쟁적으로 롱드레스를 입게끔 할 정도였다. 1967년생으로 1986년에 대학을 졸업한 구오 페이는 패션 회사를 다니며 경험을 쌓은 뒤 1997년에 '구오 페이' 브랜드를 론칭하였다. 2000년대 초반부터 '구오 페이'의 명성이 쌓이면서 그녀가 해외에서 선보인 의상들은 한 벌 한 벌이 스포트라이트를 받을 만큼 최고의 쿠튀리에가 표현할 수 있는 예술성을 보여주고 있었다.

구오 페이가 리한나를 위해 디자인한 옐로 드레스는 레드카펫을 뒤덮을 정도로 엄청나게 길고 풍성하게 펼쳐졌는데, 무게만도 25kg에 달할 만큼 거

구오 페이가 세계적인 팝가수 리한나를 위해 디자인한 옐로 드레스 ⓒ Rihanna Instagram

대했다. 2년에 걸쳐 제작한 카나리아 옐로 드레스는 어마어마한 스케일과 압도적인 비주얼로 중국 쿠튀리에 '구오 페이'를 널리 알렸다. 가격도 입이 딱 벌어질 정도였다. 언론은 구오 페이의 드레스는 50만 파운드(당시 한화로 약 7억 3,000만 원)라고 명시했는데, 아마 리한나가 입은 드레스도 그에 상응하는 가격대일 것으로 추측했다.

구오 페이의 드레스를 입은 리한나가 멧 갈라의 주인공으로 부상하자, 해외 유명 잡지는 특별판의 표지에 그녀를 게재할 정도였다. 그 이후 2018년 뉴욕의 메트로폴리탄 미술관에서 열린 멧 갈라에서는 스타들이 앞다퉈 거대한 장식과 화려한 드레스를 경쟁적으로 입어 화제가 됐었다. 멧 갈라는 미국판 《보그》와 뉴욕 메트로폴리탄 박물관의 코스튬 인스티튜트(Costume Institute)가 기금 마련을 위해 매년 주최하는 자선 갈라이며, 매년 코스튬 테마를 드레스 코드로 선정해 유명 스타들을 초대하고 있다.

2019년 11월 19일, 중국 산둥성 지난(濟南)시가 개최한 '인터내셔널 패션 디자인 위크'의 개막 오프닝 패션쇼는 당연히 중국 정부가 적극 지원하고 있는 구오 페이가 맡았다. 디자인 위크를 산둥성 정부가 적극 유치한 것은 실크 산지로서의 도시 위상을 알리고 아시아의 고품격 패션을 이끌어 가겠다는 야심찬 의도가 담겨 있었다. 때마침 세계의 주목을 받는 라이징스타 '구오 페이'는 이 행사의 대표주자로 내세우기에 적임자였을 것이다. 그해 디자인 위크를 다녀온 내가 쓴 기사는 이렇게 시작됐다.

> "구오 페이의 패션쇼 무대는 실로 놀라울 정도였다. 이번 구오 페이의 오프닝 패션쇼를 위해 대형 붉은 원형 기둥과 조명에 따라 반짝이는 블랙 펄의 런웨이가 조성됐다. 구오 페이의 의상들은 중국 전통 복식의 화려함과 아름다움을 재해석했으며, 실루엣과 장신구, 신발 등에 이르기까지 정교한 장식으로 극한의 럭셔리 무드를 전달했다."

패션쇼에는 중국 정부 관료 및 VIP만 입장할 수 있었는데, 드레스코드가 별도로 없었음에도 한결같이 해외 유명 럭셔리 브랜드의 최신 상품을 착용하고 있었다. 불과 몇 개월 전에 파리 컬렉션에서 발표한 새로운 디자인을 이미 입고 등장한 모습을 보니 중국 VIP의 명품 브랜드 선호도와 부를 과시하려는 의도가 보였다. 패션쇼가 시작되고 조명이 내려앉으면서 무대가 주는 중압감과 함께 황금 색채로 눈이 부신 구오 페이의 드레스들이 숨죽여 바라볼 정도로 찬란하게 빛을 발산했다. 의상 한 벌 한 벌마다 전통적인 수공예 기법과 과장된 실루엣이 어우러졌고, 순간 그녀가 디자이너의 영역을 초월해 패션 아티스트라는 확신을 가지게 되었다. 머리 장식과 신발에

중국 산둥성 지난시에서 개최된 '인터내셔널 패션 디자인 위크' 개막 오프닝 패션쇼에서 선보인 구오 페이 드레스

이르기까지 중국의 전통적인 문화를 읽을 수 있는 선과 장식적 요소를 더해 머리에서 발끝까지 수준 높은 완성도를 보여주었다.

나는 구오 페이의 패션쇼를 보면서 그녀가 중국의 국민 디자이너이기 때문에 오늘날과 같은 명성과 성장이 가능했을 것이란 생각이 들었다. 중국 정부와 국민들의 절대적인 지지를 받고 있는 구오 페이의 회사에는 500여 명의 숙련된 자수 및 수공예 전문가들이 작업을 하고 있다고 했다. 놀라운 규모가 아닐 수 없다.

현지 취재를 하며 들은 바로는 1년에 3,000여 벌의 주문 의상을 숙련된 전

구오 페이(가운데)와 한국 패션팀과의 기념 촬영

문가들과 함께 제작하고 있다는 것이었다. 그만큼 중국 정부는 그녀를 국제적인 디자이너로 육성해 왔고, 그녀는 그러한 기대에 부응하는 듯했다. 이처럼 어마어마한 규모의 수공예 작업을 할 수 있는 여건을 갖추기도 힘들거니와 전통 공예에 능숙한 장인이나 전문가들을 한자리에 모아놓는 것도 거의 불가능하기 때문이었다. 자신의 패션 세계를 확고히 하기 위해 패션쇼에 거의 건물 한 채에 이르는 세트를 지었다가 해체하고, 수백 명의 숙련공과 작업을 통해 쿠튀르를 완성해 선보일 수 있다는 사실은 너무나 부러웠다. 세계 어느 나라에 비교해도 손색없는 세련된 감성의 우수한 패션 DNA를 가진 대한민국의 디자이너들이 당면한 척박한 현실이 안타깝게 느껴지고, 약간 화가 나기도 했다.

패션은 사치 산업이 아니라 국가의 문화적 척도를 가늠케 하는 고품격 산업이다. 산업의 파급효과를 수치로 환산할 수 없을 만큼 국격에 기여하는 바가 크다는 것을 중국 정부는 알고 있는데, 대한민국은 그 중요성을 얼마나 알고 있을까 하는 의문도 들었다. 물론 패션을 전문으로 하는 기자의 입장을 선뜻 이해하지 못할 수 있어 소수의 전문가 의견이라고 치부할 수도 있을 것이다. 하지만 패션산업이 가진 저력과 파급력을 생각하면 우리나라에서도 국민 디자이너가 세계적인 디자이너로 추앙받는 날이 앞당겨졌으면 하는 바람이 생겼다.

패션쇼가 끝나고 다음 날 '포럼 위드 마스터즈(Forum with Masters)'가 열렸다. 구오 페이는 자신의 디자인 특성과 패션 세계에 대해 강연을 했다. 열기는 뜨거웠다. 중국 전역에서 비행기를 타고 디자이너와 만나기 위해 패션학도들이 참석했다. 그들의 열정이 가득 담긴 질문에 그녀는 성의껏 대답했다. 세계적인 디자이너의 강연을 직접 듣고 질문을 할 수 있다는 데 들뜬 모습도 보였다. 포럼이 끝나고 필자가 구오 페이에게 다가가 사진 촬영을 요청했더니 흔쾌히 들어주었다. 마침 이상봉 디자이너와는 수년 전부터 해외에서 만날 기회가 많아 친분이 있었다. 게다가 그녀도 주부이자 어머니인지라 딸에 대한 진로 등을 상담해 온 것이었다. 덕분에 직접 질문을 하고 인터뷰 사진도 찍을 수 있었다. 내 앞의 구오 페이는 소녀 같은 미소의 수수한 외모였는데, 패션쇼에서 그녀가 선보인 강렬한 작품과는 크게 대비가 되었다. 구오 페이, 그녀의 작품은 상상력을 완성하는 순수한 열정에서 비롯된 것이란 생각이 들었다. 하지만 그녀의 성공 뒤에는 중국 정부의 헌신적인 지원이 큰 몫을 차지했음을 부인할 수 없을 것이다. 패션은 미래를 열어가는 최첨단 산업으로 자리 잡고 있음을 확인하는 자리였다.

말레이시아 패션 위크를 가다

말레이시아 패션 위크는 편견을 깨고 새로운 시야를 열어 주었다.
지미 추의 상징적 존재감과 촘촘한 운영, 그리고 다채로운 문화의 공존은
'아시아 패션 플랫폼'으로 도약하려는 도시의 야망을 선명히 보여주었다.

'말레이시아 패션 위크 2016'의 개막 첫날 저녁에 '갈라 디너쇼'가 열렸다. 갈라 디너쇼는 특별한 행사를 시작할 때 관계자 및 VIP들을 초청해 성공을 기원하고 축하를 하는 자리를 말한다. 저녁 식사와 함께 패션 위크에 참여하는 대표 디자이너들의 의상 일부를 선보이기도 하고 약식 공연을 곁들이기도 한다.

말레이시아 패션 위크의 개막식에는 산업부 장관과 함께 왕실 가족이 참석해 패션 위크에 대한 정부와 왕실이 거는 기대치를 가늠할 수 있었다. 말레이시아가 아시아를 대표하는 패션 중심국이자 세계 교역의 플랫폼 역할을 하겠다는 열망을 담은 국제적 규모의 행사인 만큼, 첫날 저녁의 갈라 디너쇼에도 큰 기대를 걸게 되었다.

갈라 디너쇼는 초대장에 명시된 시간보다 한참이나 지연됐는데, '춥고 배고팠던 기억'이 또렷하다. 말레이시아 쿠알라룸푸르는 열대우림의 기후로

개막식 갈라 디너쇼에는 왕실 가족이 참석해 축하해줌으로써 말레이시아 당국이 이 대회에 거는 기대를 엿볼 수 있었다.

연평균 32도 정도의 고온다습한 곳이다. 겨울이 없는 곳이니 당연히 우리 나라처럼 1년에 두 번이 아닌 한 번의 패션 위크가 열리는 것도 이 때문이다. 무더울 줄 알았던 이곳에서 추웠었다는 말이 당연히 이해가 되지 않을 것이다. 그러나 나의 예상과는 달리 갈라 디너쇼가 열릴 컨벤션장은 소름이 돋을 정도로 에어컨을 가동해서 얇은 옷차림의 이방인들은 몹시 추웠다.

갈라 디너쇼가 열리는 대규모 컨벤션장은 층고가 높았는데 해외 초청 미디어와 바이어는 2층 테라스에 테이블을 배치해 1층이 한눈에 내려다보이도록 했다. 또 1층은 로열 패밀리와 정부 관계자 그리고 글로벌 기업 주요 스폰서들을 위해 패션쇼가 열릴 일자형 런웨이를 두고 각각 양쪽에 좌석을 배치해 두었다.

말레이시아 패션 위크의 주최측이 초청한 기자단들이 개막 전날 한자리에 모였다.

해외 패션 위크에 참석한 경험이 있는 나는 미리 초대장의 드레스 코드를 숙지하고 최대한의 격식에 따라 등이 노출되는 검정 세미 드레스를 입었다. 혹시나 해서 민망함을 살짝 가려야 할 때를 대비해 얇은 카디건 하나만을 챙긴 상태였다. 이런 차림이었으니 갈라쇼가 지연되면서부터는 오한이 들어 몸을 움츠릴 정도였다. 내 옆자리에 앉은 이집트 미디어 그룹에서 온 몸집이 큰 남자 기자는 드레스 코드와는 상관없이 디즈니 캐릭터가 그려진 노란색 반팔 셔츠를 입고선 연신 재채기를 해댔다.

행사 시작을 알리는 진행자의 멘트와 함께 뒤편의 대형 출입문이 양쪽으로 열리면서 여왕과 공주, 왕실의 일원인 듯한 수행원들이 천천히 입장했다. 일제히 일어나 정중한 인사와 박수를 보내는 가운데 우아한 드레스에 모피

코트나 숄을 걸친 모습들이 눈에 들어왔다. '더운 나라에서 한기를 느낄 만큼 냉방을 하고 모피라니!' 언젠가 홍콩 패션 위크에서의 비슷한 상황이 오버랩되었다. 홍콩 패션 위크가 열리는 2월 날씨는 우리나라의 봄날 같은 기온임에도 실내에선 냉방을 강하게 하기 때문에 부자들은 모피 코트를 입는 것이 당연하다는 것이었다. 어쩌면 부를 과시하고자 모피를 입으려 냉방을 지나치게 하는 것은 아닐까? 하는 생각이 들었다.

왕관을 쓴 여왕의 드레스는 자연스런 실루엣에 걸을 때마다 과하지 않을 만큼 반짝이는 비즈가 우아한 느낌을 주었다. 함께 자리한 왕족들 역시 크게 다르지 않았는데 요즘 트렌드인 '조용한 럭셔리'가 바로 이런 무드가 아닐까 싶다.

아무튼 격식에 맞춰 행사가 진행되는 동안 나는 몹시 배가 고팠다. 종일 전시장을 둘러보고 개막 패션쇼부터 촘촘히 진행되는 각종 행사에 참여하면서 미리 매칭되어 있는 디자이너들의 인터뷰까지, 바쁜 일정으로 인해 간단한 먹거리 외에는 먹은 기억이 없었다. 강력한 냉방에 얇은 드레스를 입은 나는 말 그대로 '춥고 배고팠다'. 먹거리 넘치는 열대우림의 쿠알라룸푸르에서!

1부 행사가 끝나자 VIP들은 퇴장하기 시작했고 누구의 안내 멘트 없이도 모두들 조용히 일어나 예의를 갖추고 배웅했다.

2부의 패션쇼는 마치 카니발 축제처럼 경쾌했다. 말레이시아 전통적인 모티브의 다소 과한 깃털 머리 장식과 전통의상부터 무슬림 패션, 모던하고

전통의상부터 무슬림 패션, 모던하고 세련된 현대 의상까지 다양한 옷들이 선보였다.

세련된 현대 의상까지, 긴 런웨이를 가득 채운 모델들이 쉴 새 없이 걸어나
왔다. 말레이시아 패션 위크 기간 동안의 패션쇼는 우리나라처럼 절제된
세련감보다는 소탈하고 해학적이었다. 모델들이 가끔은 우스꽝스럽고 과
장되게 걷다가 관객들과 눈을 마주치기도 하고 웃기도 하는데 관람석에서
는 휘파람 등으로 호응과 갈채를 보내기도 한다. 이날 갈라 디너쇼 역시 다
르지 않았는데 여왕의 입장 시 보였던 경건함과는 달리 한바탕 축제 분위
기였다.

저녁 식사는 코스요리로 천천히 서빙되었는데 정확히 어떤 음식이었는지
기억도 나지 않는다. 사실 팔뚝이라도 뜯어먹을 만큼 배가 고팠으니 무엇

인들 맛이 없었겠는가. 그로부터 한참을 지나 밤이 깊어 행사는 끝이 났다.

주최 측에서 제공한 셔틀버스를 타고 호텔로 돌아와 개막식과 갈라쇼 등 당일 취재한 기사를 작성해 신문사에 보내고 뜨거운 물에 몸을 담갔다. 자칫 이곳에서 감기몸살을 달고 갈세라 한기를 날려버릴 심산이었다. 낯설었지만 흥미로웠던 수많은 장면들이 머릿속을 날아다니고 내일 일정을 미리 점검하며 이런저런 생각에 잠겼다.

말레이시아는 입헌군주제로 9개의 왕족이 존재한다. 5년 임기제로 돌아가면서 왕을 선출해 국격을 수호하고 다방면에 걸쳐 영향력을 행사한다고 한다. 패션에 관심이 많은 왕족들이 패션산업에 대한 높은 이해를 바탕으로 지지층이 되어 주니 성공적인 패션 위크가 될 것이 분명하다는 생각이 들었다. 다양한 문화를 수용하고 전통을 중요시하며 과거와 현재, 미래를 생각하는 말레이시아에 더 많은 관심이 생겼다. 또한 열대우림 기후임에도 모피를 입는 환경과 한국과는 달리 드레스 문화가 자연스러운 이들 상류사회는 우리나라 럭셔리 쿠튀르 브랜드들이 공략해야 할 타깃이 될 수도 있겠다 싶었다. 말레이시아에 취재하러 옴으로써 새롭게 알게 된 것들로 인해 편견을 깨뜨리는 '발상의 전환'은 새로운 시야를 열어 준다는 것, 그리고 아는 만큼 보인다는 말이 다시금 머릿속에 각인되었다.

그나저나 수년째 한국 디자이너들과 함께 말레이시아 패션 위크에 참여해 온 모 여성 임원은 갈라 디너쇼에서 드레스 위에 겨울 재킷을 입었던 기억이 난다. '쳇, 미리 좀 알려주시지!' 하며 살짝 원망하는 마음이 생겼다.

말레이시아 국민 영웅 지미 추(JIMMY CHOO)와 서휘진의 대상 수상

'말레이시아 패션 위크 2016'는 영향력 확대를 위해 당시 런던을 중심으로 세계적인 영향력을 펼쳐 가고 있던 디자이너 '지미 추(JIMMY CHOO)'를 위원장으로 추대했다. 지미 추는 1996년에 영국의 패션 전문지 《보그》의 액세서리 편집장이었던 타마라 멜론(Tamara Mellon)과 공동으로 런던에 회사를 설립하고 고급 구두 브랜드 '지미 추'를 론칭했다. 런던의 작은 공방에서 주문형 수제화를 제작했던 지미 추가 만든 새롭고 독창적인 구두들이 《보그》에 소개되면서 패션피플들의 관심을 집중시켰다. 뿐만 아니라 그가 영국의 왕세자비였던 다이애나를 위해 럭셔리한 맞춤 구두를 제작해 온 사실이 알려지면서 명성이 자자해졌다.

이후 할리우드의 유명 여배우들이 레드카펫이나 각종 중요한 자리에서 지미 추를 애용해 레드카펫의 아이콘이 되었고, 영화 '섹스 앤 더 시티', '악마는 프라다를 입는다' 등에 패션 아이템으로 등장하면서 세계적 유명세를 타게 되었다. 구두에서 시작해 의류와 향수, 패션 액세서리까지 영역을 확대하며 말레이시아에 자긍심을 일깨워 준 인물이다.

이런 배경으로 지미 추를 만나기 위해 말레이시아 패션 위크에 참여하는 젊은 디자이너들이 많아짐에 따라 '지미 추 어워드'를 개최해 전도유망한 미래의 인재를 발굴하고 있었다. 전시장에서 나는 지미 추 기념 부스를 찾았다. 세계 각국의 300여 제품 소개 부스가 자리한 컨벤션센터 전시장에서도 지미 추 기념 부스를 찾기는 어렵지 않았다. 그의 업적을 소개하는 영상과 사진, 영감을 주는 아트워크가 시선을 사로잡았기 때문이다. 지미 추 기념 부스에서 나는 평소 친분이 있었던 서휘진 디자이너와 마주쳤다.

서휘진 디자이너는 대한민국 대표 패션 디자인 공모전인 '대한민국 패션 대전'의 역대 수상자이자 이상봉 디자이너의 컬렉션 팀에서 디자이너로 일한 실력 있는 유망주였다. 수년 전부터 자신의 브랜드 '휘(WHEE)'를 론칭하고 중국 및 아시아 시장을 노크하고 있던 중이었다. 서휘진과 나는 함께 전시물을 둘러보며 대한민국에서도 지미 추처럼 전 국민이 한마음으로 응원하는 세계적인 유명 디자이너가 나왔으면 좋겠다는 대화를 나눴다.

'말레이시아 패션 위크 2016' 위원장으로 추대된 중국계 말레이시아인인 지미 추 ⓒ Wikipedia

지미 추는 중국계 말레이시아인, 즉 화교였다. 지미 추의 성장에 화교들의 영향력이 크게 미쳤다는 이야기를 듣게 되었다. 현지의 관계자에 따르면, 말레이시아는 물론이고 세계 각국에서 화교는 경제적인 면에서 유대인 다음으로 큰 영향력과 단단한 결집력을 보인다고 한다. 지미 추가 런던을 베이스캠프로 세계적인 디자이너가 되기까지는 화교의 응원과 지원이 뒷받침이 되었을 것이라고 했다. 어떤 배경이 있었든 현지의 분위기로 미뤄 지미 추는 이미 말레이시아 패션계의 국민 영웅이나 다름없었다. 그런 지미 추를 말레이시아 패션 위크의 위원장으로 추대한 것은 아직 세계 패션 시장의 변방에 머물러 있는 말레이시아가 중심으로 나아가는 플랫폼 역할을 하겠다고 당당히 선포한 셈이다.

서휘진 디자이너와 필자가 지미 추의 사진 앞에서.

지미 추는 기꺼이 그 사명을 완수하고자 직접 쿠알라룸푸르로 날아와 자국은 물론 각국에서 날아온 젊은 디자이너와 소통했다. 2015~2016년은 지미 추와 직접 대면하기 위해 참여하는 디자이너와 브랜드 대표들이 많았다. 그래서인지 전시 부스 및 패션쇼 참가자가 많이 몰렸다. 자국을 포함해서 총 300여 부스(뷰티를 포함 400개)가 문을 열었다.

중국계 말레이시아인, 즉 화교 출신의 유명 인사들은 지미 추를 비롯해 그의 아들인 대니 추, 배우 양자경, 정이건 등이 있다. 대니 추는 구체관절 인형 스마트돌로 세계적인 유명세를 떨친 인물이다. 그리고 양자경은 미스 말레이시아 출신으로 1980~1990년대에 홍콩 영화의 액션 배우로 활약해 대부분이 홍콩 사람으로 인식하고 있다. 그녀는 2023년 아시아계 최초로 아카데미 시상식에서 여우주연상을 수상해 말레이시아는 물론 아시아인들에게 자긍심을 심어 준 인물이다. 이처럼 중국계 말레이시아인들 중에는 세계적으로 유명한 인사들이 생각보다 많다.

말레이시아 패션 위크에서는 매년 지미 추 어워드가 치러짐으로써 패션쇼

에 참가하는 디자이너들로 하여
금 기대감에 부풀게 한다. 패션
위크가 끝나는 마지막 날 저녁에
지미 추 어워드 수상자를 발표하
는데 한국에서도 서휘진을 비롯
한 몇몇 디자이너들이 도전장을
낸 상태였다. 하지만 유럽이나
뉴욕에서 온 디자이너들의 모던
하고 세련된 의상들을 보며 당연
히 럭셔리 패션을 주도하고 있는
이른바 '패션 선진국'에서 대상
이 나올 거라 추측했다.

서휘진 디자이너 패션쇼

그러나 누가 알았겠는가! 서휘진
과 내가 지미 추의 사진 앞에서 기념사진을 찍으면서 지나가는 말로 소망
했던 일은 그날 저녁에 기적처럼 현실로 다가왔다. 시상식의 마지막 장면,
대상을 발표할 때였다. 그들이 발음하기도 힘든 '서.휘.진'—이 이름 석 자를
외치는 외치는 순간, 기자석에 앉아 있었던 나는 외마디 비명을 지르며 앞
으로 달려나갔다. 내가 수상자 본인이 아님에도 타국의 기자들이 나를 보
고 "축하해!"를 연발할 정도로 펄쩍펄쩍 뛰었던 것 같다. 시상식 내내 나는
지나칠 정도로 사진을 많이 찍어댔고, 그날 저녁엔 쿠알라룸푸르 시내에서
서휘진의 수상을 축하하는 파티도 열렸다.

서휘진은 로맨틱하고 자연스런 실루엣의 원피스와 드레스를 디자인했는데

'지미 추 어워드'를 수상한 'WHEE' 브랜드의 서휘진 디자이너(가운데)와 각 부문 수상자들의 기념 촬영

챙이 넓고 사랑스런 모자를 씌워 전체적으로 매력적인 런웨이를 완성한 것
이었다. 아이러니하게도 의상으로 수상을 했지만 연출용이었던 모자를 사
겠다는 바이어들이 전시장으로 찾아왔을 때 서휘진은 난처해하면서도 즐
거워했다.

대한민국에는 수많은 디자이너들이 활약하고 있다. 훌륭한 1~2세대 디자이
너들이 많지만 세계 무대에서 대표성을 띠고 상업적인 성공을 거둔 사례는
아주 드물다. 한류가 쿠알라룸푸르에도 몰아치던 2016년 11월에 나는 지미
추를 향한 말레이시아 패션인들의 존경심과 결집력을 보며 가슴 한켠이 몹
시 허전하고 속이 아렸다. 패션은 국격을 가늠하는 척도라는 것, 그리고 패

션산업은 그 나라의 문화 수준과 직결된다는 것, 한국에서도 지미 추 이상으로 세계적으로 주목받는 디자이너가 있어야 한다는 것, 그러기 위해 우리 패션계도 의식 수준을 높여 단결해야 한다고 생각했다. 그날 서휘진은 쿠알라룸푸르의 번화가 레스토랑에서 패션 위크에 함께 참여한 한국 디자이너들에게 크게 한턱을 냈다. 나는 쿠알라룸푸르의 음식값이 서울보다 5배 정도 저렴하기에 천만다행이라고 속으로 생각했다.

패션 위크가 끝나고 모두가 귀국하기 위해 짐을 꾸리고 있는 와중에 서휘진은 반딧불을 보러 떠난다고 했다. 현지에서는 캄캄한 밤에 작은 배를 타고 반딧불을 보는 관광 코스가 유명하다고 했다. 반딧불을 보러 떠나는 모습에 문득 '형설지공(螢雪之功)'이란 사자성어가 떠올랐다. 아마도 그날이 서휘진에게는 자신만의 영감을 찾아가는 또 다른 여정의 시작이었을 것이다.

매혹적인 히자비스타

말레이시아 패션 위크의 스케줄에는 매일 '무슬림 패션쇼'가 빠지지 않고 명기되어 있었다. 나는 히잡을 쓰는 무슬림 패션은 단조로움, 그 이상일 수는 없을 것이라고 지레짐작했다. 그럼에도 말레이시아는 무슬림이 전체 인구의 60%가 넘는다고 하니 당연히 별도의 패션쇼를 할 수밖에 없을 것이라 생각했다. 그러나 직접 패션쇼를 보고 나서 편협된 나의 고정관념은 산산이 부서졌다. 무슬림 패션쇼와 전시된 의상들, 여성들의 차림새는 너무나 다채롭고 매혹적이어서 새로운 패션세계를 영접한 것처럼 황홀했던 것이다.

매일 열리는 패션쇼는 기성 디자이너의 메인쇼와 오전 일찍부터 1시간 단위로 이어지는 신인 디자이너들의 쇼(이머징 탤런트)로 나눠 종일 진행되었는데 3일간 참여한 디자이너는 셀 수 없을 정도여서 "말레이시아에 패션 디자이너가 이렇게 많은가?" 하는 의문이 생길 정도였다. 당시 한국에서의 패션쇼는 절제되고 현대적이거나 유럽과 같이 소위 모던 럭셔리를 추구할 때였다. 이와 함께 스트리트 캐주얼 룩은 신진들의 전유물로 여겨져 다양성이 부족한 시기였다. 이에 비해 말레이시아 패션 위크에서 펼쳐진 런웨이는 말 그대로 각양각색이고 천차만별이고 때론 너무 1차원적이거나 유치한 표현도 많았다. 하지만 솔직하고 따뜻하고 다양했고 보는 내내 즐거웠다. 어쩌면 한국 디자이너들도 이곳에서 영감을 얻을 수도 있을 듯싶었다. 패션쇼 무대는 T자형 무대를 변형 없이 계속 쓰고 조명도 크게 차별되지 않으니 오롯이 의상에만 집중할 수 있도록 배려했다.

무슬림 패션쇼는 매일 하나의 패션 장르로 소개되었는데 히잡을 쓴 여성들이 얼마나 세련되고 아름다운지 눈을 뗄 수가 없을 정도였다. 모델은 물론이고 소위 패셔니스타로 불리는 패션쇼 관람객들의 히잡 착용 센스에 감탄할 수밖에 없었다. 서양 여성들에게는 화려하고 볼륨 있는 헤어스타일이 외모를 돋보이게 하지만 머리칼을 꽁꽁 감싸맨 히잡의 무슬림 여성들은 얼굴을 최대한 부각시키기 위해 메이크업에 신경을 많이 쓰는 듯했다. 그런 이유로 뷰티산업의 성장 가능성은 물론이고 한국 화장품에 대한 관심도 높았다. 패션 외에 뷰티 제품을 전시한 컨벤션 코너도 연일 문전성시였고 한국 브랜드들도 다수 눈에 띄었다.

패션쇼에서는 무슬림 패션이 전통을 모티브로 얼마나 다양하게 변화하고 발전할 수 있는지를 보여줬다. 자연스럽고 적당한 실루엣에 반짝이나 크리스털, 각종 장식으로 화려함을 주고 이와 어울리는 히잡은 전체적인 완성도를 높여

주었다. 구두가 패션의 완성이
라면 무슬림에겐 히잡이 그런
역할을 했다. 옷 색상과 절묘한
대비 내지는 동질감을 주었으
며, 메이크업까지도 조화를 이
뤘다. 관람석에 앉은 패셔니스
타들 역시 현대적인 의상과 조
화를 이룬 히잡을 쓰고 소품까
지 완벽하게 코디를 했는데 바
라보는 내내 시선이 즐거웠다.

무슬림 사이에선 언젠가부터
'히자비스타(히잡+패셔니스타)'
가 패션 용어로 대두되고 있
다. 이슬람 종교의 신념에 따
라 머리칼을 가리지만 자칫
억압의 상징이 될 수도 있는
히잡을 이처럼 완벽한 패션

무슬림 패션의 영향력이 확대되고 있는 가운데
화려함도 극치를 달리고 있었다.

아이템으로 둔갑시켰으니 말이다. 물론 전신을 가리는 이슬람 전통의상 아
바야와는 다르지만. 화려한 색상의 옷에는 수수한 단색의 히잡을, 반대인
경우엔 화사한 색상의 히잡과 소품들로 잔뜩 멋을 부린 히자비스타들이 지
금도 눈에 아른거린다.

패션쇼의 분위기도 자유롭다. 마음에 드는 모델이나 의상들이 무대에 오르

면 관객들은 환호를 하거나 박수를 치고 모델들은 잘 웃기도 한다. 한국의 패션 위크보다는 힘을 빼고 사람 냄새를 풍겼다. 모두가 진심으로 즐기는 표정이 참 보기에 좋았다.

전시 중 무슬림 패션 부스를 돌아보는 재미도 유별났다. 히잡을 멋스럽게 쓸 수 있는 다양한 방식과 각양각색의 히잡들, 장미꽃 프린트 가득한 드레스 등이 시선을 빼앗았다. 세상에… 무슬림 패션이라니!

무슬림 패션은 정말 낯설게도, 그러나 너무나 매혹적이었다. 다양한 소재와 디테일을 적용하는 무슬림 패션을 보면서 한국의 독특한 소재를 소개하고 히자비스타들을 공략하기 위한 아이템들을 개발하면 좋을 듯싶었다. 바야흐로 전 세계적으로 무슬림 20억 명 시대를 맞고 있으니 말이다.

이 글을 쓰다가 이런 생각도 해 본다. 우리의 전통의상 한복도 현대사회에 맞게 재해석해 다양하게 입을 수 있게 디자인되면 좋겠다는 것. 언젠가 BTS가 고궁에서 한복을 입고 촬영한 영상이 세계로 송출하면서 큰 반향을 일으켰고 이후 고궁을 거니는 한복 입은 외국인 관광객들을 쉽게 볼 수 있게 되었다. 한국을 찾는 외국인들의 버킷리스트 중 하나가 되었다. 우리의 한복을 글로벌 감각에 맞게 현대적으로 재해석하고 물세탁도 가능하도록 실용성을 부여해 일상에서 멋있는 패션으로 입을 수 있으면 좋겠다. 히자비스타들을 위한 젊은 디자이너들의 도전도 기대해 본다.

단도직입적으로 솔직하게

말레이시아 패션 위크를 취재하면서 나는 패션의 변방쯤으로 치부했던 말레이시아가 과감하게 판을 키우고 세계를 향해 존재감을 드러내려는 시도에 많이 놀랐다. 솔직히 말하면 당혹스러웠고 스스로의 무지함에 대한 많은 반성을 하게 되었다. 특히 목표에 접근하기 위해 '메르세데스-벤츠'의 투자를 받고 세계 16개국의 디자이너와 바이어 기자를 초청해 '아시아 패션 위크'라는 타이틀을 동시에 내거는 진보적 사고는 당시의 서울 패션 위크의 상황과는 크게 비교되기도 했다. 주최 측은 바이어와 기자를 초청하고 극진하게 대우하는 만큼 자국 디자이너와의 1대 1 매칭으로 철저하게 스케줄을 짜서 빈틈없이 활용했다. 그 때문에 기자는 거의 개인적인 시간이 없을 정도로 시간 단위로 잡아둔 인터뷰 취재를 해야 했다. 공식 일정 전이나 후나 '비포 & 애프터'가 촘촘하게 잡혀 있어서 늦은 밤 호텔로 돌아오면 파김치가 될 정도였다.

'말레이시아 패션 위크 2016'은 11월 2일부터 5일까지 나흘간 쿠알라룸푸르 마트레이드 전시 & 컨벤션센터에서 개최되었다. 말레이시아 무역협회(MATRADE)와 스타일로(STYLO)가 공동 주최했다. 말레이시아가 아시아 패션의 중심국으로 부상하겠다는 목표 아래 16개국의 디자이너와 브랜드사들이 패션쇼와 전시회에 참가했으며 300개 부스가 장을 펼쳤다. 이렇게 큰 난장을 펼친 의도는 쿠알라룸푸르가 글로벌 패션 교역을 위한 플랫폼 역할을 담당하겠다는 것이었다.

한국에서도 11개 패션 브랜드가 참가했으며 셋째 날에는 코리아 디자이너 쇼가 펼쳐졌다. 이 행사는 '2016 말레이시아 패션 위크'와 '메르세데스-벤츠 아시아 패션 위크'라는 2개의 타이틀을 함께 쓰고 있었다. 글로벌 기업인 메르세데스-벤츠가 스폰서로 들어와 아시아 패션 위크로 규모를 키울 수 있었던 것 같다. 패션 위크 개막식 날, VIP들이 탄 벤츠들이 행사장 입구까지 속속 들어오는 모습을 보며 욕망을 자극하는 산업인 패션과 벤츠의 만남은 지극히 자연스러운 조합이 아닌가 하는 생각이 들었다. 어쨌든 패션 위크 기간 내내 포토존이 있는 행사장 입구에는 벤츠 신차가 자리 잡고 있었으며 기자들에게 배포한 보도자료에서도 스폰서십 타이틀이 명시되어 있었다. 취재차 초청된 여러 나라의 기자들이 자국으로 기사를 보낼 것이기에 이미 벤츠 회사는 투자 이상의 홍보 효과를 누릴 것이 분명했다. 어쩌면 이런 마케팅 방식이 상호 '윈-윈' 할 수 있는 효율적 방법이 아닐까 하는 생각을 했다.

당시만 해도 서울 패션 위크에 초청된 바이어나 프레스들은 한국 초청을 '외유'처럼 가볍게 생각했던 것 같다. 말레이시아처럼 "비용을 들여 초청한 만큼 철저하게 최대한의 효과를 끌어내자"는 악착같은 면이 부족했는지도 모른다. 그로부터 수년 뒤 서울 패션 위크에서도 국내 화장품 기업을 유치하는 유연성을 보였지만, 브랜드명이 앞부분에 명기됨으로써 패션 위크의 존재감보다 브랜드가 두드러져 주최 측이 바뀌었냐는 질문을 받기도 했다. 사고의 유연함, 정확한 목표 설정, 세밀한 진행에 있어서 2% 부족함이 아쉬웠고 아직도 그렇다고 본다.

말레이시아 패션 위크는 많은 디자이너들과 브랜드사에 균등하게 기회를 주었다. 참여는 자유롭지만 지명도에 따라 환경은 차별성을 둔 것 같다. 유명 중견 디자이너들이나 기업들은 메인 컨벤션에 무대를 할애했고 젊은 도전자들에게는 규모는 작지만 자유로운 무대가 주어졌다. 젊은 디자이너들은 여러 명이 각자의 개성을 보여줄 수 있는 의상들을 몇 벌씩 그루핑을 해

'2016 말레이시아 패션 위크'는 스폰서인 '메르세데스-벤츠 아시아 패션 위크'라는 타이틀도 함께 씀으로써
욕망을 자극하는 산업인 패션과 벤츠의 자연스러운 조합을 만들었다.

서 공동 패션쇼로 진행하는 방식이었다. 또한 티켓을 판매하여 일반인들도
극장을 출입하듯이 1시간 단위로 들고 나고 하면서 자신들이 좋아하는 젊
은 디자이너들의 무대에 응원을 보냈다. 다소 소란스럽기는 했지만 히잡
패션의 젊고 감각 넘치는 관람객들을 보고 있자니 한국의 젊은 패셔니스타
보다 밝고 자유스러워 보이기도 했다.

메인 패션쇼에서는 정말이지 다양한 성향의 의상들이 선보여져 보고 즐기
는 재미가 풍성했다. 심각하고 세련되고 모던하지는 않았지만 가볍고 경쾌
하고 신기했다는 표현을 하고 싶다. 패션쇼는 특정인에게 자리를 할애하고
평가하는 것이 아니라 모두가 함께 즐길 수 있는 축제의 장이 되어야 한다

는 생각이 들었다. 이방인인 나도 현지인들도 즐겁게 환호하며 앉아 있는 가운데서도 저절로 몸이 들썩여지는 건 어쩔 수 없었다. 공식 스케줄로 진행되는 무슬림 패션쇼 역시 다르지 않았다. 전통성과 다양성을 인정하고, 당당하게 표출하며, 서로 다름을 존중하는, 그러면서도 감동과 즐거움을 선사하는 '패션 위크'였다.

05

잊지 못할 패션쇼

"Every day is a fashion show and the world is the runway."
(매일이 패션쇼이고, 세상이 런웨이다)

— Coco Chanel
(프랑스의 패션 디자이너)

2025 F/W 서울패션위크에 참석한 가수 전소민(KARD), 전지우(KARD) ⓒ 서울패션위크

그래도 패션쇼는 계속되어야 한다

패션쇼는 단 15분의 찰나를 위해 수많은 이들의 열정과 예술혼이 모이는
무대다. 아무리 세상이 디지털로 치닫는다 해도, 아름다움과 감성의
무대인 패션쇼는 계속되어야 한다.

패션쇼는 종합예술이고 단편 드라마이다. 15분에서 길게는 20여 분의 패션쇼를 위해 패션 디자이너들은 말 그대로 '영혼을 갈아 넣는 극한의 사지'로 자신을 몰아넣는다. 디자이너는 1년에 두 차례, 한 시즌을 앞당겨 봄 & 여름(S/S)과 가을 & 겨울(F/W) 컬렉션을 발표함으로써 자신이 추구하는 패션 트렌드와 의상을 보여준다. 이때 국내외 바이어와 VIP 고객, 미디어와 인플루언서 등 다양한 홍보 채널을 초대함으로써 자신의 브랜드를 널리 알리고 마케팅에 집중하는 것이다. 매 시즌 발표하는 컬렉션은 브랜드의 역사(아카이브)가 되고 가치를 높여주는데, 한국을 대표하는 디자이너들의 내공은 하루아침에 쌓인 것이 아니라 오랜 세월 이 같은 과정을 통해 축적된 것이라 할 수 있다.

패션쇼는 기획, 연출, 모델, 무대와 음향, 조명 설치 등 수많은 전문가들이 함께한다. 패션쇼에서 디자이너의 의상 제작은 가장 핵심이지만 그 외에도 한 차례 패션쇼를 위한 투자치곤 큰돈이 들어간다. 찰나의 드라마를 위해

디자이너 개인으로서는 허리가 휘청일 정도의 투자가 있어야 하지만, 그럼에도 불구하고 패션쇼를 지속하는 것은 패션 디자이너로서의 사명감이자 때론 숙명이라는 표현을 한다. 즉, 운명은 피할 수 있지만 숙명은 피할 수 없다는 논리이다.

모 디자이너는 파리에서 수년간 패션쇼를 개최한 적이 있는데, 그때마다 서울 강남의 사옥 1개 층이 날아갔다는 우스갯소리를 한 적이 있다. 그럼에도 패션 디자이너로서의 '숙명'은 자신이 추구하는 패션 세계를 디자인 작업을 통해 세상에 내어놓고 대중과 소통하는 통로이자 무대인 패션쇼 개최를 포기할 수 없도록 만든다.

해외 4대 컬렉션으로 손꼽히는 파리, 뉴욕, 런던, 밀라노 패션 위크에서 매시즌 패션쇼를 개최하는 명품 브랜드나 주요 해외 브랜드들의 무대는 실로 어마어마하다. 패션쇼를 위해 성을 지었다가 허물고 인공 해변을 만들고 물길을 트는 식의 무에서 유를 창조하곤 한다. 세계 각국에서 오디션을 위해 모여든 엄청난 숫자의 모델들이 런웨이를 누비고, 유명한 아티스트들과 콜라보레이션을 통해 공연과 함께 패션쇼가 진행되는 경우도 많다. 유럽에서는 패션쇼를 위해 기꺼이 성을 내어주기도 하고, 박물관이 런웨이가 되기도 한다. 이러한 패션쇼는 전 세계 대중에게 패션 브랜드에 대한 환상을 심어주고, 갖고 싶은 욕구를 부추긴다. 제품이 아닌 아름다움에 대한 가치를 기꺼이 치르게 하는 마법을 부리는 것이다.

한국에서도 서울 패션 위크가 매년 두 차례 열리고 있으며, 국내 디자이너들은 이 무대를 통해 자신들의 패션세계를 펼쳐 보이고 있다. 기자는 매번

서울특별시가 주최·주관하는 서울 패션 위크. 매년 봄과 가을 서울특별시에서 열리는 글로벌 패션 비즈니스 이벤트이다.
ⓒ 서울패션위크

서울 패션 위크를 참관하면서 브랜드의 차기 시즌 의상들을 미리 볼 수 있는 기회를 가져왔고, 또한 새롭게 도전하는 신진들의 무대를 통해 가능성을 읽기도 했다. 기자는 런웨이에서 보여지는 화려함보다는 이 순간을 위해 쏟아부었을 디자이너들의 노고와 열정을 잘 알기에 자꾸만 무대 뒤쪽에 마음이 쓰인다. 대중들이 보는 화려함과는 반대로 무대 뒤에서 심장을 졸이는 디자이너의 모습이 내 눈에는 오버랩된다. 그래서 패션쇼는 런웨이의 화려한 '빛'과 무대 뒤의 '어둠'이 공존하는 무대라고 할 수 있다.

패션쇼 관람을 위해 1시간 전에 패션쇼장 입구에 도착하고 30분 정도를 대기한 후 입장한 사람들은 기대에 가득 차 있다. 초대된 유명 인사나 연예인들이 도착해 앞줄에 앉으면 패션쇼 시작 전 카메라 플래시가 터지고, 주변은 웅성웅성거리며 술렁인다. 처음 패션쇼를 관람하는 사람들의 경우 잔뜩 상기된 표정으로 기대감에 설레는 감정을 엿볼 수 있다. 이윽고 조명이 꺼지고 음악이 심장을 울리면 그때부터 디자이너가 밤을 새우며 디자인한 의상들을 입은 모델들이 등장한다.

패션쇼는 디자이너가 지향하는 패션 스토리를 잘 전달하기 위한 음악과, 때로는 아티스트들이 등장하는 퍼포먼스가 펼쳐지기도 한다. 기자는 분위기에 취하기보다 의상을 자세히 보려고 노력한다. 말 그대로 15분의 패션쇼는 순식간에 흘러간다. 처음 관람하는 사람들은 "벌써 끝난 건가?"라며 아쉬움을 토로하기도 한다. 어떤 패션쇼는 너무나 큰 감동을 선사해서 끝이 난 후에도 한동안 자리를 뜨지 못하게 하기도 한다. 기자는 그러한 감동을 매 시즌 한두 번씩은 느끼곤 하는데, 그럴 때는 직업에 대한 자긍심이 커진다.

요즘 같은 세상, 즉 분·초 단위로 전 세계가 하나로 이어지고 소통하는 세상에서 패션쇼가 굳이 필요한가? 투자 대비 효율성이 떨어지는 퍼포먼스에 지나지 않는다는 부정적인 견해와 전망도 나오고 있다. 그럼에도 불구하고 세계 유명 브랜드들이 막대한 돈과 시간과 열정을 들여 패션쇼를 하고, 전 세계로 영상을 송출하는 이유는 무엇일까? 패션산업은 인간의 감성을 자극하고 욕망을 이끌어 내고 환상을 심어주기 때문이 아닐까? 분·초 단위로 세상이 급변해도 아름다움과 미적 가치에 대한 추구는 어쩌면 영원히 로맨틱한 아날로그식 표현에 기반하기 때문일지도 모른다. 물론 표현의 도구는 첨단이 되어야겠지만 말이다. 그래서 패션쇼는 계속되어야 한다!

기자가 해외에서 처음 취재한 패션쇼는 1990년대 중반 즈음, 일본 도쿄에서 개최된 '겐조(KENZO)' 패션쇼였다. 아시아의 바이어와 프레스를 초청해 진행한 '겐조' 패션쇼는 당시 기자에게는 큰 문화적 충격으로 다가왔으며 뇌리에 깊게 각인되었다.

수많은 관중이 자리한 대형 컨벤션장에 조명이 꺼지자 일본 전통 악기의 연주가 시작되었다. 어디선가 연기가 피어오르고 나른한 향이 퍼져나갔다. 이윽고 조명이 조금씩 밝아지면서 천장에 매달린 대형 향로가 서서히 무대 중앙으로 내려와 앉혀졌고, 몽롱하게 기분 좋은 향기가 퍼져나갔다. 전통 기모노를 입은 아티스트가 안무를 했는데, 음향과 향기와 퍼포먼스까지 모든 것이 본격적인 패션쇼가 펼쳐지기 이전에 이미 관람객들의 감각을 자극하고 일깨우고 있었다.

본격적인 패션쇼에서는 '겐조'의 이미지를 강렬하게 각인시키는 화려한 기모노 색상과 실루엣의 의상들이 끝없이 노출되었던 것 같다. 다카다 겐조(Takada Kenzo, 1939~2020)는 아시아 디자이너로서 1970년대 파리에 진출해 이국적인 디자인으로 패션계를 매혹시켰는데, 이로 인해 1980년대부터 일본 디자이너들이 세계에 진출하고 주목받게 하는 데 큰 역할을 했다. 특히 겐조는 '기모노 슬리브(Kimono sleeve)'를 패션용어 사전에 올려놓을 정

다카다 겐조가 1996년 F/W 기성복 컬렉션 발표회 마지막에 포즈를 취하고 있다. ⓒ AFP

도로 일본 특유의 동양적 표현으로 유럽을 열광하게 한 인물이다. 동양적 모티브를 서양복식에 접목하고 다양한 문화를 섞어 표현함으로써 거부감 없이 서양인들에게 스며들어 순식간에 세계로 뻗어나갔다.

기자가 취재를 했던 1990년대는 '겐조'가 글로벌 브랜드화에 속도를 내던 때였던 것 같다. 1993년에 세계적인 명품 브랜드 그룹 LVMH에 브랜드가 인수되면서 아시아 시장은 물론 세계로 뻗어나갈 마케팅에 뒷심을 더할 때였으니, 일본의 도쿄에서 아시아 마켓 공략을 위한 인상적이고도 대규모의 패션쇼를 진행한 것이었다.

그날 굳이 기모노 스타일의 의상들을 주로 선보인 데는 '겐조'의 브랜드 정체성과 이미지를 각인시키는 데 목적이 있었기 때문이라고 생각된다. 기모

다카다 겐조는 일본 특유의 동양적 표현을 서양 복식에 접목시킴으로써 유럽 패션 시장의 스타로 떠올랐다.

노의 평면 재단이 보여주는 여유로운 실루엣에 화려한 컬러들은 아름답고 매혹적이었으며, 시선을 무척 즐겁게 해주었던 것 같다. 그때는 겐조가 '빅 룩(Big Look)' 혹은 '에스닉 룩(Ethnic Look)'의 선구자로 불리던 때였고, 한 국에도 웨어펀인터내셔널이 제품을 들여와 국내 소비자들에게도 인기가 높았다.

화려함으로 일관한 패션쇼가 끝나고 새치가 섞인 단발머리의 디자이너 겐 조가 무대에 올라와 인사를 했다. 아시아를 대표하는 세계적인 디자이너라 는 호칭이 무색하게 수줍고 내성적인 모습이 인상적이었다. 그리고 이어진 만찬은 기자에게 많이 어색하고 놀라운 분위기여서 또한 기억에 오래 남았 다. 겐조의 인사에 이어 무대 뒤편이 열렸는데, 꽤나 넓은 만찬 공간에는 작 은 생선꼬치를 굽는 연기가 가득했다. 늘어선 요리사들이 숯불 판을 앞에 두고 생선꼬치를 굽고 있었고, 쇼 관람을 끝낸 초대손님들은 각자 접시에 생선꼬치와 와인잔에 담긴 사케를 들고 다니며 담소를 나누었다. 실내에서 생선을 직접 굽는 것도 이색적이었지만, 패션쇼 시작부터 만찬까지 시종일관 일본문화를 짙게 전달하려는 의도는 좀 의아하기도 했다. 왜냐하면 겐조는 전통과 다양한 문화를 섞어 재창조하려 한다는 인터뷰 기사를 자주 봐온 터였기 때문이다.

만찬 분위기가 한창 무르익었을 무렵에는 약간 취기가 오른 듯한 디자이너 겐조가 모델들과 어울려 잔을 기울이는 모습이 눈에 들어왔다. 기자와 동행한 한국 기업 및 프레스 등 관계자들은 겐조와 기념사진을 남겼다. 숙소로 돌아오는 길, 기자의 옷에는 향내와 구운 생선 냄새가 배어 있었다. 겐조의 패션쇼는 오감을 충족시켰나 보다.

다음 날 조찬을 겸한 기자회견이 있었고, 어제와 달리 멀쩡(?)해진 디자이너 겐조와 글로벌 비즈니스 대표들은 브랜드 홍보와 비즈니스 취지에 대해 열심히 브리핑을 했다. 취재가 끝나자 주최 측은 겐조의 기모노 패턴에서 보여졌던 나비 문양의 양산과 향수를 기념품으로 건넸다. 시종일관 어찌 보면 패션쇼를 철저하게 비즈니스의 도구로 풀어냈지만, 덕분에 기자에게는 오랫동안 겐조의 기모노 패션이 몽환적으로 각인되었다.

역사로 기록될 '최경자 선생 헌정 패션쇼'

한국 패션 교육의 산증인이자 참 스승이었던 최경자 선생 헌정 패션쇼는
한 세기의 역사와 사랑이 교차한 순간이었다. 그날의 눈부신 무대와
제자들의 헌사는, 대한민국 패션이 스승의 정신 위에 서 있음을 증명했다.

누군가 가장 감동적인 패션쇼에 대해서 묻는다면 나는 망설임 없이 2008년에 개최되었던 '최경자 선생 헌정 패션쇼'라고 말할 것이다. '대한민국의 내로라하는' 30명의 디자이너가 의상 작품을 무대에 올렸고, 진정한 참 스승을 향한 존경을 담은 감동적인 패션쇼였기 때문이다. 역사상 유례를 찾아볼 수 없는 이 같은 헌정 패션쇼는 스승 최경자 선생을 향한 제자들의 존경과 감사의 마음이 대한민국의 디자이너들과 패션계를 하나로 뭉치게 하여 역사로 기록될 순간이었다. 함께한 그 역사적인 순간을 기자는 지금까지도 기억하며 대한민국 패션에 자긍심을 갖고 있다.

2008년은 최경자 선생이 패션 교육을 시작한 지 70주년이 되는 의미 있는 해였다. 당시 98세의 고령이었던 선생을 제자들과 함께하는 헌정 패션쇼에 모시기로 한 것이다. 연세가 있으셔서 진행에 어려움이 예상되었지만, 800여 명이 모인 하얏트호텔의 대형 무대 위에서도 선생은 아름답고 당당한 모습을 잃지 않으셨고, 그 의연한 마지막 모습을 사람들은 오래오래 기억하게 되었다.

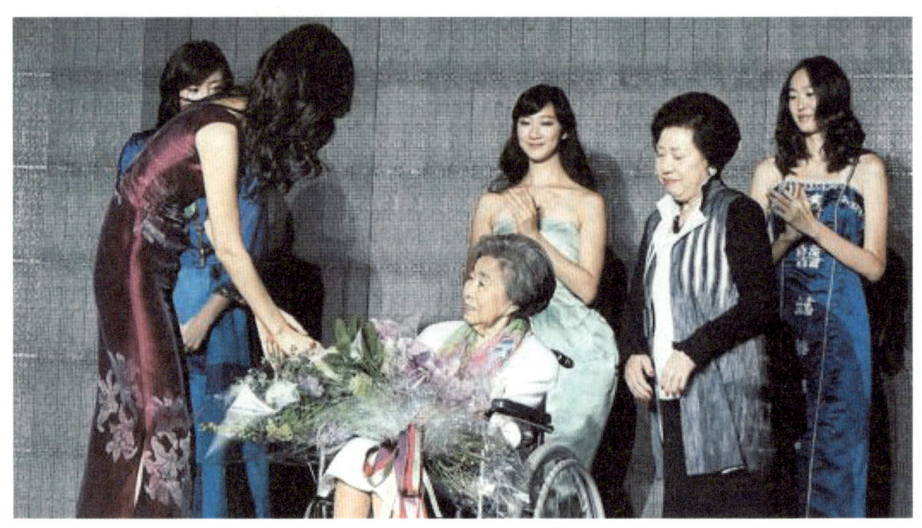

'최경자 선생 헌정 패션쇼'에서 휠체어를 탄 최경자 선생이 자신이 디자인한 의상을 입은 모델들과 악수하고 있다.

참여한 디자이너는 당시 한국의 패션계를 선도했던 김동순, 김선자, 김연주, 김종월, 루비나, 명유석, 문광자, 박동준, 박윤수, 박재원, 박춘무, 배용, 변지유, 설윤형, 손석화, 안윤정, 안혜영, 양성숙, 오은환, 이상봉, 이영선, 이영희, 정훈종, 조명례, 지니천, 진태옥, 최연옥, 추정임, 허지연, 황재복 등으로, 각자 디자인한 최상의 의상들을 헌정 패션쇼 무대에 올렸다. 패션 불모지였던 이 땅에 최초로 패션 교육의 장을 열어 2만여 명의 인재를 양성한 최경자 선생의 노고에 대해 제자들의 진심 어린 보답이었다.

이날 최경자 선생이 국내는 물론 해외에 발표해 한국의 고유한 아름다움을 알렸던 '청자'라는 작품을 비롯해 선생의 역사적인 작품들이 다시 무대에 올랐다. 휠체어를 타고 등장한 최경자 선생은 따님 신혜순 씨와 함께 등장했다. 사람들은 모두 일어나 오랫동안 기립박수를 치며 뜨거운 환호를 보냈다. 제자인 진태옥 디자이너와 한계석 디자이너가 드리는 꽃다발을 받고,

'최경자 선생 헌정 패션쇼'에 참여한 30명의 디자이너들

투병 전처럼 기분 좋은 표정을 지어 보이자 바라보는 몇몇은 눈시울을 적시기도 했다. 지금도 떠오르는 것은 순백의 투피스에 제자들의 서명을 넣어 특별 제작한 무지갯빛 스카프를 두른 패션계 대모의 자애로운 미소이다. 개인으로서 한 세기의 삶과 70년 교육자로서의 인생, 그 이상의 형용할 수 없는 '무엇'을 담고 있었다.

기자는 2008년 5월 22일 《한국섬유신문》에 "디자이너 30명 '최경자 선생 헌정' 한뜻"이라는 제목으로 다음과 같은 기사를 썼다.

'한국 패션 70년, 국제 패션 70년 최경자 선생 헌정 패션쇼'가 많은 화제를 뒤로하고 성공적인 막을 내렸다. 제자만 해도 2만여 명. 한국의 유명 디자이너의 90%가 최경자 선생의 제자이다. 국내는 물론이고 해외에서 활동하는 디자이너까지, 과거의 모델들과 현재의 A급 모델까지 아무런 대가 없이 참여해 한국의 패션 역사를 대변하는 최경자 선생에게 패션쇼를 헌정했다. 패션업계의 큰 관심 속에 유례없는 대형 행사로서 충분한 명분을 갖고 진행된 이번 헌정쇼는 최경자 선생 개인의 역사가 아니라 패션 70년 역사를 기념하는 것으로 시사하는 바가 크다.

5월 20일 하얏트호텔 그랜드볼룸에서 대대적으로 개최된 '최경자 선생 헌정 패션쇼'는 헌정 패션쇼 조직위원회(위원장 안윤정)가 주축이 되어 국제패션연구진흥원과 국제패션디자인학원이 주최, SFAA, KFDA, FGI, NWS가 주관했으며, 롯데·신세계백화점이 함께 협찬했다. 더불어 패션업계의 원로들이 고문을 맡아 큰 행사를 매끄럽게 준비하는 데 각각의 역할을 담당했다.

디자이너들은 각각 최상의 작품들을 소개했다. 최경자 선생의 과거 작품들은 최근 모델들의 신체적 변화 때문에 다소 짧아 보였지만 '산 역사'인 만큼 그대로 입어 연출했다. 과거의 영광을 함께했던 선배 모델들은 그 당시 옷을 입고자 했지만 체형의 변화로 포기해야 하는 안타까운 상황도 펼쳐졌다.

패션업계의 인프라는 역시 '사람'이듯이, 역사와 그 역사를 재현하는 사람들 역시 산증인으로서 뜻깊은 행사를 함께했다. 30명의 디자이너가 각각 두 벌씩의 작품을 내놓은 이번 헌정쇼는 패션업계가 그룹 간, 혹은 선후배 간 모든 이해관계를 초월해 하나의 목소리로 뭉쳤다는 데 큰 의미를 부여할 수 있겠다.

최경자 선생은 1911년 함경남도 안변에서 출생했으며, 헌정 패션쇼가 있은 2년 뒤인 2010년 4월 25일 소천했다. 안변 최부잣집 딸로 피아니스트의 꿈을 키웠던 신여성이 어느 날 피아노를 팔아 재봉틀 한 대를 사면서 디자이너로서, 교육자로서의 길을 걷기 시작했다. 1938년 10월 함흥양재전문학원을 설립함으로써 이 땅에서 최초의 패션 전문 교육을 시작했다. 이후 남하해 국제패션디자인학원과 국제패션디자인연구원을 설립해 2만여 명의 패션인을 배출했다. 최초의 차밍스쿨을 설립해 모델 양성의 기초도 마련했다. 최초의 디자이너 단체인 대한복식연우회에 이어 대한복식디자이너협회를 창립해 디자이너들을 한자리에 결속하게 하고, 오늘날 패션산업의 격을 높이는 초석을 마련한 분이기도 하다.

언제, 어느 때나 패션인들이 모이는 자리에 꼭 함께하시던 최경자 선생이 눈에 선하다. 단정한 투피스 차림에 구두를 신으시고, 나이를 가늠할 수 없을 정도로 꼿꼿하셨던 기품 있던 모습이었다. 업계의 모두가 제자이다 보니 모든 행사를 거르지 않고 나타나셨는데, 대모의 출현에 일제히 일어나 맞이하던 장면이 인상적이었다. 한 분의 스승이 계셔서 모두가 하나가 되었던 아름다운 시절이기도 했다.

전국순회 진웨어 패션쇼를 떠나며 가족, 모델들과 함께 기념촬영(가운데 아이 손을 잡고 서 있는 여성이 최경자 선생)

잊지 못할 헌정 패션쇼를 기록하다 보니 최경자 선생께서 발간한 『패션 70년』 책자의 서문이 떠오른다. 너무나 인상적인 글들이어서 여기에 옮겨 본다. 패션의 본질과 젊은이들에게 와닿을 글이기에.

"나는 젊은이들을 보면 참 기분이 좋다. 요즘 젊은 후학들을 보면 그들의 뛰어난 감각에 감탄이 저절로 나오기 때문이다. 그들을 통해서 나는 이제 우리나라의 패션산업도 본 궤도에 올라서고 있음을 실감한다. 그리고 디자이너로서보다는 한 사람의 교육자로서 살아온 선택이, 내 인생이 결코 헛된 것은 아니었구나 하는 안도감에 사로잡힌다. 나는 패션이란 '생각하는 것'이 아니라 '느끼는 것'이며, '제공하는 것'이 아니라 '제안하는 것'이라고 가르쳐 왔다. 디자이너는 물결이 아름답다고 해서 그 표면의 색에만 감동해서는 안 된다. 바다의 깊이와 바닷속의 해초를, 그리고 반짝이는 푸른 물결과 하

1970년대 작업실에서 디자인을 하고 있는 최경자 선생

늘빛, 그 모든 것을 동시에 떠올리면서 디자인해야 하는 것이다. 언젠가 외국의 어떤 패션디자이너가 패션을 '바람'에 비유한 것을 보았다. 패션의 본질을 변화로 보고, 그 변화를 바람에 비유한 것이 아닌가 싶다. 나는 그의 패션 철학에 공감한다. 그리고 그 바람을 쫓으며 살아온 내 인생에 후회는 없다."

평생 소명의식을 갖고 하루 24시간을 25시간처럼, 패션 교육에 헌신하신 최경자 선생께 감사와 존경을 드린다. 잊지 못할 '헌정 패션쇼'는 오랫동안 역사로 기억될 것이다.

천국으로의 초대 '진태옥 컬렉션'

한 벌의 옷이 시가 되고, 한 무대가 영혼의 여정이 되는 순간 — 그것이
진태옥 컬렉션이었다. 그의 패션은 세속의 아름다움을 넘어, 인간 존재의
깊은 울림을 천국으로 초대했다.

패션쇼의 본질은 디자이너의 패션 세계를 의상을 통해 구현하는 것이다. 디자이너의 패션 철학을 기반으로 대중에게 효과적으로 전달하기 위해 온갖 예술적이고 드라마틱한 요소를 적용해 무대에 펼쳐 놓는다. 때로는 별도의 장치 없이도 의상만으로 진한 감동을 주는 패션쇼가 있다. 기자에게는 항상 진태옥 디자이너의 패션쇼 무대가 그러했다. 패션계의 살아 있는 전설로 불리는 진태옥 디자이너를 나는 패션인이자 한 인간으로서 늘 존경하고 그분이 펼칠 패션쇼 무대를 설레는 마음으로 기다리고는 했다.

60여 년 세월을 패션디자이너로서 열정과 '최고'라는 자존감을 지켜온 진태옥 선생의 패션쇼 중에서 2014년 10월 19일에 개최된 2015 S/S 서울 패션 위크에서의 개막쇼는 기자에게 잊지 못할 감동을 선사했다. 2015 S/S 진태옥(JINTEOK) 컬렉션의 테마는 '브리스 오브 미스트(Breath of Mist)'였다. 테마에서 느낄 수 있을 정도로 패션쇼에는 오간자, 시폰, 저지 등 가벼운 소재들과 화이트, 베이지 등 부드럽고 편안한 컬러들이 접목된 의상들

2015 S/S 진태옥(JINTEOK) 컬렉션—'브리스 오브 미스트(Breath of Mist)'

이 선보여졌다. 특히 스포츠웨어에 많이 사용되는 '에어 메시 소재'를 다양하게 활용하여 스커트와 드레스를 디자인했는데, 맥시 드레스는 페티코트처럼 크게 부풀려져 우아하게 보였다.

모델들은 최대한 천천히 런웨이를 누볐다. 가볍게 마음을 어루만지는 듯한 의상과 함께 영혼과 육신이 곧 서서히 날아오를 듯 몽환적 표정과 음악까지 시종일관 잔잔한 감동을 이어 주고 있었다. 런웨이에는 모래를 깔아두어 의상의 사각거리는 소리와 함께 마치 해변을 따라 함께 걷는 듯한 공감을 불러일으켰다.

그 순간 필자는 마음 한켠이 아련해졌다. 만약에 내가 이 세상을 떠나는 날이 온다면 오늘 감동을 준 의상을 입고 가고 싶다는 생각이 들었다. 그날 기자는 개인 SNS에 이와 같은 글을 남겼다.

"천국은 자신이 가장 행복했던 순간으로 되돌아가 영원히 머무르는 것이라 했습니다. 진태옥 선생님의 컬렉션을 보며 저는 목이 메입니다. 평생 의상을 지어온 그분에게 가장 행복했던 순간은 언제였을까... 사각사각 런웨이에 뿌려진 모래 위에 남겨진 발자국이 덧없는 삶을 의미하는 것도 같습니다. 한숨 가벼운 공기에도 쓸려가 버릴... 만약 제가 이 세상과 이별하는 순간이 온다면 감히 선생님이 지으신 이 옷을 입고 가면 참 좋겠다는 생각이 들었습니다. 가장 행복했던 순간으로 돌아가는 길에 말입니다... 여러분의 행복했던 순간, 천국은 언제였나요? 그대... 사랑합니다."

이날 진태옥 컬렉션에는 늘 그러했지만 임권택 영화감독과 손숙, 박해미 등 유명 영화인과 배우, 김영희 닥종이 작가 등 저명 인사들이 자리했고, 기자를 비롯한 패션인들은 존경과 찬사를 담아 기립박수를 보냈다.

진태옥 디자이너는 이듬해인 2015년 10월 15일, 데뷔 50주년을 맞아 11월 6일까지 동대문 DDP 이간수문에서 특별 전시회를 개최했다. 'ANTHOLOGY: Jin Te Ok, Creation of 50 Years'라는 타이틀로 서울과 파리, 소녀와 여인, 엘레강스와 아방가르드, 밤과 아침, 고독과 환희, 고전주의와 미래주의 등 다양한 분야를 넘나들며 창의성을 표출한 히스토리를 보여주었다. 특히 디자이너의 아카이브에서 발췌한 80여 벌의 옷들은 바라보는 이들로 하여

진태옥 데뷔 50주년 컬렉션—'ANTHOLOGY: Jin Te Ok, Creation of 50 Years'

금 저절로 감탄사를 자아내게 했다. 패션 전공 학생들과 패션피플, 패션산업 관계자들은 물론 진태옥 평생의 고객들과 일반 대중에 이르기까지 전시장으로의 발길은 멈출 줄 모르고 이어졌다.

세계적인 패션 저널리스트 수지 멘키스는 디자이너의 의상을 보고 "진태옥의 옷은 한 편의 시와 같다"고 말한 적이 있다. 디자이너는 심플하고 슬림한 실루엣을 중요시한다. 가장 한국적이면서도 동시대적인 옷으로 여성들에게 꿈의 패션을 입힌 대한민국 대표 패션 아이콘이다. 이 사실은 과거와 현재, 미래까지도 변함이 없을 것이다. 진태옥 디자이너와 같은 시대를 살아가고 있다는 것은 크나큰 행운이다.

송지오(SONGZIO)와 뮤즈 '차승원'

30년간 변치 않는 신뢰와 열정, 디자이너 송지오와 뮤즈 차승원은 한국
패션의 상징이 되었다. 그들의 무대는 세월을 초월한 남성미와
예술적 동행의 증거로, 여전히 현재진행형이다.

한국 대표 디자이너 남성복 브랜드 '송지오(SONGZIO)'의 패션쇼는 매 시즌 강렬한 인상을 남긴다. 송지오 디자이너의 패션쇼에는 30여 년 넘게 매 시즌을 한결같이 등장하는 모델이 있다. 바로 대한민국 최고의 모델이자 배우 차승원이다. 차승원은 '송지오(SONGZIO)' 브랜드의 뮤즈이다.

관람객으로 가득 채운 대규모 패션쇼장이 서서히 암전되고 수런거림이 침묵 속에 잠기면, 드라마틱하고 심장을 두근거리게 하는 박진감 넘치는 음악과 함께 조명이 켜진다. 잇달아 마음을 진정시킬 여지를 주지 않고 등장하는 인물이 있다. 차승원이다.

패션피플들의 심장은 '쿵' 하고 잠시 멈춘다. 항상 차승원이 제일 먼저 등장하는 것을 알고 있는 마니아들은 사진 촬영할 준비를 하고 조명이 켜지길 기다리지만, 그렇지 않은 경우 근사한 샷을 놓치고야 만다. 넋을 잃게 하는 강렬한 아우라와 일말의 망설임 없이 정면으로 향하는 걸음걸이, 여유롭고

'송지오(SONGZIO)' 브랜드의 뮤즈 차승원의 런웨이 ⓒ 서울패션위크

도 풍부한 표정은 당대 어떤 남성복 모델도 흉내 낼 수가 없는 그만의 매력이다. 넋이 나간 표정의 관람객들이 탄성을 지르면 가끔은 보일 듯 말 듯 미소를 짓기도 한다.

송지오 컬렉션에는 꽃미남보다는 개성으로 중무장한 남성미 넘치는 모델들이 등장한다. 디자이너는 동서양의 미학이 어우러진 특유의 테일러링과 시크하고 때로는 아방가르드한 패션을 추구한다. 패션쇼에서 선보이는 의상들은 멋을 아는 패션피플들이 입고 싶도록 적절히 실용성을 갖추고 있다. 그래서 개성과 차별성 있는 패션을 추구하는 남성 팬들과 함께 여성들의 열렬한 지지를 받고 있다.

몸의 비율이 좋고 어떤 스타일이라도 잘 소화하기로 유명한 모델 배정남(왼쪽)과 프로모델의 런웨이

패션쇼에는 차승원과 함께 배정남, 이기우 등 '패션에 진심'인 스타들이 함께 모델로서 런웨이에 오른다. 배정남은 모델로서는 작은 신장이지만 몸의 비율이 좋고 어떤 스타일이라도 잘 소화하기로 유명하다. 차승원이 강렬한 이미지로 첫 스테이지를 열면 뒤를 잇는 모델로서 주눅이 들 법도 하지만, 거침없고 진지한 배정남 역시 송지오 컬렉션을 자신만의 개성으로 멋지게 장식하곤 한다. 또한 이기우는 글로벌 모델 사이즈를 갖췄는데 모델 출신이자 배우로서 차승원과 함께 손색없는 무대 매너를 보여주곤 한다. 송지오 컬렉션에는 이와 함께 의상을 잘 표현할 수 있는 실력 있는 프로모델들이 등장하며, 이 무대는 남성모델에게는 최고의 로망으로 손꼽힌다.

송지오와 뮤즈 차승원이 이어온 30년은 고객과 함께 나이 들지 않고 오히려 뒷걸음치며 젊은 층들을 마니아로 흡수하는 저력을 보이고 있다. 어떻게 이런 것이 가능할까. 대부분의 디자이너들은 자신의 나이와는 상관없이 내면의 뮤즈가 나이 듦을 고민한다. 디자이너도 뮤즈도, 고객도 함께 나이 들어가면서 브랜드도 고령화되는 것에 대한 두려움을 가지고 있다. 디자이너라면 누구나 해외 명품 브랜드처럼 자신의 사후에라도 건강한 생명력을 갖고 다양한 연령층과 호흡하고 싶을 것이다. 그런데 송지오는 그의 뮤즈 차승원과 30년을 이어오며 불변의 남성상을 패션을 통해 단단히 지켜가고 있다.

송지오 패션쇼는 차승원에게 첫 무대였던 걸로 알려진다. 변함없이 매 시즌 무대에 등장함으로써 '송지오(SONGZIO)'는 개성 있는 남성복의 대명사가 되었다. 디자이너는 30년 넘게 활동을 해서 한국 남성복의 대가가 되었고, 차승원 역시 톱모델이자 배우로서 탑 클래스를 지키고 있으니 디자이너와 모델의 궁합은 과히 독보적인 관계가 되었다.

2023년 가을에 개최된 서울 패션 위크의 개막쇼는 송지오 디자이너가 맡았다. 동대문디자인플라자(DDP) 광장에서 개최된 송지오 컬렉션은 1,000여 명의 관람객이 모여들었다. 차승원, 배정남, 이기우와 함께 프로 모델 한혜진이 남성복 패션쇼에선 드물게 등장해서 세계 무대에서 극찬받은 워킹을 보여주었다. 엄청난 런웨이 동선에서 줄지어 30년 내공이 집약된 의상들, 그리고 시대적 아이콘인 안무가 아이키 군단의 공연까지 '최고'의 찬사로 이어진 무대가 완성되었다.

안무가 아이키의 런웨이

패션디자이너와 모델의 30년간의 우정은 협업 브랜드로 탄생했는데 바로 'SC30'이다. 송지오와 차승원의 30년(SONGZIO X CHASEUNGWON 30YEARS)의 의미를 함축한 것이다. 꾸밈 없는 시크하고 세련된 의상들이 소개되면서 마니아들은 열광했다.

송지오 디자이너는 파리의 마레 지구에 단독으로 쇼룸을 오픈하고 해외시장에 도전장을 내밀고 있다. 2025년 봄여름부터는 여성복을 론칭했는데, 성별에 구애받지 않는 시대적 패션을 추구하며 바이어들로부터 러브콜을 받고 있다.

우리 내면의 뮤즈는 누구일까? 함께 세월을 보내도 변치 않는 가치를 공유할 수 있을까? 디자이너 송지오와 뮤즈 차승원처럼.

유쾌한 '물의'를 일으킨 YCH

붉은 조명 아래 인력거가 달리고, 기녀의 모자가 빛을 머금은 순간!
YCH의 무대는 예술이었다. 윤춘호는 유쾌한 '물의'를 통해 패션이
감각의 축제이자 상상력의 해방임을 증명했다.

패션쇼 무대 위로 인력거가 등장했다. 붉은 조명 아래 런웨이로 인력거가 달렸다. 인력거 안에는 기녀의 챙모자를 쓴 모델들이 매력적이고 요염한 자태를 뽐내고 있었다. 다소 자극적이었지만 모두를 즐거운 상상 속에 빠지는 매혹적 장면을 선사한 이 패션쇼는 디자이너 윤춘호의 'YCH' 컬렉션 무대였다. 2018 S/S 헤라서울 패션 위크에서 윤춘호는 이 패션쇼를 통해 디자이너로서 자신만의 확고한 감성과 면모를 보여주었다.

윤춘호, 그는 패션계의 핫 아이콘이다. 자신의 브랜드 'YCH'를 론칭하고 서울 패션 위크에 다시 얼굴을 내민 지 세 번째, 2018 S/S 헤라 서울 패션 위크에서의 윤춘호 의상은 마니아들의 갈채와 함께 집중 조명되었다.

YCH를 론칭한 후 국내외 바이어들이 종전과 변함없이 마니아로서 지지를 보낸 것은 이와 같은 엉뚱함, 독창성, 남다른 상상력, 무엇보다 진정성에서 느껴지는 무한대의 성장 가능성을 감지했기 때문은 아닐까?

'2018 S/S 헤라 서울 패션 위크'에서의 윤춘호 패션쇼. 무대 위로 인력거가 등장해 호기심을 자극했다.

붉은 조명 아래 패션쇼 무대 위로 4대의 인력거가 등장한 오프닝만으로 짧은 런웨이 동안에 그가 무엇을 말하고 싶어 하는지를 감지하고 기대하게 했다. 한복의 오리엔탈적 요소를 스트리트 캐주얼과 버무려 유쾌하고 섹시한 룩을 완성한 것이다.

기녀들의 챙모자, 쓰개치마를 대신한 화이트 셔츠와 블랙 재킷, 저고리 역할을 하는 변형된 화이트 셔츠, 롱부츠 스타일로 해석한 버선, 기녀의 속치마 같은 미니 패치코트 등은 한복의 요소로 섹시한 스트리트룩을 연출했다. 롱 & 슬림의 그린 코트 재킷과 팬츠는 잘 떨어지는 실루엣의 정석을 보여주면서 엘레강스한 요소도 엿보였다.

걸을 때마다 리드미컬하게 움직이는 러플 슬립 드레스는 빅사이즈의 후드

셔츠, 스포츠 캡과 어색하지
않은 어우러짐으로 관람객들
의 시선을 사로잡았다. 해체의
미학이 엿보이는 변형 트렌치
코트와 화이트 팬츠, 허리춤은
두루마기 끈과 같은 벨트로 포
인트를 줘 요소요소마다 오리
엔탈적 느낌을 놓치지 않았다.

모자에서부터 계속 어필되어
지는 '센세이션(sensation)'은
윤춘호가 의도하고자 하는 이
번 패션쇼의 메시지를 전달하
고 있다. 사전을 찾아보니 '센
세이션'은 "많은 사람들을 순

패션쇼 무대를 장악한 모델 장윤주의 도발적이고 섹시한 워킹

식간에 흥분시키거나 물의를 일으킨다"고 기술돼 있다. 'YCH'가 지향하는
바는 바로 패션으로 많은 이들이 판타지를 경험하게 하는 것, 그리고 행복
한 바이러스를 퍼뜨리는 '물의'를 의미하는 것이었으면 한다. 쇼가 끝나고
바이어들의 대시가 바로 이어졌음은 말할 나위 없다.

이날 패션쇼에는 장윤주 모델이 등장했는데, 그녀가 모델로서는 큰 키가
아님에도 독보적인 신체적인 비율과 누구와도 비교 불가한 매력적이고 독
특한 워킹으로 시선을 사로잡았다. 빨간색의 수영복에 큰 챙모자, 광택 있
는 롱부츠를 신고 거침없이 매력을 발산하는 장윤주는 그날, 윤춘호의 뮤

패션쇼를 마치고 백스테이지에서의 윤춘호와 모델들 © 김철성

즈로서 그의 패션세계를 정확히, 당당하게 대변했다.

윤춘호는 지금 세계적인 디자이너이다. 여성복은 물론 남성복까지 디자인 영역을 확장하고 세계의 유명한 바이어들로부터 끊임없는 러브콜을 받고 있다. 윤춘호는 한국과 해외의 내로라하는 스타들과 패션을 사랑하는 마니아들에게 신격화되고 있다. 패션 위크를 후끈 달구고 마니아들을 줄 세우는 윤춘호의 무대가 기다려진다. 다음에는 인력거가 아니라 또 어떤 무대를 보여줄 것인지 궁금해진다. 그는 청중을 사로잡는 마력을 지닌 종합 예술가이기에.

패션연출계의 레전드 정소미 감독

초여름 밤, 석촌호수 위를 물들인 핑크빛 런웨이에는
바람과 빛과 사람이 함께 춤추고 있었다.
그 무대를 완성한 이는, 한국 패션연출의 살아있는 전설 정소미였다.

5월의 마지막 날 저녁, 초여름 바람이 싱그럽게 이마를 스쳐갔다. 서울의 잠실 석촌호수의 서호 무대와 수변 산책로는 핑크빛 카펫을 깔아 패션쇼 런웨이가 만들어졌다. 야외에서 열리는 패션쇼는 실내 패션쇼에 비교할 때 엄두도 낼 수 없을 만큼의 엄청난 동선이었는데, 수변 산책로에는 가로수 사이마다 패션쇼 조명을 설치해 어둠이 내릴수록 의상이 돋보이고 또한 로맨틱한 무드가 강조되었다.

2024년 5월 31일 저녁 6시부터 석촌호수에서 열린 패션쇼는 '서울패션로드 2024'의 일환으로 서울특별시가 서울시 곳곳의 핫플레이스를 부각시키려는 의도에서 기획된 것이었다. K-웨이브로 세계의 이목과 관심이 서울로 쏠리고 있는 때를 놓치지 않고 서울 곳곳을 런웨이로 삼아 서울이 K-패션의 발신지이자 세계로 나아가는 플랫폼임을 알리기 위함이었다.

야외의 패션쇼는 날씨가 도와주어야 한다. 본격적인 패션쇼를 시작하기 전

석촌호수에서 열린 '서울패션로드 2024'

에 음악회가 열리는 중에 빗방울이 떨어지기 시작했다. 진행 측은 급히 패션쇼를 앞당겨 진행했는데, 수변 무대에 방수 커버를 씌운 핑크색 방석들을 놓아두어 관람객들은 머리에 쓰고는 즐겁게 패션쇼를 관람할 수 있었다.

비는 오락가락했지만 산책로와 수변 무대는 온통 핑크빛이었고, 오솔길 사이의 수많은 조명등이 켜지면서 사람들은 패션쇼에 집중했다. 비가 그치면서 잠깐 무지개가 뜨기도 해서 자연현상이 패션쇼의 연출을 돕기도 했다. 긴 런웨이를 걸어 나오는 모델들은 거의 호수 반 바퀴를 도는 셈이어서 발이 아플까 보는 이들이 우려하기도 했지만, 3개 브랜드의 디자이너 의상들을 입은 수많은 모델들이 마치 축제의 퍼레이드를 하는 듯한 장관을 이루었다. 로맨틱한 음악과 초여름 호수의 아름다움, 패션쇼 무대와 관람객의

석촌호수에 이어 뚝섬 한강공원에서 진행된 두 번째 서울패션로드. 사진은 디자이너 브랜드 '홀리넘버세븐'.

머리 위를 날아다니는 드론까지, 한바탕 즐거운 축제였다.

패션쇼에는 뮌, 분더캄머, 비뮈에트 3개 패션디자이너 브랜드가 소개되었다. 이미 국내는 물론이고 해외에서도 독창적이고 감도 있는 디자인으로 인정받고 있어서 대규모 무대에서도 의상 한 벌, 한 벌이 눈에 들어올 정도였다. 어마어마한 동선의 런웨이를 높은 구두를 신고 멋지게 소화한 수많은 모델들과 연출 및 무대 설치팀, 공연을 한 아티스트들, 보안팀 모두의 수고로움이 어우러져 빚어낸 완벽한 무대였다.

서울패션로드는 멈추지 않고 8월 30일 뚝섬 한강공원에서도 열렸다. 이날의 런웨이는 가을을 부르는 계절에 맞춰 오렌지빛으로 물들였다. 이 무대에는 비스펙, 비건타이거, 홀리넘버세븐의 디자인이 등장했다. 아직은 더위가 물러가지 않았지만 저녁 7시가 되니 선선한 강바람에 나뭇가지가 수런거리며 금요일 밤의 운치를 더했다.

그중에서도 기자는 '홀리넘버세븐'이라는 디자이너 브랜드의 의상에 유독 시선이 갔다. 홀리넘버세븐은 최경호, 송현희 부부 디자이너가 함께 만들어가는 브랜드인데, 특유의 로맨틱한 무드를 스트리트 캐주얼웨어로 풀어내고 있어 패션쇼마다 시선을 즐겁게 한다. 이날은 버려지는 웨딩드레스로 새롭게 디자인을 해서 선보였는데, 모델 한 사람, 한 사람이 다 아름답게 보이도록 완벽하게 스타일링을 해서 너무나 매혹적이었다. 여유를 갖고 머리 위를 날아다니는 드론에게 손도 흔들고 오랜만에 만난 패션피플과 반갑게 인사를 나누었다. 8월의 마지막 날, SNS마다 뚝섬에서 열린 서울패션로드가 도배되다시피 장식되었다.

2024 서울패션로드가 대단위 야외 패션쇼의 성공 사례가 된 데는 패션쇼 연출가 정소미 감독의 오랜 노하우와 예리한 시선, 고도의 집중력이 바탕이 되었다. 정소미(더모델즈 대표) 감독은 대한민국 패션연출의 대부로 불리는 이재연(모델라인 대표), 도신우(모델센타 대표)에 이은 첫 여성 연출감독으로 손꼽힌다.

정소미 감독은 패션모델로 시작해 현재 40년 가까이 패션쇼를 기획 연출하고 프로모델 양성 교육을 해왔다. 오랜 노하우에 기대지 않고 쉼 없이 새로운 방식을 받아들여 새로운 생태계를 조성해오고 있는 열정적이고 진취적인 인물이다. 그녀는 1990년 한국 최초의 정기 컬렉션인 SFAA(Seoul

Fashion Art Association)의 패션모델로 런웨이에 올랐으며, 이어서 서울 패션 위크 및 유명 브랜드 패션쇼의 기획, 연출가로 변신해 디자이너의 패션 세계를 최고이자 최적의 상태로 표현하는 데 정성을 다했다. 정소미 감독은 1999년 더모델즈를 설립하고부터 2000년부터 2020년까지 서울 패션 위크의 총연출을 맡았다. 항상 새로운 무대 연출을 시도함으로써 대한민국 패션쇼의 품격과 감도를 선진국에 버금가는 수준으로 끌어올리는 데 혁혁한 공을 세웠다. 또 한 가지, 정소미 감독은 국내 최초의 패션스쿨인 국제복장학원에서 설립한 차밍과의 유일한 워킹 강사로 발탁되어 1세대 교육자로서 모델 교육의 기초를 다진 주인공이기도 하다.

기자가 정소미 감독을 유심히 바라보고 늘 시선을 두게 되었던 시점은 사실 아주 오래전이다. 30대 취재부장이었던 기자가 홍콩에서 열리는 홍콩 패션 위크에 취재차 가게 되었다. 홍콩 패션 위크 기간에 아시아 디자이너들의 패션쇼가 열렸다. 그때 취재를 마치고 행사장 입구를 빠져나오려다 연출 부스에서 영어로 현지 팀들과 대화를 하는 정소미 감독을 보게 되었다. 허락 없이 연출 부스를 드나들 수 없었을 텐데, 당당히 밀고 들어간 그녀가 여러 가지 질문을 쏟고 있었다. 귀 기울여 보니 조명과 동선 등 연출기법에 대해 집중적으로 질문하고 자문을 구하고 있었다. 나중에 안 일이지만 그녀는 독학으로 영어를 마스터한 덕분에 전문 분야에 이르기까지 거침없는 대화를 나누었다. 언젠가 상하이에서 한국 디자이너들의 패션쇼가 열리는 무대에서도 현지 스태프들에게 영어로 연출을 주도하고 있었는데, 매끄러운 진행에 기자는 존경심을 가지게 되었다. 한국에 돌아왔을 때 대형 패션쇼 무대마다 정소미 감독이 있었고, 당시 시도되지 않았던 과감하고 다양한 방식의 패션쇼 연출이 이뤄져 내심 감탄하기도 했다. 이런 정소미

모델에서 레전드 패션연출 감독으로 변신한 정소미

감독이 국내는 물론 해외에서 한국을 홍보하는 패션행사와 패션쇼를 연출한 횟수는 이미 셀 수 없을 정도로 많다.

코로나로 인해 오프라인에서 온라인으로 패션쇼 영상의 송출 방식이 적용되면서 연출계에 새로운 바람이 불었지만, 정소미 감독은 온·오프라인의 새로운 디지털 생태계를 조성하면서 시대적 흐름에 발맞추고 변화를 주도해가고 있다. 2024 F/W 서울 패션 위크에서 고미진 디자이너의 '메종니카' 패션쇼를 보면서 "아! 정소미 감독이 연출을 맡았구나" 하고 단번에 알 수 있었다. 1,000명이 입장할 수 있는 대단위 무대에 10개의 대형 목재 사슴 조형물이 양쪽으로 늘어서 자연스럽고도 신비한 무대를 조성하고 있었다. 거대한 사슴 조형물은 유명 작가의 작품으로 알려졌는데, "도대체 이것을 어떻게 실내에 옮겨놓았을까"라며 감탄할 수밖에 없었다.

이 패션쇼의 테마는 '아르테미스의 화투: 꽃들의 전쟁'이었는데, 아르테미스의 화투를 현대적이고 세련된 패션으로 재해석해서 의상에 투영했다. 전쟁의 슬픔, 동물보호의 중요성을 강조하려는 디자이너의 의도를 가장 인상적으로 표현하고자 한 연출자의 의도가 읽혀졌다. 이처럼 패션쇼는 디자이너가 전달하고자 하는 패션 철학을 효과적으로 표현하는 종합예술 무대이다. 디자이너의 패션 의상을 가장 아름답게 빛나게 하는 데는 항상 전문 연

2024 F/W 서울 패션 위크에서 정소미 감독이 연출한 고미진 디자이너의
'메종니카—아르테미스의 화투: 꽃들의 전쟁' 패션쇼

출가가 큰 힘을 보탠다. 정소미 감독은 디자이너의 패션 철학을 정확하게
읽고 이를 누구나 알기 쉽게 해석해내는 빼어난 연출가이다. 그가 설계한
무대를 보게 되면 이제 살아 있는 레전드임을 확인할 수 있다.

'남다른' 패션쇼

패션쇼는 이제 단순한 유행의 무대가 아니라, 다양성과 공존의 가치를
전하는 새로운 의식의 장이 되고 있다. 이청청, 김세형, 이성동—그들의
무대는 '아름다움'보다 더 깊은 인간적 메시지를 노래했다.

패션쇼에는 화려한 옷을 입은 멋진 모델들만 등장할까? 스포트라이트를 받는 유명인들만 무대에 오르는 걸까? 패션쇼는 다가올 계절의 유행을 앞서 전달하고 아름다움을 추구하는 사람들의 욕망을 부추기고 환상을 부여하기만 하는 것일까?

아니다. 최근 몇 년 동안 패션쇼에도 새로운 의식의 바람이 불고 있으며, 새로운 사고를 전달하고 공감을 이끌어 내려는 젊은 디자이너들의 노력이 엿보이고 있다. 디자이너의 철학과 긍정의 메시지를 패션쇼 무대에서 펼치고 전달하려는 의도로 과감한 시도가 이어지고 있다.

최근 감명 깊게 지켜본 패션쇼는 2024년 2월에 서울 패션 위크에 참가한 이청청 디자이너의 2024 F/W '라이(LIE)' 패션쇼였다. 이청청 디자이너는 자신의 브랜드 '라이'로 패션쇼를 열고 국내는 물론이고 세계 여러 곳에서 제품을 선보이며 시장을 개척해 가고 있다. '라이'는 "인생은 표현이다(Life

is an Expression!)"라는 의미에서 만들
어진 브랜드 이름이다. 과감하면서도 구
조적인 디자인을 보여주는 이청청 디자
이너는 대담한 색상과 부드러운 라인의
조합을 통해 감각적이면서도 로맨틱한
컬렉션을 완성하고 있다.

2024년 2월 2일 동대문디자인플라자
(DDP)에서 개최된 이청청 '라이' 패션
쇼의 주제는 '올림픽(All-ympic)'이었
다. 패션쇼가 시작되자 의수(義手) 작가
석창우 화백이 등장했다. 석창우 화백은
1984년 전기공사 중 사고로 두 팔을 잃

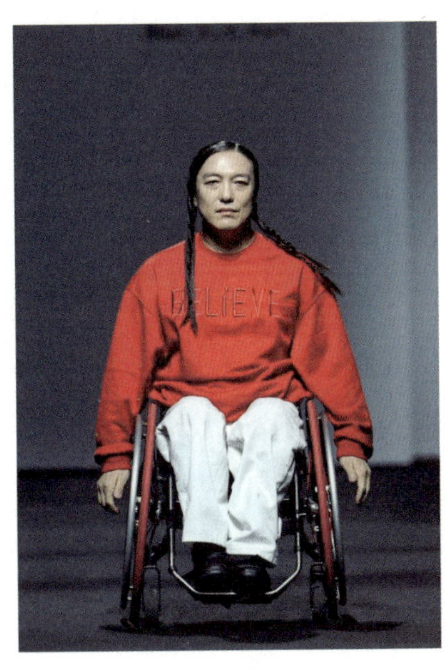

2024년 2월 2일 동대문디자인플라자(DDP)에서
개최된 이청청 '라이' 패션쇼

은 후, 의수에 붓을 끼워 작품 활동을 해 오면서 대중에게 감동을 주고 있
다. 이날 그는 런웨이에서 하얀 천과 의상에 역동적 붓 터치로 작품을 완성
하고, 이를 모델들이 직접 입고 무대를 걷는 퍼포먼스를 주도했다. 석창우
화백의 퍼포먼스에 이어 휠체어 무용가 김용우와 휠체어 댄스스포츠 채수
민이 비장애인 모델과 함께 휠체어를 타고 런웨이를 누볐다. 김용우와 채
수민의 동작은 부드럽고도 역동적이었다. 마음으로 전하는 자연스럽고 아
름다운 동작에 관객들은 아낌없는 박수를 보냈다.

이 패션쇼는 디자이너가 2024년에 열릴 파리 올림픽과 패럴림픽에서 영감을
받아 진행되었는데, 파편적인 조각과 재료를 결합하고 연결했다. 복합적인 실
루엣과 패턴을 만들어내는 디자인의 과정들은 단절된 세상을 하나로 이어주

는 우리 모두의 올림픽 'All-ympic'을 의미하는 것이었다. 이날 선보인 의상들은 디자이너의 시그니처인 '믹스 앤 매치' 조합으로, 각각의 다양성을 존중하는 그의 시각을 나타내었다.

이날 패션쇼를 마치고 이청청 디자이너는 기자에게 "패션쇼를 통해 사회에 바람직한 메시지를 전달하고 싶었어요. 우리 사회의 분쟁과 갈등, 전쟁, 대립에서 벗어나 상처받은 자신들을 돌보고 하나가 되자는 메시지를 무대에서 전달하고자 한 것이었죠"라고 미소 지었다. 늘 반듯하고 진지한 젊은 디자이너 이청청. 그는 대한민국 대표 디자이너 이상봉의 DNA를 이어받은 그의 아들이다.

한편 나와 다름, 즉 다양성을 인정해야 한다는 의식도 젊은 디자이너들의 패션 작업을 통해 확산되고 있다. '아조바이아조(AJOBYAJO)'라는 브랜드를 운영하고 있는 김세형 디자이너는 문신(페이스 타투)을 해서 반항적으로 보이거나 혹은 키가 작거나 몸집이 있는 모델을 런웨이에 기용함으로써 각각의 개성과 다양성에 대한 긍정적 시각을 심어주고자 했다. 또 2023년에는 의족(義足) 모델이 등장해서 당당하고 인상 깊은 런웨이를 보여주어 화제가 되기도 했다.

2024년 2월에 열린 서울 패션 위크 무대에서도 전신 타투의 모델이 속속 등장하는가 하면, 우리가 생각하는 모델의 신체적 특징을 초월한 다양한 체형의 모델이 무대를 누볐다. 그중에는 기자에게 낯익은 모델도 있었다. 평범한 모델이었던 그는 언젠가 군 입대를 앞두고 기자가 있는 홍대 근처를 찾아온 적이 있다. 늦은 저녁에 편집국을 찾아와 가벼운 차담을 나눈 적도 있었고, 그 뒤 휴가 때 찾아와 팔에 새긴 문신을 보여준 적도 있었다. 그

타투를 한 모델이 등장해서 눈길을 끈 김세형 디자이너의 '아조바이아조(AJOBYAJO)' 패션쇼

이후 점점 문신은 얼굴과 전신을 덮어가고 있었는데, 아조바이아조의 패션쇼에서 그를 다시 만나니 반갑기도 하고 당황스럽기도 하였다. 김세형 디자이너는 "간혹 색안경을 끼고 바라본 적이 있을, 남과 다름을 추구하는 다양한 인물들을 모델로 세움으로써 패션의 시작은 다양성을 인정하는 것에서부터 시작해야 한다는 메시지를 전달하고 싶었다"라고 말했다.

같은 시즌에 또 다른 감동은 이성동 디자이너가 만들었다. 그는 '메신저, 전달자'를 주제로 전쟁과 어려운 시기의 상징을 친환경 소재를 활용해 디자인한 의상들을 소개했다. 대한민국 통일부와 특별한 협업을 통해 '잊혀가나 잊어서는 안 되는 것, 납북자, 억류자, 국군포로' 등을 연상시키는 디자인을 구현했다. 이들을 기억하자는 의미로 세 송이의 물망초를 의상 곳곳에 표현하는가 하면, 군복을 연상시키는 카키색 의상들을 런웨이에 펼쳐 놓았다.

나를 잊지 말아요… 납북자, 억류자, 국군포로를 상징하는 모티브의 의상을 선보인 이성동 디자이너의 '얼킨' 패션쇼

2024 F/W 서울 패션 위크에서의 이청청, 김세형, 이성동 디자이너의 패션쇼는 대한민국 패션의 밝고 긍정적인 미래를 보여주었다. 이제 패션쇼는 화려함을 넘어 나와 남의 다름을 인정하고 화합하고 소통하는 긍정의 메시지를 전파하는 의식의 무대로 의미를 더해가고 있다. 그들의 남다른 패션쇼를 위한 노력에 찬사를 보낸다.

06

패션 피플이 되고 싶다면

"Fashion is about dreaming and making other people dream."
(패션은 꿈꾸는 일이며, 다른 이들로 하여금 꿈꾸게 하는 일이다)

— Donatella Versace
(이탈리아의 패션 디자이너)

패션은 예술이고, 당신은 그 캔버스다. ⓒ Flock

패션 디자인 공모전

반세기를 넘어 한국 패션의 등용문이 된 중앙패션디자인콘테스트, 그리고 차세대 인재를 실질적으로 지원하는 MDF패션디자인공모전과 고교패션콘테스트—패션 디자이너의 꿈을 직업으로 잇는 통로가 더욱 넓어지고 있다.

중앙패션디자인콘테스트

대한민국에 반세기 역사의 패션 콘테스트가 있다. 바로 '중앙패션디자인콘테스트'이다. 2025년 53회를 개최하는 중앙패션디자인콘테스트는 국내 최고 권위와 역사를 자랑한다. 이 행사를 주최하는 (사)중앙패션디자인협회의 박윤수 회장을 비롯, 이상봉, 루비나, 정욱준, 강진영 & 윤한희, 이석태 등 1세대부터 기성 디자이너들까지 이 대회의 역대 수상자들이며, 명실상부 대한민국 패션산업의 발전 과정에서 중추적 역할을 하는 데 큰 몫을 해 왔다. 세계 어느 국가든 반세기를 넘긴 역사를 가진 공모전을 찾아보기는 쉽지 않다.

중앙패션디자인콘테스트 수상자들은 (사)중앙패션디자인협회 소속 회원 디자이너가 되며 지금까지 많은 수상자들이 현역으로 활발하게 활동을 펼치고 있다. 각종 공모전 수상자들이 최종적으로 찾는 공모전이 바로 중앙패션디자인콘테스트라고 해도 과언이 아니다. 중앙패션디자인협회는 국내는 물론이고 소속 디자이너들의 해외 전시회 참여를 돕고 해외 기업과의 상호 협력을 맺어 활동을 지원하는 역할을 하고 있기 때문이다. 공모전에 참가하여 기량을 겨루고 본선 진출을 통해 입상자가 되면 협회 소속 회원 디자이너가 됨으로써 실질적인 활동에 힘을 받게 되는 것은 협회의 큰 장점이기도 하다.

중앙패션디자인콘테스트는 1970년부터 시작되어 반세기 넘게 대한민국 최고의 패션

디자인 등용문으로서 정통성과 권위를 지켜 오며 패션계를 이끌어가는 대표 디자이너들을 배출해 왔다. 우수 인재 발굴과 양성을 통해 대한민국 패션산업의 발전에 기여하는 것을 목표로 삼고 있다.

콘테스트 심사는 독창성과 진정성에 기준을 두고 있다. 패션디자이너로서 열정을 갖고 독창적인 아이디어를 의상에 구현할 수 있는가를 살핀다. 스타일화를 화려하게 그릴 수도 있고 완성도가 높을 수도 있지만, 무엇보다 자신의 작품 의지를 제대로 표현하는 것에 중점을 둔다. 완성도와 디테일도 중요하지만 열정을 갖고 디자이너로서 지속 가능한 활동을 할 수 있는 독창적인 인재를 발굴하는 것을 우선으로 한다. 학생부와 일반부로 나누어 진행하는데 특히 일반부의 경우 독립 디자이너로서 혹은 일반 브랜드사나 부티크에서 디자이너로 활약하고 있는 현역들이 한 걸음 더 나아가기 위한 발판 역할을 하기도 한다.

심사위원은 1세대 패션디자이너 진태옥, 오은환, 박윤수 등 대선배부터 현재 활발히 활동 중인 유명 기성 디자이너, 학계, 미디어, 유통 전문가들로 구성되며 제작된 실물과 함께 작품 설명, 자신의 패션 철학 등을 면접으로 진행한다. 참여자들은 작품과 함께 디자이너로서 지속 가능한 활동을 실현해 나가겠다는 진정성을 적극 어필할 필요가 있다.

반세기 역사를 넘긴 만큼 서울 패션 위크에는 매 시즌 중앙패션디자인협회의 회원들의 참여가 늘고 있는 것을 볼 수 있다. 회장인 박윤수 디자이너 역시 매 시즌 40여 년 넘게 국내외 패션쇼를 통해 컬렉션을 발표하고 있다. 그만큼 패션계에는 중앙패션디자인콘테스트 출신들이 포진해 있고 영역을 구축하고 있다. 콘테스트로 맺어진 끈끈한 선후배 간의 관계와 발전적 교류가 중앙패션디자인콘테스트에 응모해야 할 또 다른 이유가 될 수도 있겠다.

매해 500여 명에 가까운 참가 신청자들이 몰리고 있으며, 1차 본선 실물 심사를 거쳐 30~40여 명 정도가 최종 본선 무대에 올라 기량을 겨룬다. 매년 하반기부터 참가자를 모집하며 연말에 본선 무대에서 패션쇼를 열어 작품을 선보이고 시상을 한다. 본선 무대 및 시상식에는 매년 300여 명 이상의 패션업계 관계자들이 참석할 정도로 권위와 신뢰, 정통성을 자랑한다. 디자이너들에게 꿈의 무대가 되는 것은 바로 이 때문이다.

MDF패션디자인공모전

MDF패션디자인공모전은 패션 전공 대학생 혹은 유학생을 위한 콘테스트이다. 2025년에 6회째를 맞는 MDF패션디자인공모전은 역사는 얼마 되지 않았는 데 반해 200여 명이 도전하는 기록을 보이는 것은 엄격한 심사 과정을 통해 발굴한 수상자들의 역할 덕분이다. 여기에 참여한 지망생들은 벌써부터 한국 패션산업의 미래를 밝힐 인재로서 손색이 없다는 평가가 나오고 있다. 무엇보다 국가나 협력단체가 아니라 비영리 공익 장학재단인 '엠디재단'이 글로벌 시장에서 K-패션을 이끌 차세대 유망 디자이너를 발굴하는 데 목적을 두고 있기 때문에 가능한 일이다.

엠디재단은 국내와 해외 패션 디자인 관련 학과 대학생들이 꿈을 실현할 수 있도록 창의성과 잠재력, 그리고 디자이너로서의 매력을 발현할 수 있도록 국내 최대 규모의 장학금을 지원하는 비영리 공익 재단이다. 2019년 11월 26일 설립되어 코로나 팬데믹의 난관에도 불구하고 K-패션을 이끌 인재 양성에 노력을 기울이고 있다.

재단의 강현철 이사장은 전 세계적으로 K-콘텐츠가 위용을 과시하고 뻗어가는 이때에 패션만 소외되는 것을 안타까워하며 재능 있는 인재 발굴에 투자해야겠다는 신념을 갖고 공모전을 개최하게 되었다. 성장 가능성 있는 대학생들을 이 대회를 통해 장학생으로 선발하고 유학 자금과 현지 생활 지원비, 해외 견학비, 대학 등록금 등을 실질적으로 지원하고 있다.

매년 총 14명 내외의 장학생을 선발하는데 해외 유학생의 경우 2년간 등록금 전액과 생활비를 지원한다. 유학 중에 아르바이트를 하느라 공부를 놓치지 않도록 생활비까지 지원하는 세심한 배려를 하고 있다. 해외 대학 재학생 2명에게는 연간 최대 1억 원, 국내 대학 재학생 6명을 선발해 연간 최대 1,000만 원을 등록금과 생활 지원비로 2년간 지원하고 있다. 해외 견학 수상자 6명에게는 왕복 항공권과 숙박비 등 500만 원을 지원하고 있다.

현재 글로벌 시장에서 유망 디자이너로 급부상 중인 '지용킴' 브랜드의 디자이너 김지용이 MDF패션디자인공모전의 1회 수상자여서 훌륭한 본보기가 되고 있다. 김지용 디자이너는 LVMH Prize의 세미파이널리스트이다. LVMH 프라이즈는 세계적인 명품 럭셔리 브랜드들을 보유한 LVMH 그룹이 주관하며, 매년 전 세계의 유망한 신진 디자이너들을 발굴하는 대회이다. 특히 한국 디자이너들이 창의적이고 혁신적인 작품으로 두각을 나타내고 있으며 MDF패션디자인공모전의 1회 수상자인 김지용이 세미파이널까지 올라간 것은 대단한 성과다. 또 김지용은 삼성 패션 디자인 펀드(SFDF)의 2회 연속 수상자일 만큼 실력을 과시하고 있으며 매년 MDF패션디자인공모전에 도전하는 후배들의 롤 모델이 되고 있다.

MDF패션디자인공모전 심사는 철저하게 실무 위주로 진행된다. 거의 3개월간 3단계의 스타일화 심사와 실물 제품 심사를 거쳐야 하며, 3차 최종 심사에서는 리서치, 패턴 봉제 등의 메이킹 테스트와 심층 면접을 통과해야 한다. 3개월에 걸친 리서치, 제작, 당일 메이킹 테스트, 소통 능력까지 밀도 높게 잠재력을 검증하는 심사 방식과 참가자들의 롤 모델인 신진 디자이너를 심사위원으로 위촉하는 등 차별화된 방식으로 진행된다. 개개인이 만들어 출품하는 것이 아니라 현장에서 직접 당일 제작하고 심사를 받는다. 참가자들은 이 과정을 통해 스스로 창의적이고 무한한 가능성이 있다는 점을 발견하고 성장해 가는 계기를 만들기도 한다.

2025년 7월에 진행되었던 최종 심사는 브랜드사가 상품을 제작하고 남은 소재(잔단) 30여 가지를 디자인으로 표현하는 방식이었다. 학생들이 창의력 외에도 미래의 패션 디자이너가 지녀야 하는 패션의 사회적 책임감을 패션 언어로 어떻게 해석해야 하는지를 심어주기 위한 의도였다. 1인당 1개의 잔단을 최대 6야드까지 제공받아 90% 이상 활용함으로써 '제로 웨이스트(자원 낭비를 최소화하는) 디자인'을 개발하는 것이 최종 심사에서의 메이킹 테스트 과제였다.

본선 심사장은 그림을 그리고 재단을 하고 재봉틀을 돌리는 젊은 패션 인재들의 모습에서 팽팽한 긴장감이 돈다. 숨소리와 발소리조차 조심스러울 정도로 적막함 속에 분주한 움직임이 꿈과 미래에 대한 진지함과 간절함을 담고 있다. 이 대회의 묘미는 바로 현장에서 한국의 패션산업을 이끌 미래 인재들이 패션을 완성해 가는 과정을 지켜볼 수 있다는 것에 있다.

MDF의 서영주 사무총장은 매년 참가자들에 대해 끈끈한 애정을 가지고 있다. 패션 대기업에서 홍보 마케팅을 전담했던 서영주 총장은 오랜 경력을 바탕으로 패션산업 발전을 위한 인재 양성의 중요성에 대해 그 누구보다도 깊이 인식하고 있으며, 참가자들의 일거수일투족을 살피고 충분히 실력을 발휘할 수 있도록 세심한 배려를 하고 있었다. 그래서일까? 공모전 행사장에는 역대 참가자들과 수상자들이 자발적으로 일을 돕고 후배들을 독려하는 모습을 볼 수 있다.

MDF패션디자인 공모전은 대한민국 패션산업을 부흥시키고 세계 무대에서 이끌어갈 인재를 양성하는 공모전 그 이상의 의미를 가진 인큐베이터임에 틀림없다. 유학 중에 귀국해 공모전 현장을 찾아와 도울 것이 없는지를 묻는 역대 참가자들이 눈에 띄는 것도 기자를 흐뭇하게 했다.

고교패션콘테스트

고교패션콘테스트는 디자이너 이상봉이 패션 디자이너를 꿈꾸는 고교생을 위해 진행하는 특별한 프로그램이다. 참가 자격은 간단하다. 고등학생이면 어떠한 제한 없이 참여할 수 있다. 재학 중이 아니고 자퇴를 하거나 휴학 중이어도 참가할 수 있도록 문호를 개방해 두고 있다. 더구나 인문계나 특성화고교를 가리지 않는다. 이 콘테스트가 지향하는 것은 패션에 대한 열정과 독창성이기 때문이다.

고교패션콘테스트는 '(사)고교패션콘테스트위드이상봉'에서 진행한다. 대한민국의 패션산업을 이끌 미래 인재 발굴과 양성을 목표로 이상봉 디자이너를 주축으로 학계와 현업 전문가, 미디어에 종사하는 전문가들로 이사진을 구성해 자발적 재능 기부로 이뤄지고 있다. 2025년 10회를 맞은 고교패션콘테스트는 매년 전국 및 해외 100여 개 학교에서 참여하며, 1차 예선을 통과한 70~80여 명의 고교생들이 실물을 제작하고 본선 무대에 진출하고 있다. 본선에 오른 모든 고교생 디자이너들은 이미 입선 당선자로서 자신이 만든 의상을 고교생 모델들에게 입혀 패션쇼를 하고 시상식에 참여한다.

이상봉 디자이너가 고등학생을 대상으로 패션 콘테스트를 개최한다고 처음 말했을 때 "대학마다 패션학과가 있는데 굳이 고교생을 대상으로 일을 만드는가?"라며 다소 의아한 시선을 보냈다. 하지만 대학에서 패션 관련 학과가 뷰티나 일반 학과와 통폐합되거나 지원자가 줄면서 폐과되는 사례가 점차 늘어나는 추세에 비추어 청소년기부터 패션 디자이너가 되고 싶은 이들에게 동기 부여와 방향을 알려줘야 한다는 신념으로 '(사)고교패션콘테스트위드이상봉'을 꿋꿋하게 운영해 온 것이다.

시작은 이런 사연이 있다. 어느 날 이상봉 디자이너가 한 통의 편지를 받았다. 고교생이 보낸 편지였는데, 디자이너가 되려면 어떻게 해야 하는지에 대한 질문과 함께 절절한 소망을 이야기하고 있었다고 한다. 이후 이상봉 디자이너는 어린 친구들이 꿈을 실현하기 위해 나아갈 수 있는 통로를 만들어 주어야겠다는 생각을 하게 되었고, 이것이 오늘날 고교패션콘테스트를 만들게 된 계기가 되었다. 그리고 공신력과 공정성을 가져야만 콘테스트 출신들이 대학이든 사회로 진출하든 실력을 인정받을 수 있겠다는 생각에서 '(사)고교패션콘테스트위드이상봉'을 설립하기에 이르렀다. SFAA(서울패션아티스트그룹) 회장을 역임한 바 있는 신장경 디자이너와 필자가 부회장을 맡고, 국내외에서 패션쇼를 펼치며 활발하게 활동하고 있는 박종철, 이청청, 이무열, 한현민 등 유명 디자이너들이 이사직을 맡아 사전 지도 및 특별 강연, 심사를 하게 되었다. 또 학계에서는 이연희(한양대), 박선희(이화여대), 김종수(홍익대), 강신(서경대) 교수진과 명유석, 장수영, 김인경, 송승렬 등 현업 전문가, 언론인 유재부 기자가 이사진으로 참여해 매년 전 과정을 함께하고 있다. 고교패션콘테스트는 이처럼 디자이너와 학계, 전문가, 언론인들이 하나로 뭉쳐 '싹'을 틔우기 위해 아낌없이 의지를 모으고 있다.

콘테스트는 해를 거듭할수록 참여 고교생들의 실력이 늘어 수준 높은 작품들이 무대에 올라오고 있다. 현재 성인이나 대학생을 대상으로 하는 전국의 패션 관련 콘테스트에서 전체 응모자 중 10% 이상이 고교패션콘테스트 출신일 정도로 실력을 인정받고 있다.

고교패션콘테스트 수상자들의 작품이 웬만한 대학 졸업 발표회나 일반 콘테스트 출품작보다 훌륭하다는 평가가 곳곳에서 나오고 있으니 말이다. 10년이 되니 어디를 가든 고교패션콘테스트 출신들과 반갑게 마주칠 정도가 됐다. 물론 그 많은 얼굴들을 모두 기억해 낼 수는 없지만 "선생님, 저 고교패션콘테스트 출신이에요!"라고 말하며 인사를 하면 그때 느끼는 보람과 기쁨은 이루 헤아릴 수 없다.

몇 년 전인가, 지방의 인문계 여고생이 응모한 기억은 오래 남아 있다. 1차 심사 때 제출한 스타일화를 보니 한 번도 패션에 대해 제대로 배워 본 적이 없어 보였지만 마치 인형 옷을 그리듯 제출했는데 발상이 아주 독특했던 기억이 난다. 계란 세례를 받은 유명 여배우를 콘셉트로 깜찍한 드레스에 노른자가 퍼진 계란을 그려 붙여 놓았다. 독창성과 더불어 생기발랄했던 기억이 난다. 1차 예선에 통과하자 실물 제작을 앞두고 멘토링 데이에 참석한 그 여고생은 '옷을 어떻게 만들어야 하는지?' 기초적인 과정을 질문해 왔다. 특성화 고교의 경우에는 기본인 내용이었지만, 그림부터 그려 놓고 일단 도전한 인문계 여고생에게는 어떻게 설명을 해야 할지 이사진들도 난감해했다. 이때 이상봉 회장은 "아직 시간이 있으니 본인이 살고 있는 주변의 실무 학원이나 패턴을 제작하는 곳에 가서 배우고 도움을 청하라"는 답을 했다. 그로부터 한 달이 지난 뒤 본선 무대에서 선보인 출품작은 깜찍하고 독특했다. 필자가 옷을 뒤집어 보니, 재봉틀이 아닌 손바느질로 만든 것이었다. 짧은 시간에 출품하려는 의지가 직접 인형 옷을 만들 듯 손바느질로 도전을 한 것이었다. 그 이듬해 이 여고생은 기본기부터 새로 배워 다시 도전했고 본선 무대에서 당당히 상을 받았다. 아마 지금은 대학을 졸업하고 패션계에서 인재로 일하고 있을 것이다.

'(사)고교패션콘테스트위드이상봉'은 이러한 특성을 가지고 있다. 아주 완벽하고 완성도 있는 실력을 높이 사는 것이 아니라 꿈을 향한 열정과 창의성을 지켜 보고 이를 응원하는 것이다. 10회에 이르는 동안 수상자들이 대학이나 패션스쿨에 가거나 해외 유학 중인 경우도 있으며, 어엿한 패션 일꾼으로 브랜드사에서 일하고 있기도 하다. 처음엔 '굳이?'라며 의아해했던 주변인들이 이제는 '보람'이나 '결실'이라는 말을 하는 것은 당연하게 되었다. 매년 4~5월경이면 참가자 모집 공고를 내고 6월 말경까지 응모를 받는다. 응모작에 대해 1차 심사를 하고 7월 초순에 합격자를 발표해 70~80명을 선발한다. 이들을 대상으로 7월 중 멘토링 데이를 개최하는데, 1차 통과자들이 자신들의 꿈인 디자이너들과 직접 만나 작품 제작 과정을 질문하기도 하고 특강을 듣기도 한다. 멘토링 데이 이후 실물 제작을 하여 9월 중 작품 심사를 하고, 9월 중·하순경 본선 무대에서 패션쇼를 하고 시상식을 갖는다.

안타깝게도 우리 주위에는 '자신이 진정 무엇을 바라고 무엇이 되고 싶은지'를 모르는 청소년들이 많다. 그러나 고교패션콘테스트에 도전하는 고교생들은 꿈과 도전 의식이 명확하다. 아니 혹시 몰랐다고 하더라도 도전 과정에서 평생의 천직을 알게 되고 찾아가고 있다. 10년이 지난 지금도 '(사)고교패션콘테스트위드이상봉'은 여전히 패션 디자이너가 되려는 열정을 가진 고교생들을 응원하고 그들의 방향등 역할을 수행하고 있다.

국제패션디자인직업전문학교

87년의 역사를 지닌 국제패션디자인직업전문학교는 대한민국 패션 교육의
뿌리이자 산실이다. 패션계의 대모 최경자 이사장이 세운 이곳에서
한국 패션의 전설과 미래가 함께 자라고 있다.

국제패션디자인직업전문학교는 대한민국 최초의 패션 교육학교인 '국제복장학원'으로 출발해 2025년 현재 87년 역사를 자랑한다. 국제패션디자인직업전문학교의 역사는 곧 대한민국 패션의 역사다. 1세대 패션디자이너로부터 현재 신진에 이르기까지 약 50만 명의 졸업생을 배출했다. 그래서 국제패션디자인직업전문학교의 역사에는 '최초'라는 수식어가 늘 따라붙는다.

우리나라 패션에서 창의적인 발자취인 패션일러스트레이션, 모델학과 및 의상박물관 등은 최초로 국제패션디자인직업전문학교에서 이루어졌다. 87년간의 교육을 통해 축적된 실무 중심 교육 시스템과 국내 패션산업을 이끌어가는 수많은 졸업생 및 해외 패션 자매학교와의 네트워크를 통해 최고의 패션 전문가 양성에 목표를 둔 실무 교육에 주력하고 있다.

설립자인 최경자 이사장(1911~2010)은 패션에 대한 이해가 전무했던 개화기 시절인 1938년 국내 최초의 패션 전문 교육기관인 함흥양재학원을 설립해 대한민국 패션 교육의 초석을 마련하고 인재 양성을 통해 대한민국 패션산업 발전에 큰 기여를 해 왔다. 현재까지 수많은 디자이너들로부터 '패션계의 어머니', '패션계의 대모'로 존경과 칭송을 받고 있다. 1949년 함흥양재학원에서 국제양재전문학원으로 개명을 하였으며,

1954년 최경자 복장연구소를 개설하고 서울 명동에 국제양장사를 개업했다. 1960년 국제양재전문학원에서 국제복장학원으로 개명을 했으며, 1961년에는 한국 최초의 스타일학과를 창설했다. 1965년에는 국제복장학원 졸업생 디자이너 모임인 K.D.C를 결성했다. 1971년에 국제복장기술학교를 설립해 양장기술사를 양성했다. 1980년에 (재) 국제패션디자인연구원을 설립해 최경자 원장이 이사장으로 취임하면서 대한민국 최초의 대학원 방식의 전문인 교육이 시작되었다.

그동안 국제적으로 뉴욕 FIT, 이탈리아 마랑고니, 일본 문화복장학원 등 세계 유명 교육 기관들과 협업 및 교류를 통해 패션 교육의 수준을 선진국으로 향상시켜 왔다. 1989년에는 국내 최초 재학생 해외 연수 교육을 실시하고, 1990년에는 영국 브래드포드 대학 연수 교육 협약, 프랑스 파리 조프랭비르 학교 자매결연 협약 등 선진 교육 커리큘럼 및 방식을 도입하는 데 몰두하면서 오늘날 한국의 수준 높은 패션 교육의 토양을 다져왔다. 이후에도 1993년 국제복장학원 창립 55주년을 기념해 패션쇼와 중국 북경복장대학과의 자매결연, 패션 전문지《WWD》한국어판 발행, 한국현대의상박물관 설립 등 혁혁한 발자취를 남겼다. 2005년에 국제패션디자인직업전문학교(대표 신현우)를 설립했으며, 2008년에는 최경자 선생 헌정 패션쇼를 통해 1~2세대 디자이너 30여 명이 의상을 출품하고 500여 명의 패션인들을 집결시키는 놀라운 힘과 저력을 보여주기도 했다. 2015년에는 패션스쿨 마랑고니의 전 세계 5개 캠퍼스와 협약을 맺어 선진 교육과 트렌드, 커리큘럼의 교류를 지속하고 있다.

국제패션디자인직업전문학교 졸업생은 진태옥, 박윤수, 앙드레 김, 이신우, 이상봉, 루비나, 박춘무, 한승수, 명유석 등 1세대부터 현재까지 대한민국 패션디자이너의 80% 이상에 달한다. 현재 한국을 빛내는 대부분의 디자이너들이 20대의 젊은 열정과 꿈을 국제에서 키웠다고 해도 과언이 아니다. 패션계의 대선배들이자 현역 디자이너들이 국제패션디자인직업전문학교에서 직접 학생들과 만나고 강의를 하는 것도 이 학교의 뿌리와 역사성을 입증하는 것이다. 우리나라를 대표하는 선배 디자이너들이 산증인으로서 커리큘럼의 우수성을 대변하고 있다.

국제패션디자인직업전문학교는 한국 최초의 교육기관으로서의 역사와 전통성뿐만 아니라 패션 교육 커리큘럼의 최적화로 패션 분야 최고의 교수진과 전문화된 교육 시스템을 구축했다. 패션 단일 전공으로 핵심만을 뽑아내는 세밀한 교육이 진행되며 학생들의 역량과 열정을 마음껏 펼칠 수 있는 기틀을 마련해 준다. 또한 전문학교 최초로 '창업 경영 수업 과정'을 개설하여 패션 전공과 창업 경영 수업이 동시에 학습이 가능한 커리큘럼을 제공하고 있다. 창업 경영 수업을 통해 자신의 브랜드 론칭의 꿈을 가진 학생들이 최종 목표를 이룰 수 있도록 실현의 기틀을 마련해 준다.

전공 수업의 약 70~80%를 실습으로 진행하고 있으며 전공별 현장 실습을 통해 자격증 취득 및 취업 전 다양한 경험과 활동을 학생들에게 제공한다. 현장 실습뿐 아니라 현재 활발하게 진행 중인 선배 디자이너 또는 명사를 초청한 특강을 통해 실질적 조언과 궁금증을 해결하는 자리를 마련하기도 한다.

해외 유학을 희망하는 학생들을 대상으로 원어민 교수의 패션 전공 영어 수업, 유학 맞춤형 포트폴리오 지도, 에세이, 개인 인터뷰 준비, 추천서 발급 등 모든 준비를 함께한다. 그리고 학점 교환 방식으로 여기서의 전문학사 학점을 가지고 해외 패션스쿨 학사 코스 2학년에 편입이 가능하며 학사 학점으로 해외 패션스쿨 준석사 과정 1년 진행도 가능하다.

졸업 후 현업으로 취업이 원활하여 미래를 준비하는 재학생들의 새 출발에 강력한 서포터가 되기 위해 진로 상담을 학기별로 수시로 운영하고 있다. 취업, 유학, 진학, 창업 등 다양한 진로를 바탕으로 개인별 상담을 통해 성공적 새 출발을 지원하고 있다. 또 전공별 1인 3자격증 취득을 목표로 방학을 이용한 자격증 특강 수업을 진행한다. 또 공모전 준비 수업을 통해 수상 및 다양한 공모전 참가 경험으로 학생들의 실력 향상에 큰 도움이 되고 있다. 취업 시 가장 중요한 포트폴리오 작성에도 큰 이점이 되고 있다.

선배들과 함께하는 학교 동문회도 운영한다. 패션계 종사하는 많은 선배들과의 만남을 통해 패션에 대한 성향과 기술을 공유하고 습득할 수 있는 기회를 제공하고 있다. 매년 성적 우수자들은 장학금 수여와 함께 홍콩 패션 위크, 파리 패션 위크, 마랑고니 패션스쿨 등을 견학할 수 있는 다수의 해외 연수 프로그램을 진행하고 있다. 이탈리아 마랑고니, 도무스, 나바 등 다수의 패션스쿨과 MOU 협약을 맺어 학생들이 보다 넓은 시야를 갖고 글로벌한 패션인으로 성장할 수 있게 한다. 학사 과정을 살펴보면 '패션 디자인 과정'과 '패션 비즈니스 과정'이 있다.

패션 디자인 과정(전문학사/학사)은 의복 구성 및 소재, 색채 등에 대한 전반적인 이론과 실습 및 실전을 통해 감각을 기르고 시대의 변화에 따른 디자인의 흐름과 독창적이고 감각적인 개개인의 잠재력을 이끌어내는 교육이다. 상업적 표현과 예술적 표현을 동시에 습득할 수 있는 능력을 갖춘 디자이너 양성을 목표로 한다. 패션 디자인, 방송무대의상, 예술의상, 패션소품 전문 등 세부적인 진로의 길이 열린다.

패션비즈니스 과정(전문학사/학사)은 패션 전반의 트렌드 분석력을 키우고 패션 상품 기획, 영업, 생산에 접목시킬 수 있는 마케팅 능력을 키운다. 패션 상품의 소재 기획부터 상품 구성 계획, 샘플 작성, 상품 관리와 관련된 이론과 실무를 익힘으로써 패션산업 전반의 환경적 추세를 정확하게 판단하여 패션이나 상품에 대한 정보를 제공하고 어드바이스를 해주는 패션 전문 마케터 양성을 목표로 한다. 패션 마케팅 & MD(머천다이저), 패션 스타일리스트, 패션 쇼핑몰, 숍마스터, 패션 에디터 등 진로가 다양하다. 자그마치 50만 명의 동문들이 서로 힘이 되어주는 이런 학교는 세계적으로도 드물다.

에스모드 서울

세계 최초의 패션 교육기관 에스모드의 철학이 한국에서 꽃피운 곳,
에스모드 서울은 실무 중심 교육으로 디자이너를 길러낸다. 입학은 쉬워도
졸업은 어렵다는 말처럼, 이곳에서 배운 이들이 K-패션의 현장을 이끌고 있다.

'유학 가지 않아도 수준 높은 패션 교육을 받을 수 있도록 교육을 하는 곳'. 작고한 박윤정 이사장이 '에스모드 서울'을 대한민국에 설립할 때의 목표다. 이 목표는 고스란히 교육 프로그램에도 묻어나 옷에 대해 A부터 Z까지를 아는 디자이너로 육성하는 것, 실무형이자 기업 밀착형 인재로 교육하는 것이 에스모드의 정신으로 박윤정 이사장의 철학이 오롯이 묻어 있다.

현재 패션 현업에는 에스모드 서울 동문들이 중요한 위치에서 실력을 발휘하고 있다. 패션계 종사자들이 인정하는 감각과 실력을 겸비한 인재들이 포진해 있고, K-패션의 글로벌 경쟁력 강화에 큰 몫을 하고 있으니 현장 중심 교육의 중요성을 실감하게 한다.

어느 날 취재가 있어 에스모드 서울까지 택시를 이용할 일이 있었다. 기사님께 "에스모드 서울로 가주세요"라며 주소를 알려주니 너무나 반색하는 것이 아닌가? 대화를 나누다 보니 그분의 딸이 에스모드 서울에 입학했으며 본인이 알기에는 대한민국 최고의 패션 교육기관이라는 것이다. 덧붙여 딸이 4년제 대학보다는 에스모드 서울을 선택한 것에 대한 판단, 가고자 하는 목적이 뚜렷한 데 대한 대견함을 은근히 자랑하고 있었다. 나는 패션계 기자로 일하는 사람이라며 절대적인 공감을 해주었는데 그날 택시기사님에게는 아마도 딸의 선택과 진로에 대해 더욱 신뢰하고 자랑스러워한 날이었을 것이다.

몇 해 전부터인가 파리를 비롯한 유럽과 아시아 각국의 학생들이 에스모드 서울로 유학을 오는 사례가 늘어나고 있다. 이에 따라 수업 현장이나 작품 발표나 졸업 패션쇼, 전시회에서 외국 유학생들의 모습을 쉽게 찾아볼 수 있게 되었다. 한동안 에스모드 서울에 재학 중인 학생이 파리에 있는 에스모드 파리에 편입을 하는 경우는 많았지만 패션의 종주국이라 불리는 유럽에서 한국으로 유학을 오는 사례는 극히 드물었다. 이에 비해 오늘날 유럽에서 에스모드 서울로 유학을 온다는 것은 세상이 한참 바뀌고 있음을 실감케 한다. 국내는 물론이고 해외 유명 패션 디자인 어워즈에서 에스모드 서울의 학생들이 파이널에 오르거나 본상을 수상하는 기쁜 소식도 자주 들리니 어쩌면 당연한 일이다.

패션계에서 에스모드 서울은 '입학은 쉬워도 졸업은 어려운 곳', '과제가 많은 곳', '학생보다 열정이 넘치는 교수진들이 있는 곳'이란 말이 있다. 그러나 과정이 힘든 만큼 졸업 후 취업을 하면 바로 실무에 투입되어서 손색없이 업무를 해내는, 찐(?) 패션 전문가로 성장할 수 있도록 교육하는 곳이 에스모드 서울이다.

에스모드 서울은 에스모드 파리의 한국 분교로 1989년 설립되었고 2025년 개교 36주년을 맞이했다. 에스모드는 패션 고등예술직업학교를 뜻하는 'Ecole Supérieure des Arts et Métiers de la Mode'의 약자로 1841년 나폴레옹 3세의 궁정 재단사였던 알렉시 라비뉴(Alexis LAVIGNE)에 의해 프랑스 파리에서 창설된 세계 최초의 패션 교육기관이다. 세계 최초로 줄자를 발명하고 마네킹을 만든 것도 설립자인 알렉시 라비뉴의 업적이다. 파리 에스모드 본교는 2025년 개교 184년을 맞았다. 패션 교육기관으로는 유일하게 전 세계에 국제적 네트워크를 갖고 있으며 일본 도쿄, 노르웨이 오슬로 등 전 세계 12개국에 18개의 에스모드 캠퍼스에서 패션 전문가들을 양성하고 있다.

에스모드 서울은 파리 본교와 동일한 커리큘럼으로 교육하며 패션 디자인과 패턴 디자인을 동시에 가르친다. 에스모드 서울은 실제 패션기업과 패션 브랜드 현장에서 일하는 방식의 '실무 위주' 교육에 전념한다. 이를 위해서 '스틸리즘'과 '모델리즘'을 교육하는데, 스틸리즘은 자신의 아이디어를 평면에 그림으로 디자인하는 것이고 모델리즘은 패턴디자인, 즉 평면에 그림으로 디자인한 것을 실제 옷으로 만들어 내는 것을 말한다. 이 2개의 과정은 옷을 디자인해서 만들어 내는 모든 과정을 아는 균형 있는 디자이너, 졸업 후 실무에 바로 투입될 수 있는 프로 디자이너로 일하기 위한 탄탄한 기초 작업이다.

수업 방식은 패션기업이나 브랜드사의 디자인실에서 일하는 방식과 같다. 스틸리즘 수업 중에는 리서치와 트렌드 분석, 디자인, 프린트 개발 작업이 동시에 진행된다. 또 모델리즘 수업을 통해 배운 옷의 구성에 대한 이해, 패턴, 가봉, 봉제 기법과 직접 소재와 부자재를 찾고 개발하는 과정을 통해 폭넓고 다양한 경험들을 쌓는다. 덕분에 취업하면 실제 디자인실에서 진행되는 일을 남들보다 빠르게 이해하고 적응할 수 있게 되는 것이다.

에스모드 서울이 추구하는 가장 큰 목표는 '입을 수 있는 옷', '팔릴 수 있는 옷'을 크리에이티브한 디자인으로 만들어내는 '기성복 위주의 교과과정'이다. 이러한 강점 때문에 고등학교 졸업 후 대학을 진학하지 않고 바로 에스모드 서울로 진학하는 학생들이 대부분이다. 일반 대학의 패션디자인학을 전공하고도 실무에 가까운 커리큘럼을 배우고자 에스모드 서울에 입학하기도 한다. 기업에 맞는 교육을 위해 의류업계에서 통용되는 작업 방식을 토대로 교과과정을 구성하고 워크숍, 프로젝트 등을 통해 긴밀한 산학협동을 하고 있다. 국내 패션 교육기관으로는 유일하게 '전공제도'를 시행하고 있는데 여성복, 남성복, 아동복이 개설되어 있다. 3학년이 되면 이 중에서 자신의 전공을 정해 졸업 컬렉션을 발표한다. 한 번도 미술이나 패션 디자인 공부를 한 적이 없어도, 입학해서 교육과정을 열심히 따라가다 보면 졸업 후 취업해서 바로 신입 디자이너로의 업무를 수행할 능력이 있도록 교육을 받을 수 있는 곳이 바로 에스모드 서울이다.

이곳의 교수진은 에스모드 서울 또는 에스모드 파리를 졸업한 동문들이 많다. 교수이기 전에 같은 길을 먼저 걸은 선배로서 애정을 다해 열정적으로 지도하고 있으며, 학업에 대한 고민뿐만 아니라 진로, 취업 등에 대한 조언까지 학생들과 긴밀하게 소통하고 있다. 교수와 학생 간에는 1 대 1 밀착 피드백 과정도 많은데 이는 과제물 또는 작품의 완성도를 높이고 개인의 잠재력과 능력을 최대치로 끌어 올리려는 에스모드의 교육 철학이 반영된 것이기도 하다.

학사 관리가 엄격하기로 유명한 에스모드 서울의 학생들은 하루 6시간의 스틸리즘과 모델리즘 수업, 그 외 여러 전공 필수과목 수업을 듣는다. 학기마다 디스커버리 위크(DISCOVERY WEEK)라는 특별 주간이 3번가량 있는데 이 시기에는 시험 외 다양한 평가와 특강이 진행된다. 디스커버리 위크에는 전체 교수진이 학생들의 작업 결과물을 함께 보고 평가하며 보다 발전된 교육 방향에 대해 논의한다. 학생들은 다른 학생들의 작품을 들여다보고 비교 평가하며 스스로 발전할 수 있는 기회로 만든다. 학생들의 과제는 1차 담임 교수들의 평가와 전체 교수들의 2차 공동 평가를 받게 되며, 상급 학년으로 진급하기 위해서는 한 달여에 걸친 진급시험을 통과해야 한다. 진급시험에서 탈락하면 유급된다.

실력을 갖춘 성실한 학생만을 졸업시킨다는 에스모드 서울의 학사 운영 방침에 따라 개교 이래 에스모드 서울의 졸업생 수는 입학 정원의 50% 내외에 머물고 있다. 입학생 2명 중 1명만 졸업하는 셈이다. 그렇다고 겁을 먹을 필요는 없을 것 같다. 패션을 정말 좋아하는 사람이라면 패션에 대한 배경이 없어도, 미술 교육을 받지 않았어도, 기초부터 차근히 배워 결국 패션 디자인에 특화된 인재로 성장할 수 있기 때문이다. 이러한 배경으로 에스모드 서울의 졸업생들은 성실성과 실력을 갖추고 확실하게 훈련되고 검증된 인재라는 믿음을 얻고 있는 것이다.

에스모드 서울을 잘 알고 있는 유수 기업들 대부분은 패션 디자인 분야의 신입 대졸 사원 공채에 있어 4년제 대학 카테고리 안에 에스모드 서울을 포함시켜 놓고 있다. 이곳 출신들은 대기업과 종합 패션기업의 공채뿐만 아니라 글로벌 브랜드에도 합격하여 기업과 브랜드 디자인실에서 활약하고 있다. 지금까지 2,300여 명의 졸업생을 배출했으며, 그 동문들이 국내와 국외 패션계 다방면에 진출해 영향력을 보이고 있다. 존경하는 박윤정 이사장님의 철학처럼 수준 높은 패션 교육을 받을 수 있도록 교육을 하는 곳, 에스모드 서울이 주는 울림이다.

라사라패션직업전문학교

패션을 배우는 학생들이 뉴욕패션위크의 무대에 섰다.
라사라패션직업전문학교는 창의와 도전으로 세계 무대에서 K-패션의
새로운 가능성을 열고 있다.

2025년 9월 초순경이었다. 유독 기자의 관심을 끄는 이슈가 있었다. 2026 S/S 서울패션위크 주간이어서 미디어의 시선이 온통 기성 디자이너들의 패션쇼에 집중되어 있을 때, 라사라패션직업전문학교 재학생들이 뉴욕에서 패션쇼를 개최한다는 소식이었다.

기성 디자이너들도 아니고 패션을 공부하는 학생들이 의상을 만들어 뉴욕패션위크가 열리는 뉴욕에서 패션쇼를 한다는 것은 정말 흥미진진한 취재 소스였다. 서둘러 라사라패션직업전문학교의 유주화 이사장에게 연락을 취하고 취지와 과정 등을 사전 취재를 하게 되었다. 유주화 이사장은 "K-패션의 성장 가능성에 대해, 앞으로 라사라를 졸업할 학생들이 원대한 꿈의 무대인 글로벌 시장을 체험하게 해주고 싶었다"라고 취지를 설명했다. 막연하고 불투명한 희망보다는 현실에 부딪히며 큰 꿈을 꾸고 실현할 방향을 스스로 찾게 해주고 싶었다는 것이다.

라사라패션직업전문학교에서는 2025년 9월 11일에 2026 S/S 뉴욕패션위크의 공식 일정 중 '더 글라스하우스(The Glasshouse)'에서 'The Kreator-라사라'라는 이름으로 단독 패션쇼를 개최했다. 이 프로젝트는 글로벌 쇼케이스 플랫폼인 GFC(Global Fashion Collective)의 초청으로 이뤄졌는데 라사라의 재학생 5명, 라사라 아카데미 과정 1명, 졸업생 1명이 선배 디자이너의 전담 멘토링과 각 파트별 교수진의 공동지도로

의상을 디자인하고 제작했다. 패션쇼는 뉴욕패션위크에서 패션스쿨로서는 한국 최초의 사례로 큰 주목을 받았다. 한국 문화에 대한 관심에 힘입어 한국에서 온 신진 디자이너에 대한 취재 열기는 뜨거웠다. 행사 후 기자에게 전달된 패션쇼 사진에서 창의적이면서 신선한 작품들, 그리고 현장의 열기를 볼 수 있었다. 패션 대도시 뉴욕에서 직접 프로젝트를 수행하게 함으로써 각자의 창작 세계관과 디자인 아이덴티티를 반영한 컬렉션을 선보인 것이다. 더불어 실무교육의 일환으로 현지 무대 리허설, 백스테이지 오퍼레이션, 글로벌 바이어 및 미디어와의 네트워킹 등을 경험할 수 있게 한 것이다. 라사라패션직업전문학교는 이와 같이 디자이너로서 습득해야 할 현장 체험 교육을 국내는 물론 해외까지 폭넓게 확장하고 있다.

유주화 이사장은 "다녀와서 학생들의 눈높이와 눈빛이 달라졌어요. 직접 바이어와 미디어를 만나보고 제일 처음 느낀 것이 소통을 위한 언어 장벽을 뛰어넘어야 한다는 것이었죠. 패션 디자인의 테크닉보다 소통과 공감이 우선돼야 한다는 것이었는데 몸소 자각하는 것과 교육하는 사람이 강조하는 것은 엄청난 차이죠"라며 체험 프로젝트의 결과에 만족해했다.

신입 시절인 30여 년 전부터 라사라를 출입했다. 당시 서울 동대문구 신설동에 본교가 있었고 서울 주요 지역에 분교가 있었으며 학력에 상관없이 다양한 연령층이 다채로운 프로그램에 참여해 교육을 받았다. 당시 라사라의 졸업패션쇼와 주요 패션 공모전에서 수상자를 배출할 때마다 취재를 하고 기사를 게재하곤 했다. 수많은 학생들의 수업 모습과 열정이 충만해 왁자지껄했던 강의실과 행사장의 느낌은 아직도 잊히지 않는다. 지금도 중장년층 대부분은 패션교육기관 '라사라'를 선명하게 기억하고 있다. 대학에서 패션 전공학과가 줄어들고 타 전공과 통폐합되는 상황에서도 이 학교는 패션 교육의 정통성을 잇고 실무 능력을 배양하는 전문교육기관으로 건재하고 있다. 현재 패션 핫 플레이스로 젊은 패션피플들이 모여드는 홍익대학교 인근에서 '라사라패션직업전문학교(RASARA Occupational Training Fashion College)'는 인재를 육성, 배출하고 있다.

1961년 설립된 라사라패션직업전문학교는 대한민국 대표 패션스쿨로 60년 이상의 역사와 전통을 이어오고 있다. 패션 디자인과 패션 비즈니스 분야에서 전문학사 및 학사 학위 과정을 운영하고 있으며 학점은행제를 통해 정규 학위 취득이 가능한 교육부 인가 학교이다. 이 학교는 "패션은 예술이자 문화"라는 철학 아래 창의성과 실무 능력을 겸비한 패션전문인 양성에 목표를 두고 있다. 단순한 기술교육을 넘어, 패션을 통한 자기 표현과 브랜딩 능력을 키우는 데 중점을 둔다. 뉴욕패션위크 참여와 마찬가지로 급변하는 산업 환경에 맞춰 디자인, 마케팅, 브랜딩, 유통, 글로벌 시장 대응력까지 통합적으로 다루는 실무형 커리큘럼을 운영하고 있다.

캠퍼스는 패턴실, 디자인 스튜디오, 컴퓨터 랩실, 촬영실, 드레이핑 룸, 전시 공간 등 실습 중심의 시설이 완비되어 있다. 이 공간은 단순한 교실이 아니라 학생들이 직접 자신의 브랜드를 실험하고 컬렉션을 기획하는 '창작형 교육공간'으로 운영되고 있으며 창의적 열기가 가득하다.

주요 전공 및 과정은 '패션 디자인 전공'과 '패션 비즈니스 전공'으로 대별되며 '비학위 단기과정'도 있다. 패션 디자인 전공은 패션 일러스트레이션, 패턴 메이킹, 드레이핑, 포트폴리오 제작, 컬렉션 기획 등 창의적인 디자인 감각과 실무 기술을 함께 훈련하는 실습형 중심 교육이 이뤄진다. 패션 비즈니스 전공은 패션 MD, VMD, 브랜드 기획, 유통 관리, 마케팅, 온라인 비즈니스, 브랜드 창업 및 운영, 시장 트렌드 분석 능력을 강화하는 비즈니스 중심 교육을 실행한다. 비학위 단기과정은 패션 일러스트, 패턴, 스타일링, 비즈니스, 패션 창업 등 3~12개월 집중형 과정으로 운영된다.

이 학교는 매년 학생들의 역량을 강화하기 위한 공개 프로그램을 운영하고 있다. 라사라 패션위크(RASARA FASHION WEEK)는 매년 재학생과 졸업생이 직접 기획하고 제작한 브랜드 컬렉션을 공개하는 학교 대표 패션 행사다. 학생들이 직접 브랜드 론칭을 하고 발표함으로써 바이어와 상담하는 체험도 하고 언론 홍보도 동시에 이뤄지는 실전형 무대가 된다. 라사라 패션위크에 이어 인큐베이팅 시스템도 가동한다. 라사라 디자인센터 프로젝트를 통해 교육받은 신진 디자이너의 브랜드 창업을 지원하며 제품 제작과 판매,

전시, 해외 진출 등 실무와 창업을 연결하는 종합적인 지원 체계를 갖추고 있다.

라사라패션직업전문학교 졸업생들은 현재 다양한 분야에서 활동하고 있다. 패션디자이너, 브랜드 디렉터, 스타일리스트, 패션 MD, VMD로 활약하고 있으며, 자신의 브랜드를 론칭하거나 온라인 쇼핑몰을 창업하기도 한다. 또 기획, 생산, 마케팅, 콘텐츠 기획 등 패션기업의 주요 파트에서 기량을 발휘하고 있다. 꿈을 실현하기 위한 길은 여러 갈래로 나눠질 수 있다. 이 학교와 함께하면서 미래의 패션피플을 꿈꾸는 젊은 그대들의 발걸음을 응원해 본다.

한국섬유산업연합회

대한민국 섬유산업의 심장, 한국섬유산업연합회는 반세기 동안 산업 발전의
맥을 이어왔다. 소재에서 패션으로, 섬유에서 미래로,
한국 패션산업의 길을 여는 중심에는 언제나 '섬산련'이 있다.

한국섬유산업연합회(회장 최병오)는 섬유산업의 장기적인 발전과 국민경제 발전에 기여하는 것을 목표로 1975년 설립되었다. 한국섬유산업연합회는 대한민국 섬유산업을 대변하고 발전을 이끄는 반세기 역사를 가진 대표적 단체이다. 연합회의 사업 방향은 섬유산업 전반의 지속가능성 및 글로벌 시장의 주도권 확보에 두고 있으며 회원사들을 위한 맞춤형 지원에 힘쓰고 있다.

한국의 섬유산업 업체 수는 2023년 기준으로 53,537개로 전체 제조업의 10%를 차지한다. 고용 인원은 240,091명으로 5.2%를 점유하고 있다. 섬유, 의류 수출은 세계 17위이며, 섬유 소재 수출은 세계 9위, 의류 수출은 세계 35위로 집계되고 있다. 이처럼 섬유산업은 여전히 우리나라의 주요 산업이며 고부가 패션산업이 늘어나면서 새로운 성장 동력의 한 축을 담당하고 있다.

현재 한국섬유산업연합회를 이끌고 있는 16대 최병오 회장은 종합 패션기업 패션그룹 형지의 회장으로서 기업경영의 오랜 노하우와 경륜을 녹여 섬유, 패션, 유통에 이르기까지 유관 산업 간의 효과적인 연계와 상호 발전을 추구하고 있다.

한국섬유산업연합회의 주요 행사 중 첫 번째는 바로 매년 11월 11일 '섬유의 날' 기념행

사이다. 정부, 재계, 섬유 관련 업체 및 단체, 포상자 등 500여 명이 참석하여 섬유인으로서 자긍심을 높이고 유공자 포상 등 다채로운 프로그램이 진행된다. 2025년 11월 11일은 제39회 섬유의 날과 섬유산업연합회 설립 50주년을 기념하여 더욱 성대하게 치러졌다.

섬유 원사, 직물, 부자재, 패션의류, 기계, 패션테크 등을 한눈에 볼 수 있는 대단위 전시회도 개최한다. 대한민국 섬유교역전인 '프리뷰 인 서울(Preview in SEOUL; PIS)'이 해마다 8월경 열리는데, 2024년에는 14개국에서 576개 회사가 참여해 888개 부스를 개설하고 전시 및 상담을 진행했다. 2025년은 해외 60개국, 860명의 참가 및 참관자들이 찾아왔으며 K-텍스타일의 글로벌 전시로 자리 잡았다. 소재 및 부자재 등에 관심이 있는 디자이너나 브랜드 대표라면 한국뿐만 아니라 세계의 주요 소재를 한눈에 볼 수 있는 소중한 기회이다. 우리 기업들에게 다양한 국가에서 열리는 전시회에 한국관으로 참여할 수 있는 기회를 부여하고, 전시회 참가를 위한 제반 지원도 한다.

이외에도 섬유패션기업 간 수요 맞춤형 신소재 컬렉션도 진행한다. 수요(패션)와 공급(소재) 기업 간 신소재 개발 제품 및 바이어 수요 아이템 정보를 공유하고, 우수 소재기업을 발굴하여 컬렉션 형태의 전시를 개최하는 것이다. 최근 이 전시회에 대한 패션 브랜드 회사나 의류 생산, 제조업체들의 관심이 높다.

전시에만 집중하는 것은 아니다. 매년 7월이면 제주, 강원, 부산 등 힐링 스폿을 거점으로 섬유패션업계 CEO 포럼을 연다. 최고경영자와 임원을 대상으로 정보 교류와 단합의 기회를 제공하는데, 세미나와 환영 만찬, 골프와 레저 등 모처럼의 여유를 갖고 섬유패션인이 유쾌한 교류의 시간을 보낸다.

매년 11월이면 섬유의 날 기념식과 연계해 섬유패션인들의 걷기대회도 열린다. 섬유패션업계의 미래 인재 양성을 위해 2011년 10월에 연합회가 5억 원을 출연하며 장학재단을 설립하였으며, 그해 11월부터 '섬유패션인 걷기대회'가 개최되고 있다. 섬유패션업계 종사자 및 가족 등 약 1,000여 명이 참석하는데, 건강도 챙기고 장학기금도 조성할 수 있으니 일석이조이다. 남산 둘레길 등 서울 근교의 2~3시간 코스이며 참가비 5만 원 대비 몇 배의 기념품이 매년 참가자들에게 기쁨을 선사한다. 회장사 및 회원사들이 기부하는 고급 기념품이 걷기대회 참가자 숫자를 매년 늘리는 데 크게 기여하고 있다.

패션은 소재에서 비롯된다. 디자인 차별화 이전에 소재 차별화가 우선이기 때문이다. 새로운 소재를 개발한 업체나 이를 활용한 디자이너들에게 한국섬유산업연합회는 활로를 열어주는 큰 역할을 담당한다. 대한민국 섬유산업의 모든 것이 궁금하다면 한국섬유산업연합회(www.kofoti.or.kr)의 문을 두드리길 바란다. 용기 있게 문을 두드리는 자에게 기회는 있다.

한국패션협회

대한민국 패션산업의 중심에는 한국패션협회가 있다.
패션의 미래를 설계하고 산업의 지속 가능성을 키워가는 이곳은,
K패션의 심장이자 든든한 버팀목이다.

한국패션협회(회장 성래은)는 대한민국의 패션산업을 대표하는 단체이다. 1985년 한국 패션산업의 선진화를 위해 설립되어 산업통상자원부에 등록된 사단법인이다. 패션 브랜드와 제조업체 및 패션산업 관련 기업 등 400여 개 토털 패션업체가 회원으로 가입해 있다. 협회의 역할은 회원사들의 권익을 보호하고 각종 다양한 지원을 함으로써 한국 패션산업의 경쟁력을 강화하는 것이다.

2025년 현재 회장은 영원무역그룹 성래은 부회장이며 15대 회장직을 수행하고 있다. 협회의 회원은 부회장, 이사, 정회원으로 구성되어 있으며 패션산업 및 패션 관련 산업을 영위하는 업체 대표들이 참여하고 있다. 협회는 회원의 권익 증진 및 패션산업의 발전에 필요한 사업을 중심으로 다양하고 폭넓은 사업을 벌이고 있다. 그중에서도 매년 글로벌 패션포럼, 트렌드 페어 개최, 정보 교류, 해외 전시회 참가 지원, 회원사 지재권(지식재산권) 보호 관리 지원, 회원사 홍보 지원 및 교육 기획 서비스 제공 등이 주목받고 있으며 회원을 대변해 정부에 다양한 정책을 건의하고 있다.

협회의 주요 행사 중 하나는 2011년부터 진행되고 있는 '트렌드 페어'이다. 패션브랜드와 국내외 바이어 연계 및 협업 등 신규 비즈니스 판로 개척을 위한 국내 최고의 패션 전문 전시회이다. 산업통상부의 지원 아래 글로벌 브랜드 육성을 위한 것으로 2025년은 8

월 20일부터 21일 양일간 코엑스(COEX) 2층 더 플라츠에서 개최되었다. 이 행사는 국내 패션브랜드와 유통업체, 패션업체가 참가하는 B2B 페어이며 비즈니스 상담과 패션쇼 등 부대 이벤트도 함께 열린다. 협회는 한국의 유통 바이어 및 해외 바이어들을 유치하고 비즈니스 상담을 지원하는 한편, 참여 브랜드들의 홍보도 함께 진행한다. 자신의 브랜드를 론칭하고 유통 및 판로 개척을 위한 젊은 대표들이 많이 참가하고 있다.

또 다른 행사로 대한민국패션대상(Korea Fashion Awards)이 있다. 한국 패션, 봉제산업의 글로벌 경쟁력 강화에 기여한 종사자들을 격려하기 위한 자리인데, 패션기업, 디자이너, 봉제업체, 연관 산업 등이 한자리에 모이는 대한민국 최대 패션 시상식으로 손꼽힌다. 이날 함께 진행되는 K패션오디션(대한민국패션대전)은 패션브랜드 창업을 위한 신진 브랜드 및 글로벌 유망 브랜드 선발을 통해 성장과 글로벌 경쟁력 강화를 목표로 한다. 매년 모집 공고를 하고 전문가들에게 심사를 의뢰해 수상자를 선정하는데, 챌린저와 비기너 부문으로 모집한다. 챌린저는 일반 브랜드를 대상으로, 비기너는 학생 및 예비 창업자가 참여 대상이다. 총 10개 부문 시상을 통해 순위에 따른 브랜드별 지원금을 확정해 지원하고 있다. 대한민국패션대상과 K패션오디션은 주로 12월에 개최되며, 회원사와 패션계 관계자들이 한자리에 모여 한 해를 자축하고 마무리하는 대표적 행사이기도 하다.

한국패션협회의 주요 미션은 디자인, 제조, 유통의 멀티 경쟁력을 보유한 대한민국 패션산업이 세계 탑 클래스 반열에 진입하도록 정부 차원에서 지원하는 것이다. 그러기 위해 국내 디자이너들의 육성과 해외 진출을 돕고 디자인과 소재, 제조, 수출, 유통 산업 간 협력을 유도하고 강화하는 역할을 하고 있다. 더불어 코로나 팬데믹 이후 패션산업의 디지털화를 선도하기 위한 사업도 시도하고 있다.

해외로 나아가고자 하는 디자이너들의 제품을 전시하는 쇼룸 '르돔(LEEDOM)'을 동대문에 운영하고, 글로벌 마케팅 관련 업무를 지원하고 있으며, 신진들을 위한 맞춤형 컨설팅 및 3D 교육, 생산과 소재 연계 등 브랜드의 역량을 강화하는 데 실질적 도움도 주고 있다.

또한 패션산업에서 가장 중요한 '제조'에 대해서도 협회는 노력하고 있으며 고급 의류 제조를 위한 패턴과 샘플 전문가 양성에 힘쓰고 있다. 동대문 스마트 자동재단실 운영, 의류 제조를 위한 혁신 포럼 개최와 봉제업체 실태조사, 혁신 공정 구축을 위한 지원 등이 대표적이다. 패션사업에 도전한다면 한국패션협회에 회원 가입이 필수적인 과정이다. 유능한 패션인이 되기 위한 첫 관문은 한국패션협회(www.koreafashion.org)에 참여하는 것이라고 권유하고 싶다.

한국패션디자이너연합회

대한민국 패션디자이너들의 중심에는 한국패션디자이너연합회가 있다.
창의와 열정으로 미래 패션을 이끌어가는 이곳은,
한국 패션의 세계화를 향한 든든한 발판이다.

한국패션디자이너연합회(회장 이상봉)는 대한민국 디자이너를 대표하는 국내 최대의 패션디자이너 모임이다. 연합회(COUNCIL OF FASHION DESIGNERS OF KOREA: CFDK)는 패션 디자이너의 권익 옹호와 디자이너 패션산업의 육성과 발전을 추구하며 나아가 국제 경쟁력을 강화하고 세계화에 앞장서자는 취지에서 2012년 6월 29일 설립되었다.

2012년 5월 창립총회가 열렸으며 제1대 회장으로 이상봉 디자이너가 선출되었다. 그리고 6월 사단법인으로 법인 설립 허가를 취득함으로써 명실상부한 대표 단체로 활약을 시작했다. 2012년 12월 21일에 제1회 한국패션디자이너연합회 송년행사(CFDK AWARDS) 및 임시총회를 개최하였다. 초대 회장인 이상봉 회장의 연임에 이어 송지오 디자이너가 3대 회장을, 홍은주 디자이너가 4대 회장을 역임했으며 5~6대는 명유석 회장이 맡았다. 2025년 이상봉 디자이너가 다시 7대 회장에 추대되었으며, 연합회는 2024년 기준 500여 명의 회원이 몸담은 최대 패션디자이너 단체로 우뚝 섰다.

한국패션디자이너연합회는 연 2회의 '패션코드(FASHION KODE)'와 매년 연말에 '코리아 디자이너 패션 어워드(KOREA DESIGNER FASHION AWARDS)'를 개최한다. 패션코드는 국내 브랜드의 시장 경쟁력 강화와 패션문화산업 발전을 위해 진행하는 패션문화마켓 행사이다. 젊고 창의적인 디자이너들의 제품 전시와 패션쇼로 행사가 진행되

며 국내외 바이어와 패션피플들이 방문한다. 디자이너 브랜드의 판로 확장 및 홍보 마
케팅이 중점 사안이다. 연합회가 홈페이지와 미디어를 통해 참여 공고를 내고 심사를
거쳐 전시업체 및 패션쇼 디자이너를 선정해 패션코드에 참가할 기회를 부여한다.

'코리아 디자이너 패션 어워드'는 국내 우수 디자이너, 모델 발굴 및 육성을 위한 시상식
과 관련 업계 종사자들 간의 교류의 장이다. 매년 패션계를 빛낸 디자이너와 성장 가능
성이 높은 신진, 루키를 선정해 시상을 하며, 모델과 패션피플 등 다양한 유관 분야의 전
문가들을 발굴해 시상을 한다. 전년도에 수상한 디자이너의 패션쇼와 디너, 포토존 등
연말에 한 해를 마감하는 축제 무드를 선사하기도 한다.

연합회의 핵심 사업 중 하나는 '경기패션창작스튜디오(Gyeonggi Fashion Creative
Studio)'이다. 국내 대표 패션디자이너 인큐베이팅 기관으로, 성장 단계별 프로그램을
통해 글로벌 디자이너를 육성하고 있다. 경기도 북부 섬유 및 패션산업 활성화를 위해
경기도와 양주시가 지원하고 한국패션디자이너연합회가 운영하는 경기패션창작스튜
디오는 창업 5년 이내의 역량 있는 신진 디자이너를 모집한다. 지난 2024년에 10기 입
주 디자이너를 모집했으며 2025년 10주년을 맞았다. 그동안 섬유 및 패션산업의 지속
가능한 성장과 생태계 조성에 기여하고 있다는 긍정적인 평가를 받고 있는데, 105명의
패션디자이너를 인큐베이팅했으며 독창적인 감각의 스타 디자이너를 다수 배출했다.
이미 서울 패션 위크에 경기창작스튜디오가 배출한 디자이너들이 입성, 활발한 활동을
벌이고 있는 것이 대표적인 성과 중 하나이다.

경기패션창작스튜디오는 창업 5년 이내의 역량 있는 신진 디자이너를 공고를 통해 모
집하고 있다. 의류와 가방, 슈즈 등 액세서리 분야의 자신의 브랜드를 운영하고 있어야
하며, 지속 성장 가능한 의지와 열정이 중요시된다. 입주 디자이너로 선발되면 36개월
간 경기섬유종합지원센터 5층 소재의 창작스튜디오에서 폭넓은 혜택을 받을 수 있다.
우선 공간을 무상 지원받는데, 사무공간은 물론이고 본봉 미싱, 다림질판, 수납, 의류보
관함, 행거, 인터넷 등은 기본이다. 이와 함께 특수기계 봉제실, 정보자료실, 포토 촬영
스튜디오, 바이어 상담룸, 다이닝룸, 개별 상품 보관창고, 개별 우편 택배함, 피팅룸, 숙

면 공간, 샤워실 등 공동시설도 제공받는다.

뿐만 아니라 활동 평가에 따른 시제품 제작비 및 양주 섬유 기업 원단 구매 및 생산비 지원을 시작으로 국내외 비즈니스에 도움도 받을 수 있다. 국내외 패션쇼, 전시회, 쇼룸 참가, 온·오프라인 유통, 홍보 마케팅까지 지원한다. 자신의 브랜드를 론칭해 사업의 토대를 다지고 현실적 지원이 필요하다면 경기창작스튜디오의 문을 힘차게 두드려 보기 바란다. 패션디자이너로 활약하고 싶다면 한국패션디자이너연합회(www.cfdk.org)와 경기패션창작스튜디오(www.gfcstudio.org)를 노크하기 바란다.

이영희 기자는 담백한 사람이다

— 이상봉 (디자이너)

《한국섬유신문》에서 35년간 몸담고 있는 이영희 기자를 나는 취재원으로서 오래전에 만났다. 정확히 언제인지는 모르겠지만 보통 '기자'라고 하면 세상사를 잘 아는 느낌을 주는데 그녀는 그냥 담백한 사람으로 느껴졌다. 언론사 기자를 오래 하면 세상 물정에 밝고 이해타산에 따라 관계가 어색하게 되는 경우도 있다. 그러나 신기한 것은 그녀를 안 지 30년쯤 되었는데 대화를 하거나 행사를 진행하다 보면 도무지 기자라는 인상을 주지 않는다. 심지어 사람을 끌어들이는 별다른 재주도 없어 무덤덤한 사람으로 느껴진다. 그러다 보니 이영희 기자를 만나면 긴장을 풀게 되고 내가 가진 패션에 대한 생각과 계획을 스스럼없이 이야기하게 된다. 그녀의 담백함은 이처럼 묘한 매력이다.

그러나 때로는 확고한 사람이다. 현장을 중시하는 습관 때문이다. 발로 쓴 기사가 가치가 있다는 고집이 있어 때로는 재미없게 느껴지곤 한다. 벌써 20년 전 이야기다. 2006년 한국-프랑스 수교 120주년 때 한글 패션쇼를 개최하기로 했다. 당시만 해도 한복은 잘 알려져 있지만 한글을 원단에 새긴 디자인은 패션에서는 관심 밖의 영역이었다. 그러나 이영희 기자는 한글의 우수성과 기하학적인 매력을 표현하기 위한 나의 노력을 잘 이해하고 나중에 특집 인터뷰를 실어 주었다. 디자이너는 물과 바람처럼 자유로운 영혼으로 변신할 수 있어야 한다는 내 철학을 올곧게 담아 주었다. 놀라운 점은 지금도 패션쇼를 할 때면 그녀는 어김없이 현장에 온다. 작품만 보는 것이 아니라 창작 과정의 어려움, 무대 뒤 이야기들을 빠짐없이 담으려 한다. 현장을 중시하는 그녀의 성격 탓이다. 현장에 충실한 직업정신은 때로 그녀로 하여금 패션계 동료라는 친숙함으로 다가오기도 한다.

하지만 또한 분명한 사람이다. 2012년 5월 (사)한국패션디자이너연합회를 만들면서 창립 총회를 열게 되었다. 이 연합회는 패션 디자이너의 권익옹호와 디자이너 패션 산업의 육성과 발전을 추구하며 나아가 국제경쟁력을 강화하고 세계화에 앞장서자는 취지에서 구상한 것이었는데 내가 초대 회장을 맡게 되었다. 이영희 기자는 이를 정확하게 이해하고 팩트에 충실한 기사를 써주었다. 덕분에 연합회는 2024년 기준 500여 명의 회원이 몸담은 최대 패션 디자이너 단체로 우뚝 서게 되었다. 돌아보면 이영희 기자가 지닌 패션 디자이너에 대한 분명한 생각이 연합회가 성장하는 데 큰 도움이 되었다.

그리고 단단한 사람이다. 10년 전 당시로서는 파격적인 고교패션콘테스트 & 고교모델콘테스트를 열게 되었다. 인재를 일찍부터 발굴하고 패션계에 필요한 전문인으로 키울 수 있도록 고교생부터 훈련을 통해 지원하자는 취지였다. 하지만 취지와는 달리 현실의 벽은 높았다. 활동 중인 디자이너도 많은데 굳이 고교생 예비 디자이너를 길러내는 것은 무리라는 의견도 있었

다. 그래서 언젠가 새벽 2시까지 이 콘테스트를 중단할까 고민할 때, 이영
희 기자는 고등학생들이 패션 디자이너로 자랄 수 있도록 꿈을 응원하자며
적극 응원해주었다. 그리하여 고교패션콘테스트는 2019년 12월에 '(사)고
교패션콘테스트위드이상봉'으로 거듭났다. 해마다 늦가을에 콘테스트 본
선 무대가 열리기까지 봄부터 여름, 가을은 주말마다 이사진들과 멘토들의
회의가 열린다. 이때 바쁜 가운데도 이영희 기자는 만사를 제쳐두고 참석
해서 고교생들의 작품 하나하나를 정성스럽게 보고 평가해주는 것을 보면
그녀는 심지가 굳은 단단한 사람임에 틀림없다.

마지막으로 그녀는 건강한 사람이다. 많은 패션인들과 지인들의 진심 어린
지지를 받는 사람이다. 지난봄 어느 날, 나에게 패션 디자이너에 관한 글을
정리한다고 했다. 오랫동안 패션계에 몸담아 왔으니 당연하다고 생각했지
만 바쁘게 지내다 보니 한동안 잊고 지냈다. 그러다가 며칠 전 세종문화회
관 야외광장에서 열린 한글 패션쇼와 전시회가 끝나고 나서 나에게 축하의
말을 써 달라고 부탁해왔다. 며칠을 고민하다가 그동안 이영희 기자를 보
며 느낀 점을 솔직하게 적기로 했다. 여러 생각이 떠올랐지만 패션에 대한
그녀의 열정과 사랑이 나에게는 가장 인상적이었다. 패션을 바라보는 이영
희 기자의 밝고 깊은 눈이 오래오래 지속되기를 바란다.

● 한국 패션의 시간들 — 해방 이후, 옷이 말한 시대의 언어 (1950s~2020s)

전후(戰後)의 옷
– 모던과 해방의 실루엣

해방과 6·25 전쟁의 폐허 뒤, 옷은 생존의 도구이자 '새로운 사회'로 나아가려는 몸짓이었습니다. 물자 부족 속에 군복 혹은 원조물자 의복이 일상복으로 흡수되었고, 서양식 양복과 양장이 본격적으로 도입되었습니다. 아울러 1960년대는 문화와 경제가 함께 깨어난 시기입니다. 삶의 양식이 바뀌며 옷차림에도 변곡이 생깁니다. 옷은 더 이상 단순히 몸을 덮는 것이 아니라 '어떻게 보일 것인가'를 말하기 시작했습니다.

1970s
청년의 반항과 데님, 히피한 자유
– 1~3세대 디자이너의 공존

1970년대는 한국 패션 산업의 혁신기로, 청년문화가 물결쳤지만 동시에 단속과 충돌도 있었습니다. 이 시기의 옷은 '존재의 선언'이었고, 자유로 향하는 몸짓이었습니다.

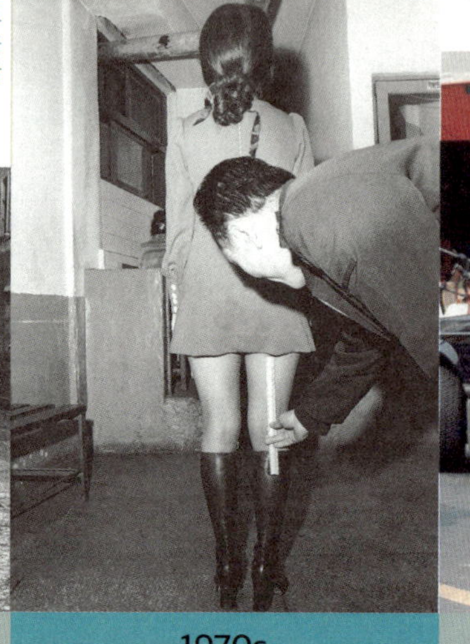

경제 팽창과 토털 룩, 스포츠웨어의 등장
– 시스템화되는 패션 산업

1980년대는 라이프스타일이 바뀌고, 컬렉션 문화가 자리잡기 시작합니다. 88올림픽을 전후로 스포츠웨어와 캐주얼이 생활로 파고들고, 동시에 여성복 기업 브랜드가 폭발하던 때입니다. 이 시기의 옷은 '성장'과 '힘'의 상징이었고, 몸을 변화시킨 시대의 기록입니다.

1950s-1960s

- 여성의 양장, 개량 한복의 혼재 속에 시작된 '짧은 치마 입기 운동'의 일상화
- 영화 속 여배우의 의상처럼 '우아하면서도 활동적인' 실루엣 등장
- '디자이너 브랜드'의 여명기

– 최경자양재연구소 설립(1954)
– 《여원》 창간(1955)
– 최초의 여성복 패션쇼(노라노, 1956)
– 대한복장연구회 신사복 패션쇼(1960)
– 《주부생활》 창간(1965)
– 《여성동아》 창간(1967)
– 윤복희와 미니 스커트 열풍(1967)

1970s

- 히피 무드와 데님, 티셔츠가 젊음의 상징으로 자리 잡음
- 개성의 노출이 종종 단속의 대상이 되었고, 옷차림과 장발이 사회적 통념과 충돌
- 레디메이드 의류 산업이 본격화되기 시작하고, 옷의 대량생산이 가능한 구조 정착

– 정부의 미니스커트와 장발 통제
– 세계패션그룹한국협회 설립(1978)

1980s

- 어깨에 패드를 넣은 재킷 상·하의를 맞춰 입는 '토털 룩' 유행
- 88올림픽을 전후로 스포츠웨어와 캐주얼 룩이 일상으로 파고듦
- 과감한 색채, 강한 이미지가 패션을 통해 표현되기 시작했으며, 옷이 사회적 신분과 개성의 상징으로 기능하기 시작함
- 기업형 여성복 브랜드의 등장

– 《월간 멋》 창간(1984)
– 한국패션협회 설립(1985)

글로벌화와 개인화, 레이어드의 시대
– 한국 패션의 해외진출과 대중문화와의 융합

1990년대는 한국 패션이 세계 무대와 마주하며, 동시에 내면을 탐색하기 시작한 시기입니다. 디자이너 브랜드의 해외 나들이가 본격화되고, 힙합·레이어드·K-pop 1세대의 비주얼이 패션을 선도합니다. 이 시기의 옷은 '나'를 표현하는 도구이자, 세계화의 추세로 지구 반대편과도 연결되는 다리였습니다.

온라인, 스트리트, 복고 그리고 변화
– 온라인과 스트리트의 흡수

디지털 문명이 옷차림에도 영향을 미칩니다. 이 시기의 옷은 '편안함을 스타일로' 바꾸는 마법이었고, 세대 간 기억을 꺼내서 입는 도구였습니다. 서울패션위크가 서서히 시스템으로 자리 잡기 시작했으며, 온라인, 스트리트, 애슬레저가 섞이는 시기였습니다. 이후 K-패션의 세계화는 여기서 힘을 받습니다.

지속 가능성과 글로벌 영향
– 한류 열풍과 K-패션의 세계화

K-팝과 K-드라마가 패션의 증폭기 역할을 합니다. 블랙핑크, BTS 등이 입고 있는 브랜드가 곧 '한국 패션의 외연'으로 인식되며, 지속 가능성과 젠더리스가 명시적 화두가 됩니다.

1990s

- 다양한 레이어드 스타일, 힙합 문화의 영향이 옷차림에 반영됨
- 디자이너 브랜드의 해외 진출이 본격화되었으며, '한국적'이라는 정체성이 패션 요소에 반영됨
- 개인의 개성과 취향이 옷차림에 더욱 뚜렷이 드러나기 시작함

– 이상봉, 이영희 등의 해외 컬렉션 진출
– X세대와 스타 패션
– 패션 타운으로 변신한 동대문 시장
– 서울패션아티스트협회 설립(1990)

2000s

- 온라인 쇼핑의 보급, SNS가 만들어낸 패션 생태계 등장
- 스트리트 패션과 애슬레저(Athleisure)가 대세로 떠오르며, 편하고 스타일리시한 옷의 일상화
- 복고(Re-tro) 스타일이 다시 유행하며, 과거의 옷들이 새롭게 읽혀짐

– 서울패션위크 설립(2000)

2010s-2020s

- 지속 가능한 패션, 친환경 소재, 윤리적 생산이 화두가 됨
- K-패션의 위상이 높아지며, 한국의 디자이너와 브랜드가 세계 무대와 소통
- 젠더리스(genderless) & 다양성(diversity)이 옷차림에 반영됨

– 해외 패션위크에서 한국 디자이너 이름으로 서는 브랜드들
– K-팝 아이돌 x 럭셔리 하우스 협업
– 한국패션디자이너연합회 설립(2012)

35년 현장 기자의 눈으로 본 패션의 인간학

패션은 이렇게 재미있다

초판 1쇄 발행 2025년 11월 30일

지은이   이영희

펴낸이   김종년
펴낸곳   예술과마을
등록   2014년 3월 25일(제2014-000006호)
주소   38145 경상북도 경주시 북성로 80-11(동부동) 헤렌하우스 103호
전화   010-8030-6919
이메일   eulinjae@naver.com
제작   명지북프린팅
정가   23,000원

ISBN   979-11-91786-14-9 (03300)